웹 애플리케이션 개발 기초부터 실전까지

한 권으로 배우는
Vue.js 3

YoungJin.com Y.
영진닷컴

한 권으로 배우는 **Vue.js 3**

ISBN   978-89-314-6579-2

독자님의 의견을 받습니다

이 책을 구입한 독자님은 영진닷컴의 가장 중요한 비평가이자 조언가입니다. 저희 책의 장점과 문제점이 무엇인지, 어떤 책이 출판되기를 바라는지, 책을 더욱 알차게 꾸밀 수 있는 아이디어가 있으면 이메일, 또는 우편으로 연락주시기 바랍니다. 의견을 주실 때에는 책 제목 및 독자님의 성함과 연락처(전화번호나 이메일)를 꼭 남겨 주시기 바랍니다. 독자님의 의견에 대해 바로 답변을 드리고, 또 독자님의 의견을 다음 책에 충분히 반영하도록 늘 노력하겠습니다.

이 메 일 support@youngjin.com

주   소 서울시 금천구 가산디지털1로 128 STX-V타워 4층 영진닷컴 기획1팀

등   록 2007. 4. 27. 제16-4189호

파본이나 잘못된 도서는 구입하신 곳에서 교환해 드립니다.

저자 김동혁 | **책임** 김태경 | **진행** 김연희

표지 디자인 임정원 | **내지 디자인 · 편집** 이경숙 | **영업** 박준용, 임용수, 김도현

마케팅 이승희, 김근주, 조민영, 채승희, 김민지, 임해나 | **제작** 황장협 | **인쇄** 서정바인택

머릿말

수십 년간 개발을 진행하면서 웹 애플리케이션에 대한 개발도 꽤나 한 것 같다. 타 분야와는 다르게 웹 애플리케이션은 그때그때 가장 유행하는 프레임워크나 라이브러리들을 사용하곤 했다. 2000년 대에는 주로 Vanilla Javascript로 개발을 하고, 2010년 언저리에는 backbone.js를 사용했다. 물론 그 와중에 jQuery라는 역사에 남을만한 라이브러리는 약방의 감초처럼 필수적으로 사용했었다. 바야흐로 이제는 React, Angular 그리고 Vue와 같은 프레임워크(혹은 라이브러리)가 등장하며, DOM을 직접 처리하는 것이 안티패턴으로 인식되었다. 아울러 EcmaScript는 날로 발전을 거듭하여, jQuery의 편리한 점들을 많이 흡수하기도 했다. 이러한 시대의 흐름에 의존하여 몇 년 전, 웹 애플리케이션 과제에서 동료의 추천을 받아 Vue를 프레임워크로 사용한 적이 있었다. 하지만 이 프로젝트가 내 인생에서 가장 큰 웹 애플리케이션 프로젝트가 될 것이라곤 생각하지 못했었다. 개발을 시작한 지 얼마 되지 않아 코드는 수만 줄을 넘어가기 시작했고, 잘게 쪼갠 컴포넌트의 개수도 수십 개를 넘어가게 되었다. Vuex를 도입하고, ES Module을 이용해 코드 재사용성을 급격히 높였음에도 점차 클래스(객체) 기반의 Options API는 가독성을 잃어가고 있었다. 설계가 잘못되었다고 할 수도 있었으나, 중간중간 들어오는 요구사항들을 다 받아주기에는 Options API는 좋은 판단이 아니라는 생각이 들었다. 다행히 프로젝트는 잘 마무리되었지만, 인수인계를 위해서는 엄청나게 많은 문서를 남겨야만 했다.

또 다른 웹 애플리케이션 프로젝트는 React로 시작했다. Vue를 이용해 개발했던 경험은 Vue의 매력적인 모습을 자꾸 되돌아보게 만들었다. 이때 마침 Vue 3가 공개되었다. Vue 3는 Vue 2와는 완전히 다른 모습의 Composition API를 소개하고 있었다. 필자가 느낀 Vue 2의 단점을 모두 뜯어고친 새로운 모습이었다. Vue 3가 아직 자리 잡지 못하고, 불안전한 버그도 많고, 레퍼런스도 없었지만, Vue 3로 개발을 무작정 시작했다. 한번 만든 코드는 Vue 3의 버전이 올라가면서 어쩔 수 없이 다시 제작하기도 했고, 어느 기능들은 아직 제대로 동작하지 않기도 했다. Vue 3를 지원하는 라이브러리들이 없다 보니, Vue 3에서 사용하기 위해 라이브러리들의 소스 코드를 모두 열어봐야 하는 고초도 겪었다. 그럼에도 불구하고 Vue 3로 진행한 개발은 Vue 2에 비해서 훨씬 수월했고, 새롭게 소개된 다양한 기능들은 개발의 편리성을 급격히 높여줬다.

Vue 3의 다양한 장점을 많은 사람들과 공유하기 위해 Vue 3가 공개된 지 4개월만에 초고를 작성했다. 이후 6개월이란 시간이 흘렀는데, 그 사이에 또 Vue 3는 엄청나게 많은 기능을 선보였다. 새롭게 추가된 기능들을 최대한 모두 소개하고 싶으나, 지금 이 시간에도 공개되고 있는 기능들을 모두 글로 적을 수 없음이 매우 안타깝다. 집필하는 동안에도 이 책의 내용들이 구식이 되어가고 있지만, 이는 대승적 차원에서 보면 Vue가 또 그만큼 발전한다는 것을 의미하니 어찌 기쁘지 않을까? 이러한 새로운 내용들을 실시간으로 소개하고자 홈페이지(www.doptsw.com)도 하나 오픈했다. 책에서 나온 내용들을 바탕으로 만든 블로그 형식의 홈페이지였는데, 어느 순간 본인의 개인 홈페이지로 잘 사용하고 있다. 책에서 미처 소개되지 않은 최신 기술들을 파악하기 위해 방문해도 좋을 것 같다.

Vue 3가 발표된 지 얼마 지나지 않았기에 시장성이 보장되지 않았음에도 출판 결정을 내려준 영진닷컴에 감사의 인사를 올리고 싶다. Vue 3로 넘어가고 싶어도 넘어가지 못하는 많은 개발자들이 용기를 낼 수 있는 초석 같은 책이 되면 좋겠다는 생각을 한다. 재야의 웹 애플리케이션 고수들의 지적과 피드백을 받으며 발전할 수 있다면 더할 나위 없이 좋을 것이다.

진부한 맺음말이지만, 책을 집필하는 동안 3명이나 되는 아이들을 홀로 맡아 고생한 나의 사랑하는 반려자, 왕은영에게 고맙다는 인사를 전한다.

목차

목차

3장_ Vue 3 기초

4장_ TodoList 애플리케이션 개발

목차

5장_ 웹 애플리케이션 프로젝트 준비

6장_ Vue 3 추가 라이브러리 사용

목차

8장_ AWS를 이용한 프로젝트 배포

시작하며

이 책의 대상 독자

2020년 Vue.js 3는 Vue.js 2에서 미진했던 부분들을 대폭 개선하고 신규 기능을 추가하여 공개됐다. 특히 컴포지션 API의 발표는 Vue.js만 이용하여 개발하던 개발자들에게는 다소 생소하게 느껴질 수 있고, React.js와 같은 프레임워크를 사용한 경험이 있는 개발자들에게는 반가운 소식이라 할 수 있다. 이 책은 Vue.js 3에서 가장 중요시 여기는 컴포지션 API를 활용하여 프로젝트를 진행하는 방법을 소개하고 있다. 컴포지션 API 사용에 있어 Vue.js 2와 비교설명이 좀 더 유익할 경우 차이점을 서술하는 방식으로 신규 기능을 소개하고 있기 때문에 기존 버전에 대해서 알고 있으면 훨씬 큰 도움이 될 수 있지만, Vue.js를 전혀 사용해보지 않았더라도 자바스크립트만 이해할 수 있다면 학습하는데 문제가 없도록 최대한 자세히 설명을 적었다. 대부분의 예제 코드는 컴포지션 API로 개발을 했기 때문에 이 책을 읽었다고 해서 Vue.js의 이전 버전을 사용할 수 있다는 뜻은 아니다. 만약 Vue.js 2를 사용해 개발된 프로젝트에 참여하여 Vue.js 3로의 마이그레이션을 고려하고 있다면 다음 사이트를 방문해보자.

- https://v3.vuejs.org/guide/migration/introduction.html

Vue.js 3의 새로운 요소들을 한눈에 볼 수 있는 매우 중요한 자료이므로 누구나 꼭 한번 읽어보면 좋을 것 같다. 이 책에서 소개된 프로젝트의 수준은 결코 높은 편이 아니다. 이 책은 Vue.js 3의 컴포지션 API를 최대한 활용할 수 있는 방법을 소개하고 있는 것이지, 엄청난 웹 애플리케이션을 개발하고자 함이 아니다. 따라서 UI는 Bootstrap 5를 최대한 활용하며, CSS 스타일링이나 UI를 위한 HTML 구성을 자세히 설명하지는 않는다.

코드 다운로드

앞으로 소개되는 웹 애플리케이션의 소스코드는 모두 깃허브에 올라와 있다.

- https://github.com/dongprojectteam/vue3_examples

node 모듈의 사이즈가 상당히 크기 때문에 node_modules 폴더는 모두 제외되어 있어 각자 소스를 다운로드 하고 노드 모듈 설치가 필요하다. Putty와 같은 SSH 터미널을 이용하거나 윈도우라면 PowerShell 과 같은 터미널을 이용해 소스코드를 다운로드 받고 싶은 폴더로 이동한 후 다음 명령어를 통해 소스코드를 다운로드 한다.

- git clone https://github.com/dongprojectteam/vue3_examples.git

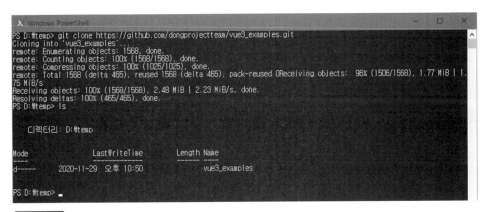

그림 1 Git로 소스코드를 다운로드 하는 방법

소스코드를 다운받고 vue3_examples 폴더에 진입하면 책의 각 챕터를 나타내는 폴더가 존재한다. 따라서 책을 보다가 소스코드 참조가 필요하면 책의 목차 구조와 동일하게 소스코드를 찾아가면 된다. package.json 파일이 있는 폴더들은 노드 모듈 패키지를 직접 설치해야 실제로 사용해 볼 수 있다. 각 폴더에서 다음 명령어를 입력해 필요한 노드 모듈 패키지들을 설치하면

실제로 돌려 볼 수 있다.

```
npm install
```

어떤 폴더들은 database 폴더와 triplek라는 서브폴더를 가지고 있다. 각각 서버의 데이터베이스를 구현한 코드와 프론트엔드를 구현한 코드가 들어있으며, 두 폴더 모두 노드 모듈 패키지가 필요하다. 따라서 npm install 명령어를 각각의 폴더에서 실행해 필요한 패키지를 설치해야한다. 그러면 다음 화면과 같이 node_modules 폴더가 생성되고 관련 모듈이 다운로드 된다.

그림 2 노드 패키지 모듈이 설치된 모습

database 폴더에서 서버를 실행시키고자 한다면 다음 명령어를 입력하면 된다.

```
node index.js
```

triplek 폴더와 같은 프론트엔드 소스코드가 들어있는 폴더에서 애플리케이션을 실행하기 위해서는 다음 명령어를 입력하면 된다.

```
npm run dev
```

이 후 브라우저에서 다음 주소를 입력하면 예제를 볼 수 있다.

- http://localhost:3000

npm/node가 실행되지 않는다면 "제 2장 Vue 환경 설치"를 참고하여 node를 설치해야 한다.

NOTE **git 설치 방법**

git가 설치되어 있지 않다면 github에서 소스코드를 직접 다운로드 할 수 있다. 만약에 설치를 원한다면 Windows나 Mac의 경우 아래 사이트에서 설치하자.

- Windows: https://gitforwindows.org/
- Mac: https://sourceforge.net/projects/git-osx-installer/files/

Linux의 경우 apt-get (Debian, Ubuntu), yum (Fedora) 을 이용해 설치할 수 있다.

```
sudo apt-get install git
sudo yum install git
```

신규 기능들에 대한 온라인 지원

이 책의 집필을 시작할 때만 해도 Bootstrap 5는 Alpha 버전을 발표하고 있었고, Vue가 3.0.2 버전이었으나, 책의 집필을 마무리 할 때 어느덧 Bootstrap 5는 Beta가 발표되었고, Vue는 3.1 이 공개되었다. 이 책에서 다루는 Vue 3와 Bootstrap 5는 모두 공개된지 오래되지 않은 만큼 기능의 수정 및 신규기능의 발표가 매우 빈번히 일어나고 있다. 이런 제약사항을 필자도 잘 알기에 온라인으로 가능하면 최신 Vue 3의 기능을 지원할 것이다. 아래 필자가 Vue 3와 Bootstrap 5로 제작한 블로그에 Vue 3의 트렌드를 지속적으로 업데이트하고 있다.

- www.doptsw.com

이 책에서 소개되는 모든 예제는 package.json을 제공하고 있어 실행에 전혀 문제가 되지 않으나, 만약 @next/vue의 최신 버전을 이용하여 환경을 구성하여 책의 내용의 실행에 문제가 된다면 언제든지 필자의 블로그에 방문하여 내용을 찾아보거나, 필자에게 연락을 주면 최대한 성실히 답변을 줄 것이다.

1 장

Vue.js에 대한 소개

목표 ···

Vue는 바야흐로 프론트엔드를 대표하는 프레임워크 중 하나로 자리
매김하는데 성공했다. 하지만 이러한 Vue의 탄생이 어쩌면 새롭게
프론트엔드를 개발해야 하는 개발자에게는 또 하나의 까다로운 선
택거리를 제공하는 것이 될지도 모른다. Vue의 전신이라 할 수 있는
Angular부터 시작하여 프론트엔드 프레임워크의 대표주자 React까
지 어느 것을 선택해야 자신의 프로젝트에 이로운 것인지 판단하기
가 쉽지 않을 수 있다. 이번 장에서는 Vue의 탄생 배경을 비롯하여
Vue의 전반적인 설명과 Vue 3를 대표하는 신규 기능들을 설명하면서
Vue 3를 천천히 알아볼 수 있는 내용들을 준비했다. Vue 2를 이미 잘
아는 개발자들이라면 Vue 3에서 대폭 개선된 내용들에 대해 알 수 있
을 것이며, Vue에 대해 전혀 모르던 사람들이라면 Vue가 어떠한 이유
로 탄생이 되었고, 어떠한 문제점이 있었으며, Vue 3에서 이러한 것
들을 어떻게 처리했는지에 대해서 알 수 있는 기회가 될 것이다. Vue
의 탄생부터 변화의 과정을 함께 살펴보며, Vue가 자신의 프로젝트에
적합한지 알아보는 시간이 되길 바란다.

1-1 Vue.js에 대한 소개

Vue.js(일반적으로 Vue */뷰:/ 라고 짧게 발음)는 웹 애플리케이션을 만들기 위한 라이브러리이자 프레임워크다. MVVM~Model-View-ViewModel~ 패턴을 표방하고 있지만 코어 라이브러리는 ViewModel에 집중되어 있고, 코어 라이브러리와는 별개로 부가적인 라이브러리들을 제공해 종합적인 프레임워크를 제공한다. 각 라이브러리는 시대의 흐름에 따른 적절한 기술로 쉽게 변형이 되기도 하고, 새롭게 추가가 되기도 한다. 따라서 Vue는 종합적으로 개발을 진행하면서 요구사항들에 대해 매우 유연하게 대처할 수 있다. 이러한 유연성은 기존의 Vue 프로젝트는 물론 다른 프레임워크로 제작된 웹 애플리케이션 프로젝트에 Vue 컴포넌트를 점진적으로 통합하기에 매우 유리하다. 이는 Vue 개발자 에반 유(Evan You)가 프로그레시브 프레임워크~Progressive framework~라는 개념을 설계의 밑바탕으로 사용했기 때문에 가능했다.

Vue는 코어 라이브러리를 제외하고도 Router나 Vuex와 같은 라이브러리를 개발/배포하고 있다. 이러한 라이브러리들은 Vue가 단순히 라이브러리에서 그치지 않고 프레임워크로 발돋움할 수 있게 해주고 있다. SEO~Search Engine Optimization~에서 좋은 선택이라 할 수는 없지만 코드의 재활용성이나 속도에 큰 장점이 있는 단일 페이지 애플리케이션~SPA: Single Page Application~을 개발할 때 Router와 같은 공식 라이브러리를 이용할 수 있고, 여러 컴포넌트들이 상태를 유지하고 데이터를 공유하기 위해서 Vuex와 같은 라이브러리를 이용할 수 있다. 결국 이런 다양한 라이브러리들은 다른 웹 애플리케이션 프레임워크의 도움 없이 Vue만 가지고도 규모와 상관 없는 과제를 수행하는데 문제가 없게 한다.

Vue는 다양한 기능을 제공하는 것에 그치지 않고 매우 좋은 성능을 보여준다. 자주 언급되는 성능 향상요소로 가상 노드 구성을 들곤 한다. 가상 노드 구성을 이야기하기 위해 Vue의 디렉티브~Directives~를 잠시 알아보자. 디렉티브는 HTML에 사용되는 특별한 기호로 디렉티브가 정의한 기능 혹은 디렉티브에 연결된 변수의 값에 따라 DOM~Document Object Model~ 엘리먼트를 변화시킨다. 많은 디렉티브 중 특히 v-model과 같은 디렉티브는 스크립트 코드의 변수와 양방향으로 바인드되어 실시간으로 DOM 엘리먼트에 변화를 줄 수 있다. DOM 엘리먼트가 필요에 따라 실시간으로 변화되는 것은 엄청난 장점이긴 하지만, 브라우저로 하여금 잦은 렌더링을 유발

---

* 이 책에서도 앞으로 Vue.js 대신 Vue라고 짧게 적을 것이다.

시킬 수 있고 결국 속도의 저하가 이뤄지게 되는데, Vue는 가상노드(VNode)를 생성하고 해당 노드에 먼저 모든 DOM을 구성한 후 브라우저에게 최종 DOM 엘리먼트 변경을 통지함으로써 속도의 저하를 방지했다.

Vue는 2014년 첫 발표 이후부터 웹 애플리케이션 개발 라이브러리로의 입지를 굳혀왔으며, w3techs의 통계자료*에 의하면 Vue는 사용하기 쉽고 빠르다는 장점을 바탕으로 오늘날 웹 애플리케이션 개발에 있어 가장 많이 사용되는 라이브러리 중 하나로 자리매김 하였다.

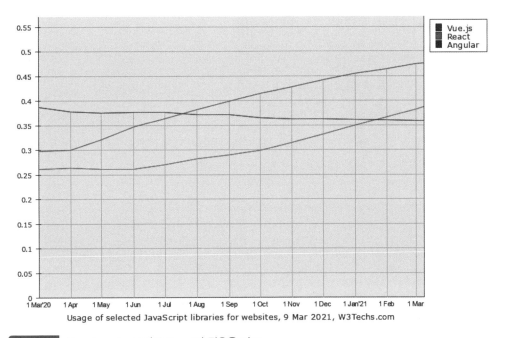

Usage of selected JavaScript libraries for websites, 9 Mar 2021, W3Techs.com

그림 1-1 Vue, Angular 그리고 React의 점유율 비교

1-2 Vue의 탄생 배경

Vue는 구글에서 근무하던 에반 유가 개발했다. 중국 출신의 에반 유는 미국 유학을 거쳐 구글에 입사하여 Angular.js를 이용한 몇몇 프로젝트를 진행했다. 에반 유는 Angular.js의 강력한 데이터 결합Binding 기능에 매료되었으며, 해당 특징을 잘 살리면서 조금 더 가벼운 프레임워크

---

* https://w3techs.com/technologies/comparison/js-angularjs,js-react,js-vuejs

가 존재하면 좋을 것이라는 생각을 했다고 한다. 실제로 그는 자신이 진행하던 프로젝트에 조금씩 자신이 만든 경량화 라이브러리를 적용하였고, 2013년에 이르러 해당 라이브러리의 이름을 Vue.js로 명명하였다. 2014년 Vue.js는 Hacker News 등을 통해 세상에 공개되었고 사람들의 뜨거운 관심 속에 성공적인 라이브러리가 되었다. Vue 2는 오랜 시간 꾸준히 사랑을 받아왔으나 에반 유는 프론트엔드Frontend 개발의 대규모화 추세에 따라 Vue 2를 개편하였고 마침내 2020년 9월 18일 Vue 3 Stable 버전을 공개하기에 이르렀다.

1-3 Vue 3의 대표 신규 기능들 소개

Vue는 버전 2까지 발표되면서 이미 웹 애플리케이션을 개발하는데 부족함이 없는 수준에 올라섰다. 하지만 Vue와 함께 웹 애플리케이션의 주축을 이루는 프레임워크들 역시 발전을 거듭하였고, 상호간의 비교를 통해 Vue의 약점들이 드러났다. 특히 웹 애플리케이션의 개발이 대규모 프로젝트가 되면서 코드의 길이가 길어져 가독성이 떨어지고, 다양한 인력들이 개발하는 수많은 컴포넌트들이 공유하는 데이터의 상태 관리는 Vuex만으로는 점차 감당이 되지 않기 시작했다. 이러한 문제를 해결하고자 Vue 3는 다양한 새로운 기능들을 가지고 출시됐다. 이미 해당 문제점을 극복한 다른 프레임워크들의 장점을 적극적으로 도입하는 한편 Vue의 장점을 더욱 부각시킬 수 있는 변화들이 소개되었는데, 그중 가장 중요하다고 여길 수 있는 몇 가지를 먼저 소개하고 넘어가겠다.

1-3-1 컴포지션 API(Composition API)

Vue는 Options API를 기반으로 하나의 객체를 하나의 모듈로 만들어 컴포넌트라 칭하는 라이브러리로, 주로 소규모 혹은 중간급 규모의 웹 애플리케이션을 제작하는데 가장 손쉬운 선택이었다. 하지만 버전이 올라가고 관련 라이브러리들의 기능이 강력해짐에 따라 Vue는 소규모 프로젝트에 그치지 않고, 카카오와 같은 대규모 웹 애플리케이션에서도 주요 프레임워크 중 하나로 자리매김했다. 하지만 Options API는 말 그대로 하나의 객체를 변수와 메서드 등과 같은 특정한 옵션 기능으로 나눈 만큼, 하나의 변수와 연관된 수많은 기능들이 하나의 SFCSingle File Component에서 이곳 저곳에 산포되기 시작했고, 이는 결국 가독성을 떨어뜨리고 코드 유지 비용이 높아지는 문제점을 보이게 됐다.

Vue 3의 플러그인에서 가장 대표적인 기능으로 자리매김한 컴포지션 API는 컴포넌트를 작성할 때 함수 기반의 방법을 제시한다. 이는 기존의 Options API의 방식을 버렸다기보다는 프로젝트 규모에 따른 적절한 방식을 선택할 수 있는 선택지를 추가했다고 보는 것이 맞다. 컴포지션 API는 기존 Options API가 가지기 힘들었던 특정 역할에 따른 함수의 분리 등을 통하여 훨씬 가독성이 높고 잘 조직화된 코드를 만들 수 있게 해준다. 아울러 컴포지션 API를 통해서 은닉화된 코드는 컴포넌트들이 재활용할 수 있다. Vue 2에서 Mixins를 이용하여 비슷하게 함수를 분리하고 재사용할 수 있었지만 Mixins는 사용하는 컴포넌트들이 많아짐에 따라 상태 관리가 어려운 문제가 있었다. 컴포지션 API는 간결한 상태 관리 방법을 제공하며 Mixins를 완벽하게 대체할 수 있다. 참고로, 만약 Vue 3로 마이그레이션이 어려운 상태라면 Vue 2에서도 vue/composition-api 플러그인을 이용해 컴포지션 API를 사용할 수 있다.

1-3-2 Suspense

Suspense는 컴포넌트가 데이터를 받아오기 전까지 기본Fallback 컨텐츠를 표시할 수 있는 기능이다. 가장 쉽게 접할 수 있는 예로, 소셜 네트워크에서 데이터를 불러올 때 로딩의 속도차이를 고려해 스켈레톤이라 불리우는 UI를 먼저 띄우고, 데이터 로딩이 완료되면 실제 화면을 띄우는 것을 들 수 있다.

그림 1-2 페이스북의 스켈레톤

기존 Vue 2까지 이러한 구현을 위해 v-if, v-show와 같은 디렉티브를 이용하곤 했다. 하지만 Vue 3의 Suspense는 비동기적 컴포넌트의 로딩이 완료될 때까지 대체 컴포넌트를 그리는 방법을 제시하기 때문에 이러한 문제를 매우 손쉽게 해결할 수 있다. Suspense는 실험적 요소로 개발중인 상태이기 때문에 어떻게 변할지 모르는 요소다. 따라서 정확한 정의가 이뤄질 때까지는 사용하지 않기를 권장한다.

1-3-3 Teleport

Vue는 UI와 관련 동작을 은닉화하여 컴포넌트로 만들어 사용하는데, 이러한 컴포넌트는 다른 컴포넌트 속에 중첩될 수 있다. A라는 컴포넌트가 B라는 컴포넌트 속에 중첩된다고 가정해보자. DOM 노드 트리의 구성으로 생각해볼 때, A라는 컴포넌트의 루트 노드는 B 컴포넌트 노드의 자식 노드로 구성이 된다. 이런 식으로 DOM이 계층구조를 가질 때 잘못된 CSS의 사용은 원하지 않은 UI 결과를 나타낼 수 있다. 예를 들어, A라는 컴포넌트가 화면의 최상단에 어떤 UI를 나타내야 하고, 이 UI의 좌표는 CSS에서 상대적 위치(relative)로 나타내고 있다고 가정하자. A라는 컴포넌트가 최상단에 위치하면 〈body〉 태그의 상대적 좌표로 UI를 그리게 되므로 기대한 대로 UI가 나타날 수 있다. 하지만 이 컴포넌트가 B라는 컴포넌트 아래 위치하고 있다면, 최상단이 아닌 B가 그리고 난 다음 위치에 UI가 나타날 수 있다. 이는 명백한 버그라고 할 수 있다.

이러한 문제를 해결하고자, React.js의 Portals는 DOM 계층을 무시하고 특정 DOM 엘리먼트에 렌더링할 수 있는 기능을 제공한다. Vue에서도 이러한 필요를 느낀 개발자들은 portal-vue라는 서드파티 플러그인을 이용하곤 했다. 하지만 Vue 3에서는 이와 동일한 기능을 Teleport라는 이름으로 제공한다. 어느 컴포넌트든 자신이 렌더링하고 싶은 위치가 있다면 이제 Teleport를 사용해 아주 쉽게 구현할 수 있다. Teleport는 6장에서 알림 기능을 제작할 때 이용할 것이다.

1-3-4 여러 개의 v-model 디렉티브

v-model 디렉티브는 양방향 결합 모델로, 기존의 Vue는 하나의 사용자 컴포넌트가 하나의 v-model 디렉티브를 가지는 것만 허용했다. 추가적인 v-model 디렉티브가 필요할 경우 일반

적으로 v-bind 디렉티브와 v-on 디렉티브를 함께 이용했으며, 여러 변수의 양방향 결합을 위해서 변수를 객체나 배열로 만들어 사용하기도 했다. 하지만 이제 Vue 3는 기본적으로 여러 개의 v-model 디렉티브를 하나의 DOM 엘리먼트에 할당할 수 있다. 기본 HTML 태그들은 두 개의 결합 매개변수를 가지는 경우가 없어 문제가 되지 않을 수 있지만, 사용자 컴포넌트들은 두 개 이상의 양방향 결합 매개변수가 필요할 수도 있다. 예를 들어 MyComponent라는 사용자 컴포넌트가 존재하고 이 컴포넌트가 두 개의 〈input〉 태그를 가지고 있다고 하면 기존에는 v-bind 디렉티브와 v-on 디렉티브를 이용해 다음과 같이 구현했을 것이다.

```
<MyComponent v-bind:param1 v-on:update="updateParam1" v-bind:param2
v-on:update="updateParam2" />
```

이제 Vue 3에서는 다음과 같이 할 수 있다.

```
<MyComponent v-model="param1" v-model="param2" />
```

1-3-5 프록시(Proxies)로 진화된 반응성

기존의 Watch 옵션은 자바스크립트 객체Object의 속성이 추가되거나 배열Array의 아이템이 추가되는 것과 같은 객체 변경에 대해서는 반응하지 않았다. Vue는 내부적으로 객체의 속성을 setter와 getter로 변환하여 반응성을 가지도록 했지만, 미리 정의되지 않은 속성의 추가는 getter와 setter의 호출이 아닌 단순한 아이템 추가이기 때문이다. 이해를 돕기 위해 다음과 같은 객체가 있다고 가정하자.

```
obj = {
  item: 0
}
```

이제 item2라는 속성을 추가해보자.

```
obj.item2 = 1
```

안타깝게도 기존의 Vue는 item2의 추가를 알아채지 못한다. obj 객체의 루트 속성을 추가하는 작업을 진행했기 때문에 getter/setter의 범위를 벗어나기 때문이다.

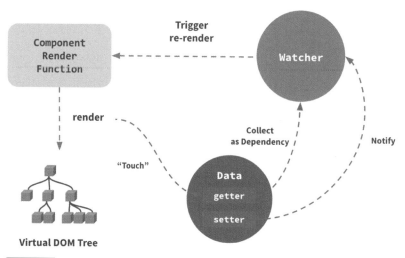

그림 1-3 객체 속성의 변경에 따른 과정*

Vue 3는 컴포지션 API를 통해 데이터를 프록시Proxies로 변환하여 사용할 수 있는 방법을 제시한다. 프록시는 ES6에서 소개된 객체로, 데이터와 프레임워크 사이에서 데이터의 전달 및 변환, 관리를 담당한다. item2를 추가하는 예제의 경우, Vue 3는 obj 객체를 프록시 안에 담아두기 때문에 obj에 item2가 추가된 것을 즉시 알아차린다. 이런 프록시의 사용은 Vue 3의 반응성을 훨씬 강력하게 해주지만 오래된 인터넷 익스플로러와 같은 브라우저에 대한 지원이 어려워진 것도 사실이다. Vue 3는 인터넷 익스플로러를 위해 기존에 사용하던 Object.defineProperty를 여전히 제공하고 있으나 프록시가 훨씬 가볍고 빠르기 때문에 프록시를 사용하지 않을 이유는 없다. 프록시를 사용하면 대상 객체는 프록시 객체 내부로 들어가고 프록시의 getter/setter로 관리가 되면서 모든 데이터의 변화에 대해 반응성을 가지게 된다.

Vue 3에서 Proxy를 이용하기 위해서는 ref나 reactive 함수를 이용하면 된다.

```
const obj = reactive({})
obj.item1 = 2
```

---

* https://vuejs.org/v2/guide/reactivity.html

1-3-6 Fragments

Fragment는 하나의 컴포넌트가 여러 개의 루트 노드를 가지는 것을 말한다. 사실 Vue 2에서도 여러 개의 루트 노트를 컴포넌트에 할당할 수 있었으나 Vue는 컴포넌트에 전달되는 Non-Props 속성을 컴포넌트에 정의된 루트 노드에 전달하도록 설계가 되어 있었기 때문에, 여러 개의 루트 노드를 가지면 어느 노드에 속성을 전달해야 할지 애매해서 버그가 나타날 수 있어 이에 대한 경고를 발생했다. Vue 개발자들은 이 문제를 해결하기 위해 Vue의 템플릿을 생성할 때 하나의 〈div〉 태그를 두고 그 안에 Html을 작성하는 것을 암묵적으로 받아들였다. 이제 Vue 3에서 더이상 해당 사항을 걱정하지 않고 여러 개의 루트 노드를 가질 수 있다. 다만 Non-Props 속성의 전달이 필요할 경우 어느 노드가 전달을 받을 것인지 명확히 해야 한다.

```
<template>
  <header>...</header>
  <main v-bind="$attrs">...</main>
  <footer>...</footer>
</template>
```

1-3-7 Emits Option

$emit()은 하나의 컴포넌트가 부모 컴포넌트에게 이벤트를 전달하기 위해 존재하는 함수다. 기존 Vue 버전들은 이 함수를 사용하는데 아무런 제약이 없었다. 반면, Vue 3에서는 컴포넌트 옵션 emits를 이용해 전송할 이벤트를 정의할 수 있다. 해당 컴포넌트에서 발생하는 이벤트명을 기술하여 컴포넌트에서 사용하는 이벤트들을 한눈에 볼 수 있는 단순한 기능은 물론, 해당 이벤트의 데이터에 대해서 사전에 검증할 수 있는 기능을 제공한다. 이는 많은 사람들과 협업을 하고 event를 발생해야 할 때, 적절한 문서화가 되어 있지 않을 경우 발생되는 혼란을 최소화할 수 있다. 만약 미리 정의된 이벤트명을 emits 옵션에 선언하지 않을 경우, 같은 이름의 네이티브 이벤트가 존재한다면 네이티브 이벤트를 호출한다. 예를 들어, 다음과 같이 emits 옵션을 비워두고 click 이벤트를 발생시키면 Vue의 이벤트가 아닌 네이티브 이벤트로 인식된다.

```
<template>
  <button v-on:click="$emit('click', $event)">OK</button>
```

```
</template>
export default { emits: [] }
```

네이티브 이벤트라 하면 Vue가 재정의한 이벤트가 아닌 브라우저가 정의한 이벤트를 의미한다. 원래 이러한 네이티브 이벤트를 발생시키기 위해서는 @click 이벤트에 native 수식어_{Modifier}를 입력해 @click.native 처럼 작성했다. 이 native 수식어는 더 이상 Vue 3에서 사용하지 않으며, 대신 emits 옵션에 명시되지 않은 이벤트는 모두 native로 처리한다. 6장에서 로그인 컴포넌트를 만들 때 해당 기능을 사용해볼 것이다.

1-3-8 createRenderer

Vue 3가 제공하는 runtime-dom과 runtime-core 패키지는 사용자가 렌더링의 동작을 정의할 수 있게 해주는 createRenderer라는 함수를 제공한다. 이 함수는 Host 환경의 Node와 Element를 제네릭 인자로 받아 해당 노드와 엘리먼트의 렌더링 동작을 변경할 수 있게 해준다. 렌더링 동작을 변경할 수 있게 한다는 것은 Renderer가 가지는 CRUD(Create, Read, Update, Delete)에 관련된 함수들을 재정의한다는 것을 의미한다. createRenderer 함수는 하나의 객체를 인자로 받고, 해당 객체 내에는 개발자가 재정의하고자 하는 함수가 선언되어 있으면 된다. 예를 들어 insert라는 함수는 해당 엘리먼트가 삽입될 때 호출되는 함수며, createTextNode는 시작태그와 종료태그 사이에 들어가는 텍스트 노드를 생성할 때 호출되는 함수다. 만약 insert 함수를 재정의하고 싶다면 다음과 같은 방법을 이용할 수 있다.

```
const { createApp } = createRenderer({
 ...<생략>
 insert: (child, parent, anchor) => {
  // 엘리먼트 삽입 시 재정의하고 싶은 코드 삽입
 }
 ...<생략>
})
```

정리하며

1장에서 Vue의 탄생 배경 및 현황 그리고 Vue 3에서 새롭게 추가된 요소들을 소개했다. 대규모 프로젝트가 아니어도 프로젝트를 진행하면서 Vue의 Options API는 편리하면서도 불편했다. 하나의 짧은 컴포넌트를 작성함에 있어서 Options API는 매우 편리한 API를 제공하였지만, 컴포넌트의 규모가 커지면서 관리가 매우 힘들어지는 단점도 있었다. 아울러 다른 프레임워크에서 잘 쓰는 기능을 사용하기 위해서 호환 가능한 서드파티 라이브러리를 찾는 일도 꽤나 번거로운 일 중 하나였다. Vue 3는 서드파티에서 사용되던 장점들을 기본 라이브러리로 흡수하고, 타 프레임워크의 장점들을 겸허히 받아들인 겸손하면서도 강력한 프레임워크라 칭하고 싶다. 개발하고자 하는 애플리케이션의 규모가 작을수록 컴포지션 API의 위력을 느끼기는 힘들다. 이럴 경우에는 이미 익숙한 Options API를 사용하면 된다. 다만, 프로젝트 규모가 커지고 같이 개발하는 개발자가 늘어난다면 컴포지션 API를 통해서 기능을 나누고 해당 기능의 함수를 API화하여 상호 호출하여 사용하는 마이크로서비스 형태를 취함으로 개발의 편리성과 안정성을 높일수 있다.

다음 장에서는 실제로 Vue를 설치하고 구성해보는 방법에 대해서 알아보겠다.

2 장

Vue 환경 설치

목표 ··

Vue를 개발함에 있어 특별한 환경이 꼭 필요한 것은 아니지만, 언제나 그렇듯 잘 갖춰진 환경은 개발의 능률을 높여준다. 이번 장에서 Vue를 개발함에 있어 도움이 될만한 개발환경을 꾸리는 방법을 알아볼 것이다. 기본적으로 Windows 운영체제 시스템을 기반으로 하였으나, 타 OS에서도 비슷하게 환경을 갖출 수 있다. 세미콜론 정책과 같은 일부 환경 설정은 각자 프로젝트를 진행하는 환경에 따라 정해진 정책이 있을 수 있다. 이러한 경우는 해당 정책에 따라 유동성 있게 변경해서 사용하면 된다.

2-1 Vue 환경 설치

1장에서 Vue의 탄생 배경 및 Vue 3의 새로운 기능들에 대해서 간단히 알아보았다. 이제 실제로 Vue를 사용해 볼 수 있는 환경을 구성해야 한다. 사실 Vue로 애플리케이션을 만들고 구동하는 데 있어서 특별한 IDE가 필요하지는 않으며, 각 개발자마다 자신이 즐겨 사용하는 환경이 있기 마련이다. 만약 Vue가 처음이거나 특별한 IDE를 사용하고 있지 않다면 지금부터 소개하는 Visual Studio Code를 이용하는 것을 권장한다. Visual Studio Code는 Vue뿐만 아니라 수많은 개발 언어를 위한 플러그인이 제공되어 맞춤형 IDE 환경을 구성하기에 매우 적합하다.

2-2 Visual Studio Code 2019 Download

먼저 다음 사이트를 방문하여 Visual Studio Code 2019를 다운로드 한다.

* https://code.visualstudio.com/download

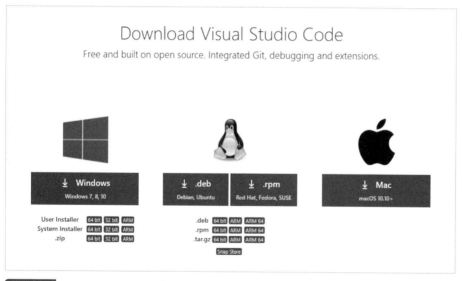

그림 2-1 Visual Studio Code 운영체제 선택

자신의 운영체제에 맞는 파일을 다운로드 하고 설치를 진행한다. 그림 2-2와 같이 모든 옵션을 선택하고 설치를 진행해도 되며, 기본적으로 선택된 것들만 가지고 설치를 진행해도 된다.

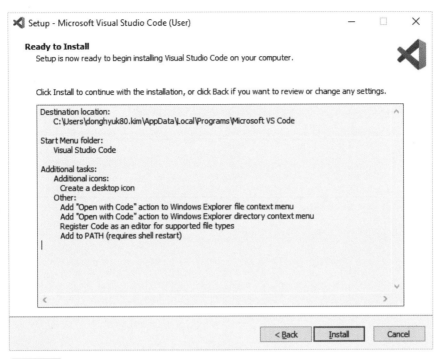

그림 2-2 Visual Studio Code 설치를 위한 옵션들

2-3 Visual Studio Code Extensions 설치

이 책의 대부분은 Vue의 Single File Components 확장자인 vue 파일을 자주 다루게 될 것이다. Visual Studio Code에는 이 vue 확장자 파일을 다룰 수 있는 Vuter Extension이 존재한다. Vuter를 비롯하여 문법 하이라이팅, 인텔리센스, 포맷팅과 같은 다양한 기능을 지원하는 Vue를 위한 확장 플러그인들을 한번에 모아둔 Vue VS Code Extension Pack은 Visual Studio Code를 이용해 Vue를 개발하는 개발자에게 필수 Extension이다. Visual Studio Code의 왼쪽에 Extensions 아이콘(⊞)을 누르거나 Ctrl + Shift + X를 눌러 Marketplace로 진입한 후 "vue vs code extension pack"를 검색어로 입력하면 그림 2-3과 같은 sarah.drasner가 제공하는 플러그인이 나온다. Install을 눌러 해당 확장 플러그인의 설치를 완료하자.

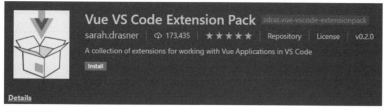

그림 2-3   Vue VS Code Extension Pack

2-4 Visual Studio Code Prettier 설정 변경

Extension Pack을 설치하면 기본적으로 Prettier가 같이 설치가 된다. Prettier는 Visual Studio Code에 작성한 코드를 분석하여 가장 적절한 포맷으로 재정렬해주는 코드 포매터Code Formatter 도구다. Prettier 설정을 변경하면 작성하는 코드의 일관성에 도움이 된다. 이번 단계는 어디까지나 부수적인 단계이므로, 자신의 방식대로 다르게 설정해도 전혀 문제가 되지 않는다. Ctrl + Shift + P를 누르고 Preferences: Open User Settings를 선택한다.

그림 2-4   Visual Studio Code 사용자 설정 파일 선택

그림 2-5와 같이 Search settings에서 prettier를 검색하고, Prettier: Semi 항목을 Disable하고, Prettier: Single Quote 항목을 Enable한다. 이렇게 설정하면 작성하는 모든 코드라인의 마지막에 생성되는 세미콜론을 자동으로 없애준다.

자바스크립트는 세미콜론의 유무에 크게 신경쓰지 않는다. C와 같은 언어는 한 줄의 입력을 완료하기 위해 세미콜론을 사용하기도 하고, 코드의 가독성을 높이기 위해 세미콜론을 이용하기도 한다. 하지만 이미 설치한 확장 플러그인들은 마치 파이썬을 사용하는 것과 같이 코드의 인덴테이션을 자동으로 설정해주고 코드 내용을 포맷팅하여 색상을 입히기 때문에 세미콜론이 없어도 코드가 눈에 매우 잘 들어온다.

세미콜론을 유지할지 없앨지는 일반적으로 프로젝트를 진행하는 팀 혹은 회사 단위의 정책에 따르게 되니 설정방법을 알아두는 것이 좋다.

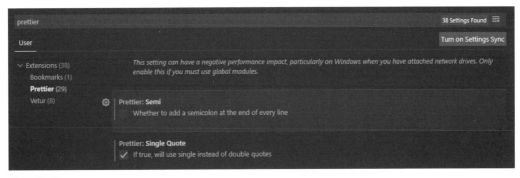

그림 2-5 prettier의 세미콜론 값 변경

2-5 Node.js 설치

npm을 이용하여 프로젝트를 구축하고자 한다면 Node.js를 설치해야 한다. 다음 사이트로 접속하여 자신의 OS에 맞는 인스톨러를 찾아 설치를 진행하면 된다. 필자는 Windows를 사용하므로 Windows Installer인 .msi 파일을 다운로드 하였다.

- https://nodejs.org/ko/download/

그림 2-6 Node.js 운영체제 선택

msi 파일을 실행한 후, 약관에 동의하고 단순히 Next 버튼만 누르면 되는데, 특히 다음과 같은 Setup 다이얼로그에서 npm package manager가 누락되지 않았음을 확인하는 것이 좋다.

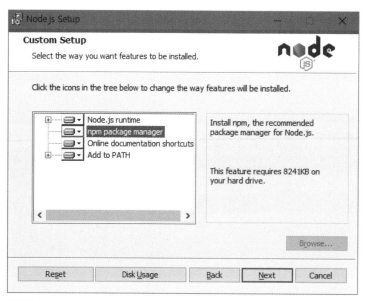

Node.js에서 npm package manager가 포함됨을 확인하자.

인스톨이 되고 나면 Windows의 Powershell 혹은 Command Prompt를 띄운 후 다음 커맨드를 실행했을 때 버전이 올바르게 보이면 된다.

```
npm –version
```

npm의 버전을 확인한 모습

리눅스의 경우 다음과 같이 nodejs와 npm을 설치할 수 있다. OS에 따라 패키지 관리자는 apt가 아닌 yum 등을 이용해야 한다.

```
sudo apt update
sudo apt install nodejs
sudo apt install npm
```

만약 Visual Studio Code를 설치했다면 PowerShell이나 Terminal을 띄우지 않고 CLI를 이용할 수 있다. VS Code의 터미널 메뉴에서 "새 터미널"을 실행하면 운영체제를 고려할 필요 없이 VS Code가 자동으로 운영체제에 맞는 터미널을 실행시킨다.

2-6 Vue Devtools 설치

Vue로 진행하는 프로젝트의 규모가 커지면 DOM에서 원하는 컴포넌트 노드를 찾거나, 이벤트가 어떻게 진행되는지 알아보거나, 혹은 Router의 기록 등을 살펴보기가 힘들어진다. 이러한 어려움을 조금 쉽게 파헤쳐 나갈 수 있는 도구가 Vue Devtools다. 크롬 브라우저와 파이어폭스 브라우저의 확장 혹은 애드온으로 제공되어 설치가 매우 쉬우며, 타 브라우저를 사용하는 개발자들을 위해 독립적인 일렉트론 애플리케이션으로도 제공된다.

> **NOTE** **일렉트론**
>
> Node.js를 백엔드로, 크로미움을 프론트엔드로 사용하여 웹 애플리케이션 개발 언어를 사용해 독립적인 애플리케이션을 개발할 수 있게 해주는 프레임워크다.

2-6-1 크롬 브라우저

크롬을 사용하는 유저라면 Chrome의 Extension으로 Vue Devtools를 사용할 수 있다. 아래 경로를 따라 들어가거나 크롬 웹스토어의 확장프로그램을 devtools를 검색하여 크롬에 추가할 수 있다.

- https://chrome.google.com/webstore/category/extensions

그림 2-9 크롬 확장 프로그램 Vue devtools

2-6-2 파이어폭스 브라우저

파이어폭스의 Devtools는 애드온으로 Vue 1과 Vue 2만 지원한다. 따라서, Vue 3를 위해서는 Vue 3를 위해 개발되고 있는 Devtools Beta 버전을 다운받아 설치해야 한다. 아래 사이트를 방문한 후 vuejs_devtools_beta-6.0.0.15-an+fx.xpi 를 설치하자.

- https://github.com/vuejs/devtools/releases/tag/v6.0.0-beta.15

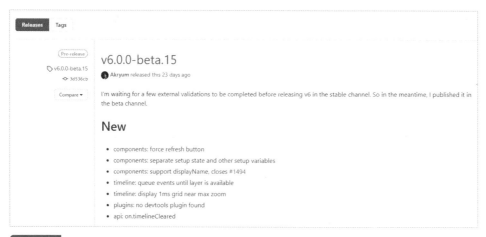

그림 2-10 파이어폭스 애드온 Vue devtools

2-6-3 Standalone Electron Vue-devtools 설치

크롬과 파이어폭스를 사용하지 않는 개발자라면 독립형 일렉트론 애플리케이션으로 Vue devtools를 사용할 수 있다. Devtools는 버전이 낮을 경우 Vue 3를 지원하지 않기 때문에 반드시 6.0.0-beta.2 이상을 사용하길 권장한다. 일렉트론 Vue devtools를 설치하기 위해서 다음 명령어를 사용한다.

```
npm install -g @vue/devtools@6.0.0-beta.2
```

설치가 완료되면 vue-devtools를 입력해보자. 그림 2-11과 같은 Devtools가 실행될 것이다. Devtool을 프로젝트에 연동하기 위해서는 프로그램에 표시되는 스크립트 코드를 Vue 프로젝트에 삽입하면 된다.

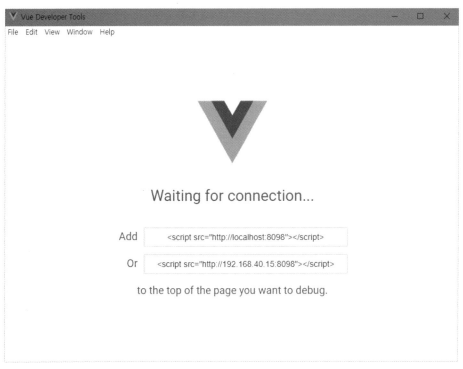

그림 2-11 독립형 일렉트론 Vue devtools 실행 모습

NOTE 보안 오류

만약 Windows Powershell에서 Unauthorized Access라는 보안 오류가 발생할 경우, 실행정책을 업데이트해야
한다.

```
get-help Set-ExecutionPolicy
```

위 명령어로 먼저 최신 help files(도움말 파일)을 내려받는다. 이후 다음 명령어를 통해서 로컬 컴퓨터의 실행권한을
RemoteSigned로 변경한다.

```
Set-ExecutionPolicy RemoteSigned -Scope LocalMachine
```

2-7 Bootstrap 5

책에서 소개하는 일부 예제들은 Bootstrap 5를 이용한다. Bootstrap 5는 2021년 3월 기준 아직 Beta 버전까지만 발표되었기에, 원한다면 Bootstrap 4나 Bootstrap Alpha를 사용해도 된다. Bootstrap 4와 Bootstrap 5의 차이는 거의 없지만 Bootstrap 5가 더 이상 jQuery에 대한 의존성을 가지지 않는다는 것은 매우 고무적인 일이다.

Bootstrap은 노드 패키지로서 각 프로젝트를 새로 생성할 때마다 지역설치를 해도 전혀 문제가 되지 않으며, 매번 설치가 귀찮다면 -g 옵션을 이용해 전역설치를 해도 된다. Bootstrap이 필요한 예제를 제시할 때는 지역설치 방법을 항상 다시 언급할 것이므로 전역설치가 꺼려진다면 지금 설치하지 않아도 문제 없다.

```
npm install -g bootstrap@next
```

Bootstrap은 Popper를 이용해 일부 라이브러리를 구현해 놓았으므로 Popper.js를 설치해야 한다. Bootstrap 5 Alpha 버전은 Popper.js v1을 사용했으나, Beta부터는 Popper.js v2를 사용한다.

```
npm install -g @popperjs/core
npm install -g popper.js # Bootstrap 5 Alpha 사용 시
```

정리하며

2장에는 간단히 Vue를 설치하고 구성하는 방법을 알아보았다. Visual Studio Code라는 강력한 무료 IDE를 이용하여 구성하였지만, 만약 편리한 IDE가 있다면 얼마든지 해당 IDE를 사용해도 아무런 문제가 되지 않는다.

아울러 이 책에서는 npm 패키지 인스톨러를 이용해 패키지를 관리하지만, 원한다면 yarn을 이용해도 전혀 문제가 되지 않는다. 성능면에서는 yarn이 빠르지만 보편성에서는 npm이 여전히 우세하다[*]. 둘 중 무엇을 선택할지 역시 개발자에게 달렸다.

마지막으로 라이브러리 패키지를 전역으로 설치할지 아니면 로컬로 설치할지도 역시 개발자의 몫이다. 나 혼자 쓰는 컴퓨터라면 전역으로 설치하는 것이 큰 문제가 되지 않을 것이며, 여러명이 동시에 개발을 진행하는 서버와 같은 경우에는 로컬로 설치하는 것이 유리할 것이다.

---

[*] https://www.whitesourcesoftware.com/free-developer-tools/blog/npm-vs-yarn-which-should-you-choose/

3 장

Vue 3 기초

목표 ···

Vue 3는 Vue 2에 비해 상당히 많은 부분이 변경, 발전되었다. 단순히
Vue 2 라이브러리를 Vue 3로 업데이트하여 기존과 동일한 객체 형식
의 모듈(Options API)로 개발할 수도 있지만, Vue 3의 기능을 제대로
사용하기 위해서는 Vue 3가 추구하는 정책을 제대로 파악하고, 각 기
능들을 면밀히 살펴볼 필요가 있다. 이번 장에서는 Vue 3와 함께 소
개된 Vite를 통해 프로젝트를 생성하는 방법과 Vue 3에서 새롭게 소
개된 강력한 기능에 대해 알아보는 한편, Vue 2와 달라진 점들을 자
세히 소개할 것이다. Vue 3를 처음 사용하는 개발자라면 이번 장을
가장 중요하게 공부하고 넘어가야 할 것이다. Vue 2를 아는 개발자라
면, Vue 2와 동일한 이름의 Keyword라 하여 그냥 넘어가지 않고, 같
은 키워드여도 그 행위가 어떻게 변하였는지 잘 살펴보는 것이 좋을
것이다.

3-1 Vue 3 기초

Vue를 프로젝트에 포함하는 방법은 크게 두 가지가 있는데, CDN_{Contents Delivery Network}으로부터 Vue 라이브러리를 Script에 포함하는 방법과 npm/yarn을 이용하여 Vue 패키지를 설치하여 사용하는 방법으로 나뉜다. CDN으로부터 라이브러리를 포함하게 되면 프로젝트에서 사용되는 라이브러리들을 호스트 서버에 저장해둘 필요가 없기 때문에, 용량의 이점은 물론 네트워크 트래픽 역시 줄일 수 있다. 또한 해당 CDN의 파일들은 한번 브라우저에 내려오고 나면 대부분 디스크 캐시에 저장되어 재활용되기 때문에 매우 빠른 속도를 보여준다. 반면 npm을 이용하면 라이브러리의 의존성 관리를 자동으로 해주는 장점이 있으며, 라이브러리와 애플리케이션 코드를 하나 혹은 사용자가 설정한 청크의 개수로 컴파일하여 브라우저에 전달할 수 있다. 브라우저에서는 컴파일된 코드만 캐시하고 나면 서버로부터 추가적으로 받을 파일이 없으므로 굉장히 빠른 실행속도를 보여준다. 일반적으로 교육용 혹은 테스트용으로 CDN을 이용하는 경우가 많으며, 프로젝트를 진행할 때는 npm/yarn을 이용해 패키지를 설치하고 개발한다.

3-2 CDN을 통한 Hello World 구현

이미 언급한 바와 같이 CDN은 일반적으로 공부하는 학생들이나, 프로젝트를 진행하기 전에 사전 테스트용으로 많이 사용한다. Vue 3를 CDN으로부터 코드에 포함하기 위해서는 다음과 같이 vue@next를 불러주면 된다.

```
<script src="https://unpkg.com/vue@next"></script>
```

CDN은 이번 소개가 끝나고 나면 다시 사용할 일이 없으므로 여기서 사용방법을 짧게 소개하고자 한다. Visual Studio Code를 실행하고 index.html 파일을 생성한 다음, 코드 3-1과 같이 작성하자.

코드 3-1. CDN을 이용한 index.html

```
<!DOCTYPE html>
<html lang="en">
  <head>
    <title>Hello Vue 3 CDN</title>
```

```
        <script src="https://unpkg.com/vue@next"></script>

        <style>
            .app {
                font-size: 3em;
            }
        </style>
    </head>
    <body>
        <div class="app">
            {{ msg_hello }}
        </div>

        <script>
            const App = {
                data() {
                    return {
                        msg_hello: 'Hello Vue 3 CDN'
                    }
                }
            }

            Vue.createApp(App).mount('.app')
        </script>
    </body>
</html>
```

파일을 저장한 후 해당 파일을 크롬 브라우저나 파이어폭스 브라우저에서 실행해보자. 그림 3-1과 같이 'Hello Vue 3 CDN'이라는 글자가 브라우저에 뜬다.

스크립트 코드 내에서 App 객체를 생성할 때 msg_hello라는 변수를 선언하고 그 값으로 'Hello Vue 3 CDN'을 넣었다. Vue에서 데이터 변수로 선언된 값은 템플릿 내 HTML 코드에서 두 개의 중괄호({{, }})로 접근이 가능한데, 이를 선언적 렌더링Declarative Rendering이라 부른다. 이는 jQuery와 같은 명령형 렌더링Imperative Rendering과 상반되는 개념으로 DOM 엘리먼트에게 다시 렌더링할 것을 명령하지 않고 DOM과 연결된 상태와 속성이 변경될 때 자동으로 DOM 엘리먼트가 업데이트되는 것을 의미한다. 대표적으로 Vue와 더불어 React가 선언적 렌더링을 사용한다.

선언적 렌더링을 이용해 변수를 브라우저에 렌더링한 모습

3-3 NPM/Vite를 이용한 기본 프로젝트 생성

일반적으로 실제 프로젝트를 진행할 때는 npm을 이용하여 관련 라이브러리들을 프로젝트 코드들과 함께 컴파일한 후 코드 축소Minify를 해 결과물의 사이즈를 줄인다. 일반적으로 이런 결과물은 하나의 js 파일로 만들어지지만, 만약 결과물의 사이즈가 너무 클 경우 비동기적 방식을 이용해 필요할 때 필요한 컴포넌트를 불러올 수 있는 Lazy 로딩 방식을 이용한다. Lazy 컴포넌트는 컴파일되는 하나의 js 파일에 포함되지 않고 별도의 파일로 저장되어 애플리케이션이 해당 컴포넌트를 필요로 할 때만 서버로부터 받아오므로 매우 효율적이다. 이런식으로 컴포넌트 모듈을 생성하기 위해선 vue ES 패키지를 다운받아 개발을 해야 한다. Npm을 통해 vue를 설치하기 위해서는 다음 명령어를 사용한다.

```
npm install vue@next
```

npm을 이용해 Vue 3를 설치하는 모습

npm 커맨드를 이용할 때 g옵션(전역 설정)을 지정하지 않으면 node_modules라는 폴더를 생성

하고 해당 폴더 내에 다운로드한 라이브러리를 위치시킨다. 이런 패키지의 지역설치 방법은 하드웨어 인프라에서 독립된 개발환경을 가질 수 있게 해주기 때문에, 하나의 서버에서 여러 개발자들이 동시에 다양한 프로젝트를 진행할 수 있게 한다.

npm을 이용하여 Vue를 설치하면 Webpack이나 Rollup과 같은 다양한 모듈 번들러_{Module Bundler}를 이용해 프로젝트를 컴파일할 수 있다. Vue 3는 여전히 이러한 모듈 번들러를 이용해 프로젝트를 컴파일할 수 있는 반면, 새로운 빌드툴인 Vite를 사용할 수도 있다.

> **NOTE**
>
> **Vite란**
>
> Vite는 에반 유가 Vue 3로 개발을 함에 있어 별다른 번들 생성 없이 ES Module을 바로 웹 브라우저에 렌더링 할 수 있도록 만든 개발 툴로서 매우 빠른 HMR_{Hot Module Replacement}을 제공한다. 번들을 생성하는 과정이 필요 없어 서버의 시작속도가 매우 빠르며, 개발자 역시 번들없이 모듈화된 컴포넌트의 수정사항을 브라우저로 볼 수 있다. 현재 수 많은 컨트리뷰터들과 함께 개발이 진행되고 있으며, 베타 상태로 사용할 수 있다.

Vite는 Vue 3를 주요 프레임워크로 지정하고 개발된 만큼 Vue 프로젝트와 완벽한 호환성을 자랑한다. 특히 EcmaScript 6를 따르는 Vue 3의 모듈이 별다른 컴파일 과정 없이 브라우저에 렌더링 될 수 있게 해주는 기능은 Vue를 이용한 개발을 매우 쉽게 해준다. 실제로 Vite를 사용하기 위해 다음 명령어를 이용하여 Hello World App 프로젝트를 생성해보자.

```
npm init @vitejs/app hello-world-vite2
```

그림 3-3 Vite로 프로젝트를 생성한 모습

명령어를 실행하면 hello-world-vite 템플릿을 생성하기 위한 몇가지 질문이 나온다. 먼저 Framework로 vue를 선택한다. 이후 JavaScript(vue) 를 사용할 것인지 TypeScript(vue-ts)를 사용할 것인지 묻는데, 여기서는 JavaScript를 선택한다. 이렇게 하면 hello-world-vite 라는 폴더가 생성되고 Vue로 프로젝트를 진행할 때 필요한 필수 요소들이 최소한으로 들어간 작은 애플리케이션 코드들이 생성됨을 알 수 있다. 이 프로젝트의 간단한 정보 및 의존성을 명시한 package.json 파일 역시 같이 생성되었다. 이는 어떤 패키지를 설치해야 하는지 알려주는 역할을 하기도 한다. 실제 생성된 package.json 파일은 다음과 같이 구성되어 있다. 명령어를 수행하는 시점에 따라 버전은 더 높을 수 있다.

```
{
    "version": "0.0.0",
    "scripts": {
      "dev": "vite",
      "build": "vite build",
      "serve": "vite preview"
    },
    "dependencies": {
      "vue": "^3.0.5"
    },
    "devDependencies": {
      "@vitejs/plugin-vue": "^1.2.3",
      "@vue/compiler-sfc": "^3.0.5",
      "vite": "^2.3.7"
    }
}
```

> **NOTE** **create-vite-app**
>
> Vitejs에서 사용하던 create-vite-app은 2 버전에서 @vitejs/app으로 변경되었다. 하지만 여전히 create-vite-app은 사용이 가능하며, @vitejs/app의 Framework, Variant 선택이 귀찮다면 다음과 같은 명령어로 한번에 Vue + Javascript 구성을 만들 수 있다.
>
> ```
> npm init vite-app my-app-name
> ```

이제 package.json이 들어 있는 프로젝트 폴더에서 다음 명령어를 수행하여 필요한 의존 패키지들을 설치한다. yarn의 경우 띄어쓰기가 포함된 경우 작동을 안 할 수 있으므로, 사용하기 위해서 폴더명에 띄어쓰기가 없도록 한다.

```
npm install (혹은 yarn install)
```

그림 3-4 관련 의존 패키지를 설치하는 과정

이제 node_modules라는 폴더가 생기고 많은 패키지들이 설치되었음을 확인할 수 있다. npm run dev를 수행하면 package.json 내 script 속성에 명시된 vite가 npx를 통해서 실행이 된다. Vite는 개발 서버를 실행시켜 http://localhost:3000 과 같은 주소로 접속을 할 수 있게 해준다.

```
npm run dev
```

Vite App
localhost:3000
Hello Vue 3.0 + Vite
count is: 4
Edit components/HelloWorld.vue to test hot module replacement.

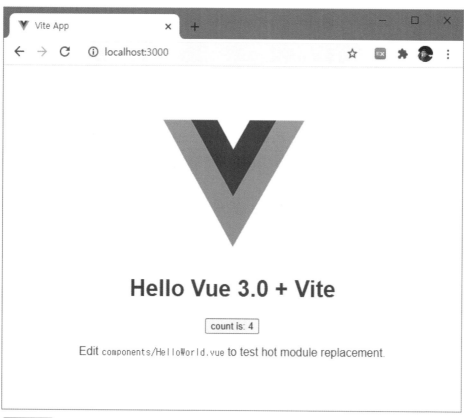

그림 3-5 Vite로 생성된 기본 애플리케이션

ES 모듈을 하나의 번들로 컴파일하는 작업을 진행하기 위해서 다음 커맨드를 이용한다.

```
npm run build
```

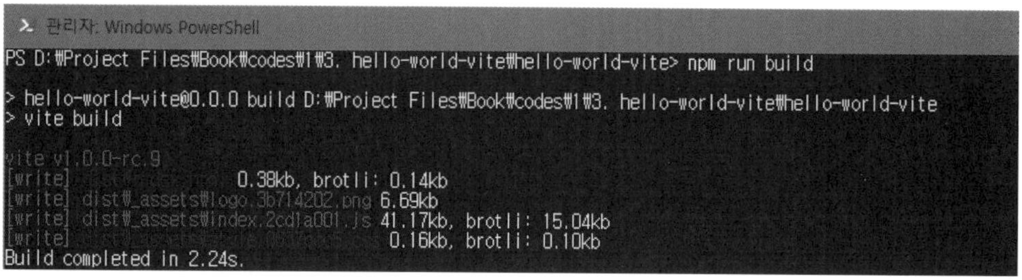

관리자: Windows PowerShell
PS D:₩Project Files₩Book₩codes₩1₩3. hello-world-vite₩hello-world-vite> npm run build
> hello-world-vite@0.0.0 build D:₩Project Files₩Book₩codes₩1₩3. hello-world-vite₩hello-world-vite
> vite build
vite v1.0.0-rc.9
[write] 0.38kb, brotli: 0.14kb
[write] dist₩_assets₩logo.3b714202.png 6.69kb
[write] dist₩_assets₩index.2cd1a001.js 41.17kb, brotli: 15.04kb
[write] 0.16kb, brotli: 0.10kb
Build completed in 2.24s.

그림 3-6 vite build가 실행되어 번들을 컴파일 하는 과정

Vite는 기본적으로 Rollup을 이용하여 번들을 생성한다. 별다른 설정이 없다면 dist 폴더가 생성되고 그 아래에 번들화된 js 파일과 html, css 그리고 asset 파일들이 생성된다. Vite의 개발 서버는 웹 애플리케이션을 개발하는 과정에서 매우 유리하지만 실제 서버 환경에 애플리케이션을 배포하기 위해서는 번들을 생성하여 그 크기를 줄이고 자바스크립트의 코드를 최소화하는 것이 네트워크 속도나 보안 면에서 좋다.

번들화된 파일들이 제대로 작동하는지 보고 싶다면 Apache Tomcat 혹은 윈도우즈 환경의 IIS Internet Information Service의 루트 폴더에 dist 내 파일들을 복사하여 테스트해 볼 수 있다. 로컬환경의 웹서버에 파일을 복사한 후 브라우저에 localhost 혹은 127.0.0.1을 주소로 넣으면 다음과 같이 애플리케이션이 빠르게 실행됨을 알 수 있다.

그림 3-7 로컬 웹서버 환경에서 동작시킨 Vite 번들

3-3-1 Vite 기본 프로젝트 구성

Vite를 통해 생성된 프로젝트를 살펴보면 Vue 3에 조금은 편하게 접근할 수 있다. Visual Studio Code를 열어 앞서 생성한 hello-world-vite2 폴더를 열어보자.

그림 3-8 vitejs1과 vitejs2의 기본 폴더 구조

루트 폴더에 index.html 파일과 함께 프로젝트 정보와 의존 패키지가 들어있는 package.json 이 있음을 알 수 있다. 공동 프로젝트에서 의존성 패키지의 버전이 동일해질 수 있도록 해주는 package-lock.json도 존재할 것이다. 여기에 더해 Vitejs2의 경우 vite.config.js 파일이 생성되어 있음을 알 수 있다. vite.config.js의 문법은 Vitejs1과 Vitejs2가 다르므로 주의해야 한다. 앞으로 vite.config.js를 사용할 때는 항상 두 버전으로 구현하도록 하겠다. 잠시 index.html 파일을 열어보면 다음과 같다.

코드 3-2. 기본으로 생성된 index.html 파일

```html
<!DOCTYPE html>
<html lang="en">
<head>
  <meta charset="UTF-8">
  <link rel="icon" href="/favicon.ico" />
  <meta name="viewport" content="width=device-width, initial-scale=1.0">
```

```
    <title>Vite App</title>
  </head>
  <body>
    <div id="app"></div>
    <script type="module" src="/src/main.js"></script>
  </body>
</html>
```

index.html 파일은 Vue 컴포넌트들을 포함할 수 있는 루트 엘리먼트인 div 태그를 하나 가진 것을 제외하고는 별 다른 코드는 없다. 해당 div 엘리먼트는 app이라는 id값을 가지고 있는데, 이 id는 Vue 컴포넌트들이 어느 곳에 포함이 되어야 하는지 알 수 있게 하는 매우 중요한 단서다. 만약 app이란 id값을 변경한다면 더 이상 웹 애플리케이션이 제대로 돌아가지 않는 것을 알 수 있다. 루트 엘리먼트가 생성되고 나면 main.js 라는 자바스크립트 파일을 불러오는데, 해당 파일은 코드 3-3과 같이 구성되어 있다.

코드 3-3. main.js

```
import { createApp } from 'vue'
import App from './App.vue'

createApp(App).mount('#app')
```

> **NOTE** **Vitejs 2에서의 변화**
>
> Vitejs1에서 존재하던 index.css 파일은 Vitejs2에서 존재하지 않는다. 대신 CSS 내용이 App.vue의 style 태그 내에 존재할 것이다. 만약 정의해야 할 CSS가 많다면, index.css 파일을 생성하여 스타일을 적용하고 main.js에서 import 해주는 것이 좋다.
>
> 아울러 App.vue나 HelloWorld.vue에서 Single File Component를 만들 때 〈script setup〉을 이용한 코드가 기본으로 들어있을 수 있다. 〈script setup〉은 2020년 10월 처음 도입된 후 현재까지 여전히 실험적으로 구현하고 있는 기능으로, 〈template〉에서 〈script〉 내 변수들을 직접 접근할 수 있는 방법을 제시한다. 내부적으로는 컴파일 시점에 setup 함수로 코드를 변경하는 것으로 사용자로 하여금 setup 함수마다 반복되는 내용들을 작성하지 않아도 된다.
>
> 이 책에서는 〈script setup〉 대신 최대한 setup 함수 자체를 구현하는 방법을 제시한다. 〈script setup〉이 아직은 실험적이기도 하지만, 반드시 사용해야 하는 필수 요소도 아니기 때문이다.

처음 두 줄은 프로젝트 구성에 필요한 항목들을 불러오는 코드로써, 루트 컴포넌트를 구성할 App.vue 파일 그리고 vue 모듈로부터 각각 필요한 자원을 불러온다. vue 모듈로부터 createApp 함수를 불러오고, App.vue로부터는 App 컴포넌트를 불러왔다. Vue 2까지는 Vue 인스턴스를 생성할 때 new Vue({})와 같이 코드를 작성하였고, 이는 Vue 자체의 인스턴스를 생성하는 것인 만큼 여러 개의 독립된 Vue 인스턴스 생성을 불가능하게 했다. 이러한 제약으로 Mixins와 같은 전역 API는 자신의 상태 변경을 모든 Vue 인스턴스와 공유할 수 밖에 없었고, 단위 테스트를 진행해야 할 때 큰 오류를 낳기도 했다. 이러한 문제를 방지하고 여러 개의 독립된 인스턴스를 생성할 수 있도록 Vue 3는 createApp이란 함수를 새롭게 소개했다.

4번 째 줄에서 createApp 함수를 이용하여 애플리케이션 인스턴스를 생성하고 id값이 app인 태그에 마운트시킨다. 앞서 app이란 id는 매우 중요하다고 했는데, 바로 여기서 애플리케이션 인스턴스가 해당 이름을 바탕으로 엘리먼트를 찾아 마운트되기 때문이다. createApp은 옵션 객체를 받아 루트 컴포넌트를 구성할 수 있다. 코드 3-3에서 createApp을 구성하는 옵션 객체는 App.vue에서 Export된 것임을 알 수 있다. 그러면 App.vue 파일을 여러 옵션 객체를 어떻게 구성했는지 살펴보자.

코드 3-4. App.vue

```
<template>
  <img alt="Vue logo" src="./assets/logo.png" />
  <HelloWorld msg="Hello Vue 3 + Vite" />
</template>

<script setup>
import HelloWorld from './components/HelloWorld.vue'

// This starter template is using Vue 3 experimental <script setup> SFCs
// Check out https://github.com/vuejs/rfcs/blob/master/active-rfcs/0040-script-setup.md
</script>

<style>
#app {
  font-family: Avenir, Helvetica, Arial, sans-serif;
```

```
    -webkit-font-smoothing: antialiased;
    -moz-osx-font-smoothing: grayscale;
    text-align: center;
    color: #2c3e50;
    margin-top: 60px;
  }
</script>
```

App.vue 파일은 컴포넌트에 대한 다양한 정보를 하나의 파일에 담고 있는 SFCSingle-File Components이다. 이러한 SFC를 구성하는 파일은 vue라는 확장자를 가지며 크게 HTML DOM 구조를 나타내는 template 영역, CSS 스타일 코드를 가지는 style 영역, 그리고 스크립트를 가질 수 있는 script 영역으로 구성된다.

템플릿 영역에는 HTML을 기반으로 하여 DOM을 구성하면 된다. 이 때 script 항목에서 선언된 변수를 이용해 선언적 렌더링을 구현할 수 있다. Vue는 모든 선언적 변수의 값을 DOM에 즉시 반영하지 않고 가상 노드에 먼저 반영한 후 최종적으로 완성된 DOM을 브라우저가 렌더링하게 한다. 이는 DOM에 빈번한 업데이트가 일어나지 않기 때문에 실제 애플리케이션의 실행속도를 높여준다. App.vue의 template은 assets 폴더에 존재하는 logo.png 그림 파일을 〈img〉를 통해 그리는 한편, HelloWorld.vue라는 SFC에 정의된 HelloWorld라는 Component를 이용하여 나머지 부분의 HTML을 구성하고 있다. 아울러 HelloWorld 컴포넌트의 msg 속성에 "Hello Vue 3.0 + Vite"라는 문자열을 전달하고 있음을 알 수 있다. Vue2의 Options API와 크게 달라진 점은, components 옵션을 이용해 HelloWorld 컴포넌트를 지정하지 않는다는 것이다. 이것은 〈script setup〉이라는 Vue의 신규 기능으로 가능한데, 〈script setup〉이 내부적으로 〈template〉을 render() 함수로 변경하기 때문에 명시적으로 변수나 컴포넌트를 노출(expose)시킬 필요가 없는 것이다.

우리는 앞으로, 〈script setup〉 대신에 Vue 3에서 소개된 setup( ) 함수를 직접 구현할 것인데, 이 경우에는 기존 Options API와 마찬가지로 components 옵션으로 컴포넌트를 지정해줘야 한다. 이 두 가지 차이점은 4장에서 TodoList 프로젝트를 만들면서 자세히 비교하도록 한다.

이제 HelloWorld.vue 파일을 열어 HelloWorld 컴포넌트를 살펴보자.

코드 3-5. HelloWorld.vue

```
<template>
  <h1>{{ msg }}</h1>

  <p>
    <a href="https://vitejs.dev/guide/features.html" target="_blank">
      Vite Documentation
    </a>
    ¦
    <a href="https://v3.vuejs.org/" target="_blank">Vue 3 Documentation</a>
  </p>

  <button type="button" @click="state.count++">
    count is: {{ state.count }}
  </button>
  <p>
    Edit
    <code>components/HelloWorld.vue</code> to test hot module replacement.
  </p>
</template>

<script setup>
import { defineProps, reactive } from 'vue'

defineProps({
  msg: String
})

const state = reactive({ count: 0 })
</script>

<style scoped>
a {
  color: #42b983;
}
</script>
```

Vue 2까지만 해도 〈template〉 태그 내에는 하나의 루트 태그만 존재할 수 있었으나, Vue 3에서는 이러한 제약을 공식적으로 풀어주었다. 따라서 무의미하게 〈div〉를 template의 루트 엘리먼트로 사용하는 것은 더 이상 하지 않아도 된다. 〈template〉 내 〈button〉 태그는 마우스 클릭 이벤트를 받아 count라는 변수의 값을 1씩 증가시킨다. 이렇게 증가된 count는 〈button〉 태그의 텍스트 표현식에 선언적 변수로 사용된다.

해당 컴포넌트의 〈script setup〉에서는 msg라는 String 타입의 변수를 props로 선언하여 부모 컴포넌트가 msg라는 속성을 이용해 String 값을 전달할 수 있게 만들어져 있다. 또한 count라는 속성을 가지는 객체를 생성한 후, reactive라는 함수를 이용해 state라는 객체 변수를 만들고 있음을 알 수 있다. props, defineProps, reactive 함수 등을 현재 이해할 필요는 없다. 앞으로 이 모든 것들을 자세히 알아볼 것이다. 이 〈script setup〉을 요약하면 HelloWorld 컴포넌트는 하나의 버튼을 가지고 있고, 해당 버튼은 state.count라는 변수를 참조하여 해당 값을 1씩 증가시킬 수 있는 것이다.

여기에 더해 〈style scoped〉가 존재한다. 〈style〉은 CSS를 구성할 수 있는 곳인데, scoped라는 속성을 사용하지 않으면 정의한 CSS가 애플리케이션의 전역에 적용된다. 따라서 component 내에서만 적용되게 하기 위해서는 scoped 속성을 꼭 써줘야 한다.

지금까지 Vite로 생성된 프로젝트를 살펴보며 Vue의 모듈 구성이 어떻게 이뤄지는지 알아보았다. 이를 바탕으로 프로젝트를 진행하기 전에 Vite의 config를 약간 수정하여 코드 작성의 편의성을 높이고자 한다.

3-3-2 Vite Alias 생성

초창기 Vite는 Alias를 지원하지 않아 서드파티 라이브러리Third-party library를 사용하곤 했다. 하지만 2020년 5월 Vite는 공식적으로 Alias를 지원하게 되었다. Alias를 이용하면 대규모 프로젝트를 진행할 때 각 파일의 경로를 모두 적어줘야 하는 불편함을 해소해 준다. Alias를 구성하기 전에 경로를 생성할 때 도움을 줄 수 있는 path 라이브러리를 다음 명령어를 통해 설치한다.

```
npm install path
```

path 라이브러리 설치가 완료되었으면 루트 폴더에 vite.config.js 파일을 생성하고 코드 3-6

과 같이 작성한다. 이렇게 Alias를 하면 컴포넌트를 불러올 때 /src/components/Component.vue와 같이 할 필요 없이 /@components/Component.vue라고 할 수 있다. 만약 Vitejs2를 이용하고 있다면, vite.config.js 파일이 이미 있을 것이다. Vitejs1과 Vitejs2의 문법이 다르니 주의하자.

코드 3-6. vite.config.js

```js
const path = require('path')

module.exports = {
  alias: {
    '/@/': path.resolve(__dirname, './src'),
    '/@components/': path.resolve(__dirname, './src/components'),
  },

}

/* Vitejs 2 사용 시 아래와 같이 alias를 구성할 수 있다.
import { defineConfig } from 'vite'
import vue from '@vitejs/plugin-vue'
import path from 'path'

// https://vitejs.dev/config/
export default defineConfig({
  resolve: {
    alias: {
      '/@': path.resolve(__dirname, './src'),
      '/@components': path.resolve(__dirname, './src/components'),
      '/@app_modules': path.resolve(__dirname, './src/modules'),
      '/@store': path.resolve(__dirname, './src/store'),
    }
  },
  plugins: [vue()]
})

const path = require('path')
```

```
module.exports = {
  alias: {
    '/@/': path.resolve(__dirname, './src'),
    '/@components/': path.resolve(__dirname, './src/components'),
  },
}
*/
```

3-3-3 독립형 Vue-devtools 연동

독립형 일렉트론 개발툴에 대해서 이미 2장에서 설명하였다. 이번에 이 개발툴을 방금 생성한 Vite 프로젝트에 연동하는 방법을 알아볼 것이다. 먼저 Visual Studio Code의 Terminal(터미널) 메뉴에서 New Terminal(새 터미널)을 선택한다. 그러면 Windows의 Powershell 혹은 Linux의 Terminal과 동일한 명령어를 입력할 수 있는 창이 뜬다. 이 창에서 Vue-devtools를 실행한다.

```
vue-devtools
```

이제 프로젝트 창에 index.html을 열고 〈head〉 태그의 마지막에 다음을 추가한다.

```
<script src="http://localhost:8098"></script>
```

VS Code Terminal에서 창 분할 버튼(▥)을 눌러 Terminal을 하나 더 실행한 후 개발용 서버를 실행하여 애플리케이션이 돌아갈 수 있도록 한다.

```
npm run dev
```

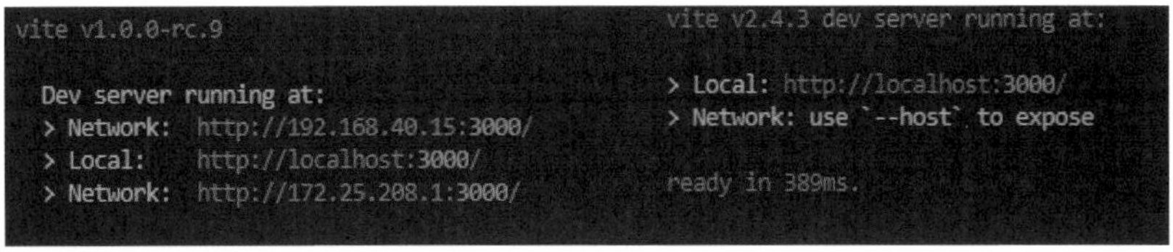

그림 3-9 개발용 서버를 실행하면 보이는 접속 주소

그림 3-9와 같이 URL이 나오면 Ctrl 키를 누른 채로 마우스로 클릭한다. 그러면 브라우저에 애플리케이션이 실행되고 그림 3-10과 같이 Vue Developer Tools가 실행됨을 알 수 있다.

브라우저에서 count is: 0 버튼을 눌러보자. Vue Developer Tools의 count도 실시간으로 같이 올라가는 것을 확인할 수 있다.

그림 3-10 Vue Developer Tools가 실행된 모습

3-4 Vue 3 핵심 문법

3-4-1 Single File Component

Single File Component(SFC)는 Vue의 컴포넌트를 하나의 파일로 나타내는 것을 의미한다. 하나의 파일이 하나의 컴포넌트를 나타내므로 관리가 쉽고 코드가 간결해진다. SFC는 총 3개의 부분으로 나눠진다.

template	컴포넌트가 렌더링되어야 하는 HTML 코드 부분이다. 뒤에 설명할 선언적 렌더링 혹은 템플릿 문법을 이용하여 반응형 컴포넌트를 만들 수 있다.
script	템플릿에서 사용한 반응성을 가지는 변수등을 조작할 수 있다. 자바스크립트나 타입스크립트 등을 이용해 스크립트 코드를 작성한다. 〈script setup〉과 같이 setup 속성을 같이 이용하면, LOC(Line Of Code)의 양을 획기적으로 줄일 수 있다. 아직은 RFC 상태지만, 현재까지 구현된 기능은 모두 사용이 가능하다.
style	컴포넌트 혹은 전체 프로젝트에서 사용할 CSS 코드를 삽입할 수 있다. scoped라는 속성을 이용하면 CSS가 컴포넌트에만 적용되며, scoped 라는 속성을 제외하면 전체 프로젝트에 적용된다. 일반적으로 scoped라는 속성을 항상 같이 사용한다.

표 3-1 SFC의 구성

3-4-2 컴포지션 함수 setup

setup 함수에 대해서는 5장에서 자세히 다루고 있지만 최소한의 사용법을 알고 넘어가야 다음 내용들이 이해될 수 있으므로 여기서 한번 짚고 넘어가려 한다. Vue 3는 컴포지션 API를 이용해 컴포넌트를 만들 수 있다. 이 컴포지션 API는 setup 함수 내에서 사용이 가능하다.

Vue 2까지는 Options API만 제공을 했으며, 컴포넌트를 생성할 때 옵션 속성이라 불리는 data, methods, computed 등과 같은 것들을 정의해야 했다. 이는 코드가 길어지면 오히려 가독성을 낮추는 문제점이 있었기에, 다른 컴포지션 프레임워크들과 같이 Vue도 이번 버전에서 컴포지션 API를 지원하고자 setup 함수를 제공하게 됐다.

setup 함수를 구성하는 내용은 자바스크립트를 작성하듯이 스크립트로 작성하면 된다. setup 함수는 객체를 반환하는데 이 객체 내에는 화면을 담당하는 HTML에서 사용할 변수들이 들어 있어야 한다. 아래는 매우 간단한 setup 함수의 구조다.

```
setup() {
  const data = 1
  return { data }
}
```

이전 Options API에서 자주 사용하던 computed나 watch 옵션은 모두 setup 함수에서도 구현이 가능하다. 기존 methods 옵션으로 제공하던 함수의 경우 다음과 같이 변수로 할당하여 반환하면 된다.

```
const foo = () => { data = 2 }
return { foo }
```

computed나 watch 등에 대해서 잘 모르거나 Options API에 대해서 몰라도 상관 없다. setup 함수 내에 자바스크립트로 코드를 작성하고, 객체 형식으로 반환한다는 정도만 알고 넘어가면 된다.

3-4-3 Vue 컴포넌트의 생명주기

컴포넌트를 생성하여 DOM 노드 트리에 마운트하고, 불필요한 엘리먼트를 제거하는 일련의 과정을 생명주기라고 한다. Vue는 각 생명주기를 후킹Hooking 할 수 있는 방법을 제공하는데, 이를 생명주기 훅이라고 한다. Options API를 사용할 경우, 각 생명주기는 지정된 옵션 함수를 정의하여 후킹할 수 있다. 예를 들어 updated라는 생명주기 훅 함수는 다음과 같이 사용 가능하다.

```
updated() {
 // Update Action
}
```

컴포지션 API로 setup 함수 내에서 생명주기 훅을 사용하기 위해서는 컴포지션 함수를 이용해야 한다. updated의 컴포지션 함수는 onUpdated이며 다음과 같이 사용이 가능하다.

```
setup() {
 onUpdated(() => { // Update Action })
}
```

Options API의 옵션 함수와 컴포지션 함수의 상관관계 및 각 생명주기에 관련된 설명은 다음과 같다.

beforeCreate

컴포넌트를 생성하기 전에 호출된다. 컴포지션 API의 setup 함수 그 자체가 beforeCreate를 대체한다. 컴포넌트가 생성되기 전에 호출이 되기 때문에 생성한 data는 물론, 해당 data를 관찰할 수 있는 watch와 같은 함수들이 동작하지 않는다. setup 함수 내 작성하는 모든 코드는 beforeCreate를 대체하므로, setup 함수 내에서 사용가능한 beforeCreate는 따로 없다.

created

컴포넌트가 생성되면 호출된다. 컴포지션 API의 setup 함수가 beforeCreate와 함께 created도 대체한다. 컴포넌트의 옵션에 접근이 가능하기 때문에 data 옵션에 선언한 데이터들을 초기화할 때 많이 사용한다.

beforeMount(onBeforeMount)

Vue의 가상 노드가 render 함수를 호출하기 직전에 호출된다. 즉, 실제 DOM을 구성하기 직전에 호출된다. 이 beforeMount 사이클이 지나고나면 Vue는 Virtual DOM에 가상으로 Rendering할 DOM을 미리 구성한다. 이 과정은 onRenderTracked라는 생명주기 훅을 통해 관찰할 수 있다.

mounted(onMounted)

실제로 컴포넌트의 구성요소들이 DOM 엘리먼트로 마운트된 후 호출된다. 이 순간부터 실제 엘리먼트를 참조할 수 있다. 다시 말해, ref와 같은 함수를 통해 엘리먼트의 참조변수를 만들었다면, mounted 사이클 이전까지는 초기화한 값으로만 들어있고, 실제 엘리먼트를 참조할 수 없던 반면, 지금부터는 해당 변수를 통해 엘리먼트에 접근할 수 있게 되는 것이다. 따라서 실제 엘리먼트에 동적으로 변화를 줘야 할 경우 이 함수에서 처리하면 좋다. 실제 엘리먼트를 참조한다는것은 Virtual DOM이 실제 DOM에 반영이 되었음을 의미한다. 따라서 onRenderTriggered라는 생명주기 훅이 이후 호출되게 된다.

beforeUpdate(onBeforeUpdated)

데이터가 변경되었지만 아직 DOM에 반영되지 않았을 때 호출된다. 이미 DOM을 구성하는 요소가 있는데, Virtual DOM이 수정되고 이 수정사항이 DOM에 반영되기 직전에 호출되는 것이다. 아직 변경사항이 DOM에 반영되지 않았으므로, 실제 엘리먼트를 참조하는 변수로부터 아무것도 얻을 수 없다.

updated(onUpdated)

데이터가 변경되어 DOM이 변경완료된 시점에 호출된다. 따라서 이 순간부터는 DOM이 업데이트되었다고 보고, 해당 DOM에 참조된 변수를 이용해 다양한 역할을 수행할 수 있다. 주의할 점은 해당 엘리먼트의 자식 노드들이 업데이트가 완료되었다고 보장하지 않는다는 것이다. 즉, 현재 컴포넌트만 수정이 되었음을 보장하는것이다. 따라서 자식 컴포넌트까지 모두 수정된 것을 기다리기 위해서는 nextTick을 이용해 모든 자식의 업데이트가 완료되었음을 기다려야 한다.

```
updated() {
 this.$nextTick(function() {
  // 모든 자식이 업데이트 되었다.
 })
}
```

beforeUnmount(onBeforeUnmount)

컴포넌트가 탈착되기 직전에 호출된다. 아직 모든 기능을 사용할 수 있는 상태이므로, 명시적으로 컴포넌트가 Unmount되기 전에 해줘야 할 것들을 작성하면 좋다.

unmounted(onUnmounted)

컴포넌트가 탈착되고 나서 호출된다. 이 순간부터 모든 디렉티브와 이벤트가 사용이 불가능해진다.

activated(onActivated)

keep-alive 태그는 컴포넌트가 다시 렌더링되는 것을 방지하고, 상태를 유지하기 위해 쓰인다. 일반적으로 v-is 디렉티브와 함께 쓰여, v-is 디렉티브가 컴포넌트를 변경할 때 기존 컴포넌트의 상태가 사라지지 않게 하기 위해 사용한다. 이러한 keep-alive 태그로 컴포넌트의 상태가 보존되기 시작하면 onActivated 생명주기 훅 함수가 호출된다.

```
<keep-alive>
  <component v-is="currentComponent" />
</keep-alive>
```

deactivated(onDeactivated)

keep-alive로 상태가 유지되던 컴포넌트가 효력을 상실하면 호출된다. 소스코드를 수정한 후 저장하면 Vite의 HMR이 해당 컴포넌트를 다시 렌더링하게 되는데, 이 때 keep-alive로

activated된 컴포넌트에 deactivated가 호출됨을 확인할 수 있다.

renderTracked(onRenderTracked)

Virtual DOM이 변경될 때마다 관찰을 목적으로 해당 생명주기 훅이 호출된다. 이 함수를 통해서 DebuggerEvent 객체를 살펴보면 어떠한 이유로 Virtual DOM이 변경이 되는지 알 수 있다. DebuggerEvent는 target이란 속성을 통해서 Virtual DOM을 변경시키는 것을 추적할 수 있다.

```
renderTracked(e) {
 console.log(e.target)
}
```

renderTriggered(onRenderTriggered)

Virtual DOM이 DOM으로 반영이 되어야 할 때 호출된다. 따라서 onMounted, onActivated, onUpdated와 같이 실제 DOM이 변경되기 직전에 호출됨을 알 수 있다. 어떠한 이유로 렌더링이 호출되었는지 파악하기 위해서는 onRenderTracked와 마찬가지로 DebuggerEvent를 살펴보면 된다. 예를 들어, 새로운 값이 추가되어 렌더링이 다시 되어야 한다면, DebuggerEvent의 type 속성에는 'add', newValue 속성에 변화를 일으킨 새로운 값이 들어있을 것이다.

errorCaptured(onErrorCaptured)

자손 컴포넌트에 에러가 발생하면 어느 컴포넌트에서 어떤 에러가 발생했는지 알려준다. 실제 동작 중에 이러한 에러가 발생하면 안되기에 일반적으로 개발 중 에러를 캡쳐하기 위해 사용한다.

3-4-4 선언적 렌더링

이미 앞서 1장에서 소개한 것과 같이 Vue는 선언적 렌더링을 지원한다. 즉, 변수를 선언하고 값을 넣으면 자동으로 DOM에 업데이트가 된다. Options API를 사용하기 위해서는 단순히 data 옵션에 변수를 선언하면 되며, 컴포지션 API와 함께 이용하기 위해서는 setup 함수를 생성하고 그 안에 일반적인 자바스크립트 변수를 선언하듯이 선언하면 된다. 선언된 변수는 템플릿의 변수와 결합될 수 있도록 반드시 객체 형식으로 반환돼야 한다. 템플릿에서 변수의 값을 나타내기 위해서는 해당 변수를 두 개의 중괄호로 감싸면 된다. 이를 수염표기법Mustache syntax이라고 한다.

코드 3-7. 선언적 렌더링 사용방법

```
<template>
  <div id="date">
    {{ date }}
  </div>
  <div id="date2">
    {{ date2 }}
  </div>
</template>

<script>
export default {
  // Composition API
  setup() {
    const date = Date().toString()
    return {
      date,
    }
  },

  // Options API
  data() {
    return {
      date2: Date().toString(),
    }
  },
}
</script>
```

코드 3-7에서는 Vue 3에서 새롭게 소개된 setup 함수 내에서 변수를 선언하고 반환하는 방법과 기존과 동일한 방식의 Options API를 이용해 변수를 선언하고 반환하는 방법을 보여준다. setup 함수에서는 date라는 const 함수를 선언하고 자바스크립트의 Date 클래스의 toString 메서드를 이용해 현재 날짜와 시간을 얻어온다. 똑같은 값을 얻어오지만 Options API는 data라는 별도의 옵션 함수를 이용해 date2에 날짜와 시간을 대입하는 것을 알 수 있다. 결과는 그림 3-11과 같다.

> **NOTE** **ES6 단축 속성**Shorthand Property
>
> setup 함수에서 반환할 때, 객체의 키 값만 존재하고 값이 존재하지 않는 것을 볼 수 있다.
>
> ```
> return { date }
> ```
>
> 이는 원래 다음과 같은 객체의 표기를 ES6의 단축 속성Shorthand Property 방법을 이용해 짧게 작성한 것이다.
>
> ```
> return { date: date }
> ```
>
> 단축속성은 객체의 키 값과 변수명이 동일할 경우 변수명을 작성하지 않아도 되는 매우 유용한 기능이다.

Mon Dec 07 2020 23:27:39 GMT+0900 (대한민국 표준시)
Mon Dec 07 2020 23:27:39 GMT+0900 (대한민국 표준시)

그림 3-11 선언적 렌더링 사용 결과

수염표기법보다는 디렉티브를 사용하고 싶다면 v-text 디렉티브를 사용할 수 있다. 다음 두 개의 표기법은 동일하게 msg를 나타낸다.

```
<p>{{ msg }}</p>
<p v-text="msg"></p>
```

v-html 디렉티브를 이용한 HTML 표현

앞서 설명한 v-text 디렉티브나 수염표기법으로 나타내는 값은 모두 일반 텍스트로 출력이 된다. 이는 HTML 엘리먼트의 textContent를 업데이트하기 때문이다. 이는 결국 HTML을 작성한 문자열을 변수의 값으로 대입하더라도 HTML 태그를 그대로 가지고 있는 문자열 그대로 렌더링이 된다. 반면 v-html 디렉티브는 HTML 엘리먼트의 innerHTML 값에 변수값을 전달하기 때문에 문자열이 HTML 마크업 언어로 표현되도록 한다. innerHTML에 바로 값을 집어 넣기 때문에 변수는 반드시 HTML 평문이어야 하며, Vue의 문법을 사용해도 컴파일이 되지 않는다.

```
<div v-html="<i>HTML TEXT</i>"></div>
```

v-pre 디렉티브를 이용한 컴파일 무시

v-pre 디렉티브를 이용하면 해당 엘리먼트를 포함한 모든 자식 엘리먼트들의 값을 컴파일하지 않는다. 즉, 수염표기법으로 변수를 표기하더라도 있는 그대로 출력이 된다. msg라는 값에 HELLO라는 값이 들어있다고 하면 다음 두 개의 코드는 서로 다른 결과를 보여준다.

```
<div>{{ msg }}</div>
<div v-pre>{{ msg }}</div>
```

처음 코드는 HELLO라는 결과를 보여주는 반면, 두 번째 코드는 {{ msg }}를 표현한다.

3-4-5 데이터 결합을 통한 사용자 입력 처리

템플릿 내에서 v-bind 디렉티브 혹은 v-model 디렉티브를 이용할 경우 컴포넌트에서 선언한 변수와 HTML 태그의 속성을 결합할 수 있다. 예를 들어 HTML input 태그는 value라는 속성을 가지고 있는데, 이 속성의 값이 입력창의 값이 된다. 이 value라는 속성을 v-bind 디렉티브로 연결하면 value의 값을 컴포넌트의 변수 값으로 대체할 수 있다. 마찬가지로 대부분의 태그는 title이라는 속성을 가지는데 이 속성 역시 컴포넌트의 변수값으로 결합할 수 있다. v-bind 디렉티브는 다음과 같이 사용한다.

```
v-bind:HTML속성="변수명"
```

혹은 짧게 v-bind를 콜론(:)으로만 대체할 수 있다.

```
:HTML속성="변수명"
```

예를 들어 title 속성에 title_value 라는 변수를 결합하기 위해서는 v-bind:title="title_value"라고 적거나 :title="title_value"라고 적을 수 있다.

주의할 것은 v-bind 디렉티브는 단방향 결합을 지원하고, v-model 디렉티브는 양방향 결합을 지원한다는 것이다. 단방향 결합은 변수의 값이 템플릿으로만 결합되어 템플릿의 HTML 태그가 변경한 값이 변수에 돌아오지 않는다는 뜻이다. 반면 v-model 디렉티브는 변수의 변경이 템플릿의 DOM에 영향을 미치는 것은 물론이고, 템플릿에서의 변경이 변수의 값을 변경시키기도 한다. 자세한 내용을 위해 코드 3-8을 보자.

코드 3-8. 반응형 변수 사용법

```
<template>
  <p>줄임말과 원래말을 입력하세요.</p>
  <input type="text" v-bind:value="abbr" />
  <input type="text" v-model="normal" />
  <hr />
  <abbr v-bind:title="normal">{{ abbr }}</abbr>
</template>

<script>
import { ref } from 'vue'

export default {
  // Composition API
  setup() {
    const abbr = ref('DOPT')
    const normal = ref('Dong Project Team')
    return {
      abbr,
      normal,
    }
  },
}
</script>
```

먼저 vue로부터 ref 컴포지션 API 함수를 불러왔다. setup 함수는 Options API와는 다르게 반응형 변수를 선언하기 위해서는 ref 함수로 값을 한번 감싸줘야 한다. 이는 1장에서 소개한 프록시 객체를 생성하기 위함이다. 자바스크립트를 조금이라도 아는 사람이라면 변수가 const로 선언된 것이 잘못된 것이라 생각할 수 있다. 하지만 ref 혹은 다음에 사용해 볼 reactive 컴포지션 함수를 이용해 데이터를 프록시 객체로 생성하게 되면, 데이터의 변경이 프록시 객체에 이뤄지는 것이 아닌 프록시를 통해 원래 데이터에 이뤄진다. 따라서 프록시 자체는 const로 선언을 해 프록시의 변화가 없도록 해도 데이터 변경이 이뤄질 수 있다. 반응성을 갖도록 ref를 이용해 선언된 abbr과 normal 변수는 템플릿에서 결합되기 위해 return 문을 통해 반환되었다.

템플릿은 두 개의 HTML input 태그를 가지고 있으며, 각각 v-bind:value와 v-model 디렉티브를 이용해 abbr과 normal 변수를 결합했다. v-model 디렉티브는 양방향이 가능한 모든 태그에서 사용이 가능하며 별도로 속성값을 정의하지 않는다. 이는 v-model은 반드시 value 속성과 결합이 되기 때문이다. 코드를 실행해보면 그림 3-12와 같이 나온다. DOPT라는 글자에 마우스를 올려보면 Dong Project Team이라는 글자가 뜨는 것을 알 수 있다.

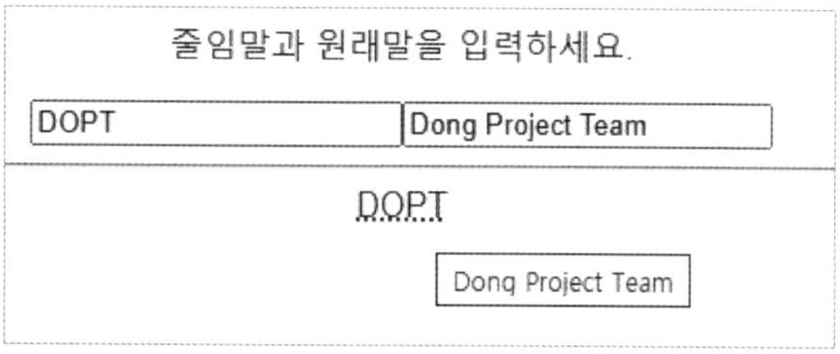

그림 3-12 반응형 변수 예제

이제 DOPT라는 값을 WWW으로 변경하고 Dong Project Team이라는 값을 World Wide Web으로 변경해보자. 그림 3-13과 같이 WWW의 값이 DOPT라는 원래 값으로 변환되고 World Wide Web이라는 글자는 그대로 남아있는 것을 알 수 있다.

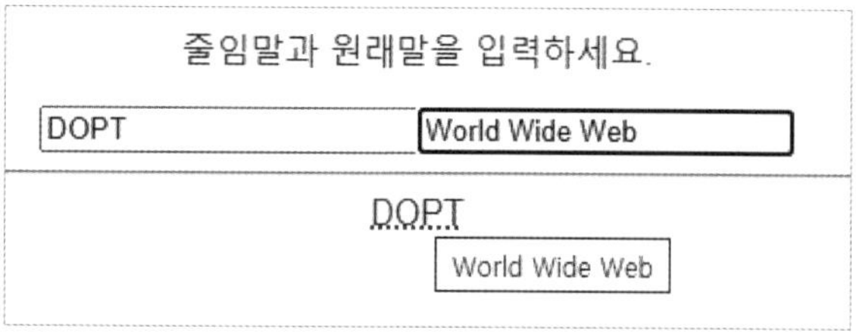

그림 3-13 v-bind와 v-model의 차이

즉, v-bind 디렉티브는 템플릿을 통해서 변수의 값을 변경시킬 수 없으며, v-model 디렉티브는 템플릿을 통해 변수를 변경시킬 수 있다는 것이다.

> **NOTE**
>
> **ref 문법 설탕**Syntax Sugar
>
> ⟨script setup⟩을 이용하면 components 옵션도 필요 없고, setup 함수를 만들 필요도 없으며, 명시적으로 변수를 반환해야 할 일도 없다. 이 ⟨script setup⟩에서 ref를 다음과 같이 이용하면 뒤에 value 속성을 이용하지 않아도 된다.
>
> ```
> <script setup>
> ref: title = 'old'
> const change() => { title = 'new title' }
> </script>
> ```

v-model 디렉티브 수식어

v-model 디렉티브는 변수의 값을 변경할 수 있는 수식어가 존재한다. 해당 수식어는 상당히 유용하지만, Vue 3의 세부 버전에 따라 수식어가 작동되기도 하고 안되기도 하므로, 가능하면 수식어에 의존하기보다는 내부 구현을 통해서 처리하거나 사용자 수식어를 생성해 처리하는 것이 좋다. Vue에서 하드코딩한 수식어는 Vue의 버전이 올라가면서 사라지거나 변경될 수도 있기 때문에 무리한 남용은 오랜 프로젝트 관리에 좋지 않을 수도 있다. 예를 들어 .sync 수식어는 Vue 3에서 사라졌다.

.lazy	v-model 디렉티브의 변수는 input이라는 이벤트와 동기화되어 있다. 즉, 값의 입력과 동시에 값이 변경이 된다. lazy 수식어 사용 시 changed 이벤트와 동기화되어 값이 변경된다.
.number	넘어오는 값을 자동으로 숫자로 타입변경Typecast 한다.
.trim	값의 좌우 여백을 잘라낸다.

표 3-2 v-model 디렉티브 수식어

사용자 수식어를 만드는 방법은 생각보다 매우 간단하다. v-model 디렉티브로 연결되는 변수명은 컴포넌트의 props에 정의하면 되는데, 변수명 뒤에 Modifiers라는 글자를 붙여 props에 추가적으로 선언하면 사용자 수식어를 받아올 수 있다. 예를 들어 컴포넌트의 변수 a를 v-model 디렉티브에 연결하고 v-model 디렉티브의 수식어까지 받고 싶다면 다음과 같이 props를 선언하면 된다.

```
props: [ "a", "aModifiers" ]
```

위와 같이 선언하면 v-model:my_trim="'abc'"의 결과로 a변수에는 'abc' 값이 들어오고 aModifiers에는 { my_trim : true }와 같이 들어온다.

3-4-6 이벤트 리스너를 이용한 사용자 입력 처리

HTML 태그가 발생시키는 이벤트를 캡쳐하여 지정된 스크립트를 수행하거나 함수를 호출하기 위해 v-on 디렉티브를 이용한다. v-on 디렉티브는 HTML 태그뿐만 아니라 사용자가 만든 컴포넌트에서 발생된 이벤트를 캡쳐할 때도 사용하는 매우 유용한 디렉티브다. HTML의 〈button〉 태그는 사용자가 버튼을 클릭했을 때 click이라는 이벤트를 발생시킨다. 해당 이벤트를 캡쳐하기 위해서 다음과 같은 방식을 이용할 수 있다.

```
v-on:click="스크립트 코드, 혹은 함수 호출"
```

v-on 디렉티브는 @으로 짧게 줄일 수 있다.

```
@click="스크립트 코드, 혹은 함수 호출"
```

코드 3-9는 버튼의 click 이벤트를 캡쳐해 counter라는 반응형 변수의 값을 증가시킨다. 이는 즉시 선언적 렌더링에 의해 화면에 표시되는 숫자의 값을 증가시킨다.

코드 3-9. 이벤트 리스너 예제

```
<template>
  <p>{{ counter + counter2 }}</p>
  <button @click="counter++">클릭하면 숫자가 올라갑니다.</button>
  <button @click="onClick">클릭하면 숫자가 올라갑니다.</button>
</template>

<script>
import { ref } from 'vue'
```

```
export default {
  data() {
    return {
      counter2: 0,
    }
  },
  setup() {
    let counter = ref(0)

    const onClick = (evt) => {
      if (evt) {
        evt.preventDefault()
        counter.value++
      }
    }
    return {
      counter,
      onClick,
    }
  },
  methods: {
    onClick2: function (evt) {
      if (evt) {
        evt.preventDefault()
      }
      this.counter2++
    },
  },
}
</script>
```

코드 3-9에서 두 개의 〈button〉 태그가 존재한다. 하나는 counter 변수를 직접 참조해 숫자를 증가시키고 있고, 다른 하나는 onClick이라는 함수를 호출한다. 컴포지션 디렉티브에서는 함수 선언도 return 문을 통해 반환해야 템플릿에서 사용할 수 있다. setup 함수에서 ref 함수를 통해 선언된 변수는 프록시 객체로 변환된다는 사실을 절대 잊으면 안된다. 이 함수의 값을 변경하기 위해서는 프록시 객체의 value 속성을 이용해야 한다. 따라서 counter값을 증가시키기 위해서는 counter.value의 값을 증가시켜야 한다.

Options API에서 함수를 만들기 위해서는 methods라는 옵션에 선언하면 된다. onClick2는 Options API를 통해 구현한 함수다. setup 함수에서 생성된 데이터 변수는 setup 함수에서만 사용이 가능하다. Options API의 methods 옵션에 선언된 함수는 data 함수옵션에 선언된 변수만 접근이 가능하다. 따라서 onClick2는 data 함수에서 선언된 counter2를 증가시키는 역할을 한다.

템플릿에서 onClick을 호출하는 부분을 onClick2로 변경해도 같은 결과가 나온다.

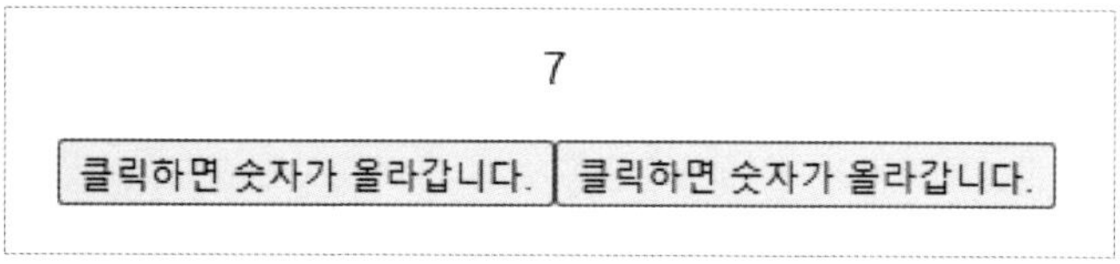

그림 3-14 이벤트 리스너 예제 결과

이벤트 수식어

자바스크립트는 이벤트의 동작을 변형하기 위한 함수들을 제공하고 있다. 예를 들어 이미 살펴본 코드 3-9에서 버튼을 클릭하면 호출되는 onClick 함수는 evt라는 이벤트 인자를 받고, evt.preventDefault()와 같이 이벤트 함수를 호출해 기본 동작을 막고 원하는 동작의 코드를 추가했다. Vue의 v-on 디렉티브는 이런 이벤트 함수 호출을 이벤트 핸들러 메서드에서 하지 않고 이벤트를 받는 태그에서 할 수 있는 수식어를 제공한다. 이는 이벤트 핸들러 메서드 내에서는 추가적으로 필요한 코드만 작성할 수 있으므로 훨씬 가독성이 높고 재사용 가능한 코드를 만드는 데 좋다. 예를 들어 onClick에서 evt를 처리하던 부분을 모두 없애고 대신 호출부를 다음과 같이 하면 동일한 효과를 얻을 수 있다.

```
<button @click.prevent="onClick">클릭하면 숫자가 올라갑니다.</button>
```

이벤트 수식어는 연결해서 사용할 수 있다. 예를 들어 .stop.prevent와 같이 두 개의 이벤트 함수가 적용되게 할 수 있는데, 순서에 따라 함수가 적용되므로 순서에 유의해야 한다. v-on 디렉티브가 제공하는 이벤트 수식어는 표 3-3과 같다.

이벤트 수식어	설명
.stop	이벤트 전파를 방지한다. stopPropagation()과 동일하다.
.prevent	브라우저의 기본 동작을 금지한다. preventDefault()와 동일하다.
.capture	이벤트리스너의 capture 옵션을 활성화시킨다.
.self	이벤트가 자식 엘리먼트가 아닌 현재 엘리먼트에서 발생했을 때만 핸들러를 호출한다.
.once	최대 한번의 클릭만 허용한다. .once.prevent와 같이 사용하면 처음 클릭 시 태그의 본연 기능을 방지하고 원하는 기능을 수행할 수 있다.
.passive	이벤트리스너의 passive 옵션을 활성화시킨다.
.exact	정확히 해당 키만 눌렀을 때 핸들러를 호출한다. @click.ctrl.exact
.left	마우스의 왼쪽 버튼이 눌렸을 때 핸들러를 호출한다.
.right	마우스의 오른쪽 버튼이 눌렸을 때 핸들러를 호출한다.
.middle	마우스의 가운데 버튼이 눌렸을 때 핸들러를 호출한다.

표 3-3 이벤트 수식어

키 수식어

버튼이 활성화되어 있을 때 키보드의 Enter 키를 누르면 해당 버튼이 클릭된 것과 같은 효과를 보인다. 이는 일반적으로 사용자경험(UX)을 매우 증대시키는 유용한 기능이지만, 가끔은 매우 번거로울 때가 있다. 예를 들어, ⟨form⟩ 태그가 구성이 되면 Enter 키는 기본적으로 submit 버튼이 눌린 것과 동일한 효과를 준다. 만약 검색을 위한 ⟨input⟩ 태그가 존재하면, 사용자들은 일반적으로 검색어를 입력하고 Enter 를 습관적으로 치게 된다. 이러면 form의 submit 버튼이 눌려 검색이 아닌 데이터 입력이 되는 불상사가 벌어질 수 있다. 따라서 이러한 경우에는 ⟨input⟩ 태그에서 Enter 키가 눌러지지 않게 막아야 한다. 일반적으로 keyup 이벤트에 대해 수식어를 붙여 키보드 입력을 수정한다. 다음과 같이 이벤트 수식어와 함께 사용하면 Enter 키 입력에 대해 preventDefault( )를 수행한다.

```
<input @keyup.enter.prevent />
```

3-4-7 템플릿 내 조건문 (v-if)

변수의 값을 통해서 다른 UI를 그릴 수 있는 조건문과 반복문을 템플릿을 제공한다. 이는 각각 v-if 디렉티브와 v-for 디렉티브를 사용한다. v-if 디렉티브를 사용한 조건문은 일반적인 스크립트 문법을 따른다. 따라서 다음과 같이 조건문을 생성할 수 있다.

```
v-if="count > 0"
v-if="text == 'text'"
```

주의할 것은 이미 디렉티브가 쌍따옴표(")를 통해 스크립트를 구성하므로 문자열을 표시할 때는 반드시 따옴표(')를 이용해야 한다는 것이다. 추가적인 조건이 필요하면 v-else-if 디렉티브와 v-else 디렉티브를 사용할 수 있다.

```
v-if="조건 1"
v-else-if="조건 2"
v-else="조건 1과 조건 2가 맞지 않았을 때"
```

NOTE **템플릿의 역할**

템플릿은 HTML로 구성된 부분으로 컴포넌트에서 생성된 데이터를 선언적으로 DOM과 결합시켜주는 역할을 하는 매우 중요한 부분이다. 템플릿은 Vue가 컴파일을 할 때 가상 DOM 렌더함수(Vue.h)로 변경을 한다. 가상 DOM 렌더함수를 쓰는 이유는 앞서 한번 언급한대로 실제 DOM의 변경을 최소화하기 위해서다.

코드 3-10은 v-if 디렉티브를 이용해 counter의 값이 5가 되기 전과 후를 검사하여 조건에 맞는 글자를 보여준다.

코드 3-10. 조건문 사용 예제

```
<template>
  <p>{{ counter }}</p>
  <p v-if="counter < 5">5보다 작습니다.</p>
  <p v-else>5와 같거나 큽니다.</p>
  <button @click="counter++">클릭하면 숫자가 올라갑니다.</button>
</template>
```

```
<script>
import { ref } from 'vue'

export default {
  // Composition API
  setup() {
    let counter = ref(0)
    return {
      counter,
    }
  },
}
</script>
```

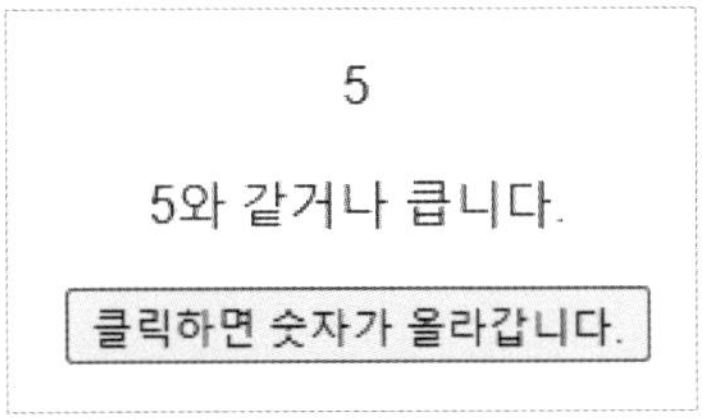

5

5와 같거나 큽니다.

클릭하면 숫자가 올라갑니다.

그림 3-15 v-if 예제 결과

v-if 디렉티브와 비슷한 역할을 하는 v-show 디렉티브가 있다. v-if 디렉티브는 조건이 변경되면 조건 내 DOM 엘리먼트를 처음부터 다시 그린다. 반면 v-show 디렉티브는 일단 모든 조건의 DOM 엘리먼트를 그린 후 조건에 맞지 않는 엘리먼트는 hide 처리한다. v-if는 빠르게 애플리케이션의 그림을 그려주지만 조건이 변경될 때마다 다시 해당 엘리먼트를 다시 그려야 하는 반면, v-show는 처음에는 조금 늦게 그릴지 몰라도 조건이 자주 변경될 때는 매우 빠른 전환이 이뤄진다. 따라서 조건이 자주 안바뀔 경우 v-if가 유리하며 조건이 자주 바뀐다면 v-show가 유리하다.

3-4-8 템플릿 내 반복문(v-for)

배열과 같은 많은 데이터를 가지고 있는 변수의 값을 모두 UI로 표현하기는 매우 고달프다. 예를 들어 로그인 화면에서 국가를 선택해야 한다고 하면 국가명이 들어있는 배열을 〈option〉 태그로 모두 표시해야 하는데, HTML만 가지고 가능한 일이 아니다. 이럴 경우 자바스크립트의 loop를 이용해 HTML 태그를 포함한 문자열을 반환해 해당 문자열을 v-html 디렉티브를 이용해 표현할 수 있다.

Vue는 간단한 배열이나 객체의 표현은 v-for 디렉티브를 이용해 HTML에서 바로 처리할 수 있다. 배열값을 위한 v-for 디렉티브의 문법은 다음과 같다.

```
v-for="값 in 배열"
v-for="(값, 인덱스) in 배열"
```

v-for 디렉티브가 쓰여진 엘리먼트와 그 자식 노드들은 반복문이 도는 횟수만큼 생성한다. 생성된 각 엘리먼트는 각 순회단계에서 나온 값을 받게 된다. 예를 들어 10개의 값이 들어있는 items라는 배열을 순회하여 각 값을 item으로 받는다면 총 10개의 엘리먼트가 생성되고 각 엘리먼트는 10개의 배열값을 하나씩 나눠갖게 된다. 코드 3-11을 통해 이를 자세히 알아보자.

코드 3-11. v-for 디렉티브를 사용한 예제

```
<template>
  <div style="width: 200px">
    <ol>
      <li v-for="item in items">{{ item }}</li>
    </ol>
  </div>
</template>

<script>
import { reactive } from 'vue'

export default {
  // Composition API
  setup() {
```

```
    const items = reactive(['1번 아이템', '2번 아이템', '3번 아이템'])
    return {
      items,
    }
  },
}
</script>
```

코드 3-11에서는 items라는 배열을 선언했다. 어떤 변수를 반응형으로 만들기 위해 프록시 객체를 생성하는 ref를 사용한 적이 있는데, 배열이나 객체의 경우에는 reactive라는 함수를 이용해야 반응성을 가진다. refs 함수는 대상 변수를 프록시 객체에 넣는 것이고 reactive는 이미 객체화된 변수를 프록시 객체로 변환하는 만큼 두 함수를 구별해 사용하는 법을 알아야 한다. 코드의 템플릿 영역에서는 items라는 배열을 v-for 디렉티브로 순회하며, 각 아이템을 바탕으로 3개의 ⟨li⟩ 태그를 생성하고 그 결과는 그림 3-16과 같다.

```
1.     1번 아이템
2.     2번 아이템
3.     3번 아이템
```

그림 3-16 배열을 이용한 v-for 예제 결과

배열뿐만 아니라 객체도 반복할 수 있다. 객체의 경우 조금 특수한데, 객체는 일반적으로 키와 값을 가진다. v-for 디렉티브는 객체를 받을 경우 다음과 같이 여러 가지의 경우로 나뉜다.

```
v-for="값 in 객체"
v-for="(값, 키) in 객체"
v-for="(값, 키, 인덱스) in 객체"
```

코드 3-11에서 items를 다음과 같이 변경하고 결과를 확인해보면 문제 없이 3개의 문장이 나열된다.

```
const items = reactive({ 1: '1번 객체', 2: '2번 객체', 3: '3번 객체' })
```

v-for 디렉티브를 사용할때면 언제나 key 속성을 같이 적어주는 것이 좋다. 이는 템플릿이 가상 DOM 렌더함수로 변환될 때 같은 태그를 재활용하기 때문이다. 〈input〉 태그와 같이 태그와 결합된 변수가 중요할 경우, Vue의 가상 노드는 정확히 〈input〉 태그와 변수를 짝지을 수 없다. 따라서 key라는 속성으로 〈input〉 태그들이 각자 이름을 가지게 해야 〈input〉 태그를 재활용하지 않고 정확한 변수를 할당할 수 있다.

3-4-9 Computed 속성

계산된 속성Computed Properties은 반응형 애플리케이션을 구현하는데 가장 큰 역할을 담당하는 기능 중 하나다. ref 함수나 reactive 함수 그리고 watcher 모두 실시간으로 데이터의 변경을 감시하지만, 계산된 속성은 원하는대로 데이터를 변경해주는 강력한 기능을 제공한다. 만약 계산된 속성을 사용하지 않는다면 템플릿에서 v-if / v-for 등의 디렉티브를 이용해 비슷한 구현을 할 수 있다. 하지만 디렉티브의 기능은 아주 간단한 데이터 조작을 위한 것이지, 복잡한 구현을 위한 것이 아니다. 여기에 더해 HTML 태그에 디렉티브를 많이 사용하는 것은 나중에 무슨 의도로 구현을 했는지 파악하기가 쉽지 않다.

이럴 경우 많이 범하는 실수는 함수를 만드는 것이다. 일반적인 언어라면 함수가 올바른 해답일 수 있다. 하지만 Vue의 계산된 속성은 내부 반응성 변수의 값이 변하지 않는다면 그 결과를 캐시에서 바로 꺼내 사용한다. 단순히 캐시에서 꺼내는 것이 아니라 DOM 업데이트 자체를 진행하지 않는다. 반면 함수는 호출이 되면 반드시 새롭게 계산을 진행하고 DOM을 업데이트한다.

Options API 사용시 computed라는 속성에 계산된 속성을 정의할 수 있으며 컴포지션 함수에서는 vue로부터 computed 컴포지션 API를 불러와 사용할 수 있다. 코드 3-12는 Options API와 컴포지션 API의 계산된 속성을 이용해 배열을 두 개로 나누고 있다.

코드 3-12. computed 속성을 이용해 배열 분리

```
<template>
  <h2>Small Items</h2>
  <p v-for="item in small_items_c" :key="item.id">{{ item.text }}</p>
  <p v-for="item in small_items_o" :key="item.id">{{ item.text }}</p>
```

```
    <h2>Big Items</h2>
    <p v-for="item in big_items_c" :key="item.id">{{ item.text }}</p>
    <p v-for="item in big_items_o" :key="item.id">{{ item.text }}</p>
</template>

<script>
import { reactive, computed } from 'vue'

export default {
  //Options API
  data() {
    return {
      arr: [
        { id: 1, text: '1번 옵션 아이템' },
        { id: 2, text: '2번 옵션 아이템' },
        { id: 3, text: '3번 옵션 아이템' },
        { id: 4, text: '4번 옵션 아이템' },
        { id: 5, text: '5번 옵션 아이템' },
      ],
    }
  },
  computed: {
    small_items_o() {
      return this.arr.filter((i) => i.id < 3)
    },
    big_items_o() {
      return this.arr.filter((i) => i.id >= 3)
    },
  },
  // Composition API
  setup() {
    const arr = reactive([
      { id: 1, text: '1번 아이템' },
      { id: 2, text: '2번 아이템' },
      { id: 3, text: '3번 아이템' },
      { id: 4, text: '4번 아이템' },
      { id: 5, text: '5번 아이템' },
    ])
```

```
    const small_items_c = computed(() => {
      return arr.filter((i) => i.id < 3)
    })
    const big_items_c = computed(() => {
      return arr.filter((i) => i.id >= 3)
    })

    return {
      small_items_c,
      big_items_c,
    }
  },
}
</script>
```

3-4-10 Watch와 WatchEffect

watch와 watchEffect는 데이터의 변화를 감지하여 사용자가 지정한 콜백함수를 호출할 수 있게 해주는 기능이다. watch는 기존의 Vue에도 존재하던 기능인 반면에 watchEffect는 이번에 새로 소개된 기능이다. 둘 다 반응성 변수를 감시하는 기능을 제공하지만 사용성에 약간의 차이가 존재한다.

코드 3-13. watch와 watchEffect 차이점

```
<template>
  <p>{{ count_o }}</p>
  <button @click="count_o++">Options API 카운트 증가</button>
  <p>{{ count_c_1 }}</p>
  <button @click="count_c_1++">Composition API 1st 카운트 증가</button>
  <p>{{ count_c_2 }}</p>
  <button @click="count_c_2++">Composition API 2nd 카운트 증가</button>
  <p>상태: {{ state }}</p>
  <button @click="onStop()">watchEffect 중지</button>
</template>
```

```
<script>
import { ref, watch, watchEffect } from 'vue'

export default {
  //Options API
  data() {
    return {
      count_o: 0,
    }
  },
  watch: {
    count_o: (cur, prev) => {
      console.log('Options API Watch : ' + prev + ' ==> ' + cur)
    },
  },
  // Composition API
  setup() {
    const count_c_1 = ref(0)
    const count_c_2 = ref(0)
    const state = ref('실행 중')

    watch(
      count_c_1,
      (cur, prev) => {
        console.log('Composition API Watch : ' + prev + ' ==> ' + cur)
      },
      {
        immediate: true,
      }
    )

    watch([count_c_1, count_c_2], (cur, prev) => {
      console.log('Composition API Multiple Watch : ' + prev + ' ==> ' + cur)
    })

    const stop = watchEffect(
      () => {
        console.log('Composition API watchEffect Called ' + count_c_2.value)
      },
```

```
      {
        flush: 'post',
      }
    )

    const onStop = () => {
      state.value = '중지'
      stop()
    }

    return {
      count_c_1,
      count_c_2,
      state,
      onStop,
    }
  },
}
</script>
```

watch

watch는 개발자가 코드로 지정한 변수값의 변화를 감시하여 콜백함수로 하여금 부가적인 작업을 할 수 있도록 해준다. watch는 지정된 특정한 변수의 감시와 더불어 값이 변경되기 이전 값을 참조할 수 있다는 강력한 장점이 존재한다. 컴포넌트가 생성되어 변수가 할당되기 전에 모든 변수는 null값을 가지고 있다. 이 후 변수의 초기값이 들어가는데, watch는 기본적으로 이러한 null에서 초기값으로 넘어가는 과정을 데이터의 변경으로 판단하지 않는다. 일반적으로 이 값을 바라볼 일은 없지만 같은 컴포넌트를 다시 불러올 때(reload) props의 처음 값이 매우 중요할 때가 있다. 이럴 때는 immediate 옵션을 true로 하면 처음 값도 볼 수 있다. 예를 들어 코드 3-13에서 count_c_1은 immediate 속성을 true로 해서 감시하고 있고, Options API의 count_o는 immediate 속성이 따로 true로 설정되어 있지 않다. 실제로 코드를 실행하고 브라우저의 콘솔창(F12를 누르면 나온다)을 보면 다음과 같이 나온다.

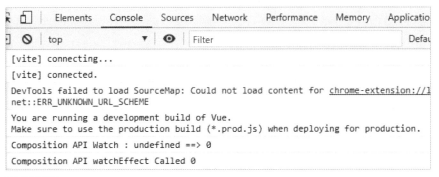

그림 3-17 immediate가 활성화된 watch와 활성화되지 않은 watch 차이

immediate가 활성화되지 않은 Options API의 watch는 아무런 로그를 찍지 않았지만, immediate가 활성화된 Composition API의 watch는 undefined에서 0으로 초기 할당값의 변화도 감지했음을 알 수 있다. watchEffect 역시 콘솔창에 출력을 했는데, watchEffect는 기본적으로 초기 대입값값부터 모두 감시하기 때문이다. 애플리케이션에서 각 버튼을 눌러 출력창을 확인해보면 watch가 잘 작동하는 것을 알 수 있다.

여러 변수를 동시에 감시하기 위해서는 watch의 처음 인자를 배열로 주면 된다. 이 배열의 값들이 변화가 일어나면 배열의 순서대로 변화된 값을 콜백함수에 배열로 전달한다. 코드 3-13의 두 번째 Composition API watch 함수는 count_c_1과 count_c_2를 동시에 바라보고 있다. 이 두 값 중 하나라도 변경이 일어나면, 즉시 count_c_1과 count_c_2의 현재 값을 가진 배열과 과거값을 가진 배열을 가지고 콜백함수를 호출한다. 결과적으로 콘솔창에는 다음과 같이 출력된다.

```
Composition API Multiple Watch : 0,0 ==> 1,0
```

만약 감시하고자 하는 대상이 객체나 리스트라면 deep 옵션을 true로 설정하는 것이 좋다. 이는 객체나 배열의 변수가 참조하고 있는 메모리가 다시 중첩된 객체나 리스트의 요소의 메모리를 가리키고 있기 때문이다. 즉, 값이 변경이 되어도 메모리가 변경되는 것이 아니기 때문에, 일반적으로 watch로 데이터의 변경을 알 수 없다. 강제로 객체나 리스트의 내용까지 감시하게 하기 위해선 deep 옵션을 이용해야 한다.

watchEffect

watchEffect는 Vue 3에서 새롭게 소개한 기능으로 매우 강력한 감시능력을 제공한다. watch는 계산된 속성을 사용되고 있다면 사실 별로 사용할 일이 없었다. 실제로 Vue 2까지의 가이드북을 보면, 에반 유는 computed를 사용하고 watch를 사용하지 말 것을 권장했다. 하지만 Vue 3에서는 watch의 개선 및 watchEffect이라는 신규 API로 인하여 사용성이 폭넓어졌다. 이미 언급했듯이 watchEffect는 초기 변경값부터 감시를 시작한다. 기본적으로 watchEffect는 어떤 값이 변경되었는지 알려주지 않는다. 당연히 어떤 값이 변경되었는지 모르므로 과거값도 알 수 없다. watchEffect는 불필요한 변수를 모두 감시하지 않기 위해 모든 변수의 대입값을 감시한 후에는 콜백함수에서 참조되는 변수만 감시한다. 예를 들어 코드 3-13은 watchEffect를 통해서 count_c_2의 value값을 콘솔에 출력했다. watchEffect는 자동으로 count_c_2가 앞으로도 감시해야 할 대상임을 알아차린다. 하지만 콜백함수가 count_c_1은 참조하고 있지 않다고 판단하여 count_c_1은 감시하지 않는다. 애플리케이션의 두 번째 버튼 "Composition API 1st 카운트 증가"를 눌러보면 watchEffect의 콜백함수가 호출되지 않지만, 세 번째 버튼 "Composition API 2nd 카운트 증가"를 누르면 watchEffect의 콜백함수가 정상적으로 출력되는 것을 확인할 수 있다.

watchEffect는 생성 시 반환함수를 받아 감시의 중단을 위해 활용할 수 있다. 코드 3-13의 watchEffect는 stop이라는 함수를 반환하고, 중지버튼을 누르면 stop 함수를 불러 watchEffect의 감시를 중단시킨다. 중단 이후 count_c_2를 아무리 눌러도 watchEffect는 더 이상 호출되지 않는다.

watchEffect는 flush라는 옵션이 존재한다. 사용하지 않으면 'pre'가 flush의 기본값이며 'pre'와 'post' 중 하나를 선택할 수 있다. pre는 DOM이 업데이트하기 전에 콜백함수를 호출하라는 뜻이고, post는 DOM이 업데이트된 후 콜백함수를 호출해 달라는 뜻이다.

3-4-11 컴포넌트 생성

컴포넌트 시스템은 Vue의 매우 중요한 요소 중 하나로, 하나의 커다란 애플리케이션을 작은 요소로 분해해 은닉화를 하고 재사용성을 가지게 해준다. 하나의 애플리케이션은 createApp 함수를 이용해 생성된 Vue 애플리케이션 인스턴스를 참조해야 한다.

```
import { createApp } from 'vue'
const app = createApp({ /* 인스턴스 옵션들 */})
```

이 애플리케이션 인스턴스는 몇 개의 메서드를 제공하며, 이 메서드를 이용하여 정의한 것들은 애플리케이션의 모든 컴포넌트가 사용할 수 있는 전역의 범위로 선언된다.

component	컴포넌트의 이름과 함수 혹은 객체로 이루어진 컴포넌트 정의를 인자로 받아 컴포넌트를 생성한다.
config	애플리케이션의 전역설정을 담당하는 객체로 mount 메서드가 불리기 전에 설정을 해야 한다. errorHandler: 컴포넌트를 그리거나 감시할 때 에러가 발생하면 호출된다. warnHandler: Vue에서 경고를 발생할 때 호출된다. globalProperties: 키와 값을 설정한다. isCustomElement: 특정한 조건을 설정하여 Vue에서 생성되지 않은 컴포넌트를 명시한다. optionMergeStrategies: 사용자 정의 속성이 있고, 부모 컴포넌트와 자식 컴포넌트가 해당 속성을 정의했을 때 두 값을 어떻게 처리할 지 함수로 정의할 수 있다. performance: devtool의 performance/timeline 패널에 성능 관련 정보를 추적할 수 있게 해준다.
directive	전역 사용자 디렉티브를 설정할 수 있다.
mixin	전역에서 사용할 수 있는 mixin을 설정한다.
mount	최상위 컴포넌트를 특정 DOM 엘리먼트에 장착한다.
provide	모든 자식 컴포넌트가 inject할 수 있는 값을 provide한다.
unmount	특정 DOM 엘리먼트 내 애플리케이션 인스턴스를 탈착한다.
use	Vue 플러그인 객체를 사용할 수 있게 해준다.

표 3-4 전역범위로 선언할 수 있게 해주는 애플리케이션 인스턴스 메서드

코드 3-14는 애플리케이션 인스턴스를 생성하고 counter라는 컴포넌트를 등록하고 있다. 먼저 애플리케이션 인스턴스는 간단하게 createApp으로 옵션 없이 생성했다. 이후 해당 애플리케이션 인스턴스에 counter라는 컴포넌트를 전역으로 선언했다. counter 컴포넌트는 inject로 counter_header라는 값을 불러오고 있는데, 이 값은 app 애플리케이션 인스턴스가 provide 함수를 이용해 전역으로 설정한 값이다. 한편 config 속성의 globalProperties에는 title이라는 키를 생성해 Vue 3 Demo라는 값을 넣었다. title은 이제 어느 컴포넌트에서든 불러서 사용이 가능하다. 다만, 이러한 전역 값이 지정해줄 때 변수명(키명)은 가능하면 전역 변수명임을 알려주는

접두사를 넣는것이 좋다.

코드 3-14. app 생성 코드

```
// 애플리케이션 인스턴스 app 생성
const app = createApp({})

// 신규 컴포넌트를 app에 등록
app.component('counter', {
  // provide값을 불러 사용할 수 있다.
  inject: ['counter_header'],
  setup() {
    const count = ref(0)
    return { count }
  },
  template: `
        <span>{{ counter_header }}</span>
        <button @click="count++" v-text="count" />
        <hr/>
    `,
})

// app을 #app 엘리먼트에 장착
app.config.globalProperties.title = 'Vue 3 Demo'
app.provide('counter_header', 'Counter ')
app.mount('#app')
```

코드 3-15는 실제로 이 애플리케이션 인스턴스를 사용하는 HTML 코드다. app이라는 id를 가진 태그 안에 title이라는 변수를 사용했고, counter 컴포넌트를 3번 호출했다. title은 전역 변수로 등록이 되어 있으므로 자동으로 Vue 3 Demo라는 값으로 변경이 된다. counter로 정의된 3개의 컴포넌트는 각각 3개의 독립된 형태로 생성된다. 실제로 실행을 하면 그림 3-18과 같이 각각의 카운터가 따로 동작하는 것을 알 수 있다.

코드 3-15. HTML Markup

```
<div id="app">
  <p>{{ title }}</p>
```

```
    <counter></counter>
    <counter></counter>
    <counter></counter>
  </div>
```

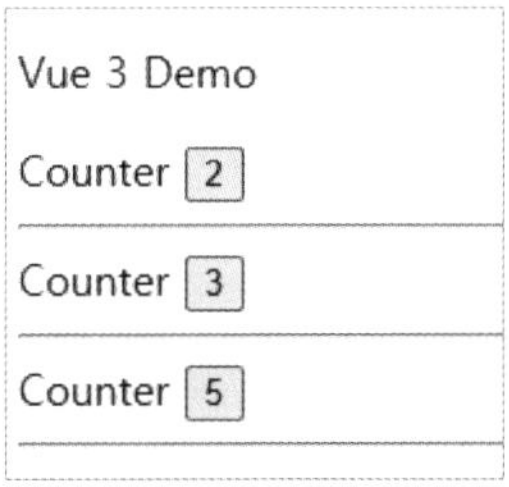

```
Vue 3 Demo
Counter [ 2 ]
Counter [ 3 ]
Counter [ 5 ]
```

그림 3-18 counter 컴포넌트

Props

Props는 컴포넌트에 데이터를 넘겨줄 수 있는 사용자 지정 속성이다. 컴포넌트를 생성할 때 props 옵션을 이용해 어느 이름의 props 데이터를 받을지 결정한다. 일반적으로 props라는 옵션에 Props로 넘어오는 속성의 키 값들을 배열로 지정하면 사용에 큰 문제가 없다.

```
props: ["name", "age"]
```

하지만 어떤 컴포넌트는 특정한 Props를 반드시 필요로 할 수도 있고, 정해진 데이터 타입에 맞게 들어왔는지 확인이 필요할 수도 있다. 이럴 때는 props 옵션의 값을 배열 대신 객체로 변경하고 각 Props 데이터의 상세 내용을 지정해주면 된다.

type	데이터 타입을 정의한다.
default	해당 Props가 들어오지 않을 경우 사용할 기본값을 갖는다. 데이터 타입이 Object일 경우 반드시 팩토리 함수를 이용해 값을 반환해야 한다.
required	true로 설정되고 Props가 안들어오면 콘솔에 경고를 내보낸다. 만약 default가 설정되어 있으면 default값이 쓰여 경고를 내보내지 않는다.
validator	잘못 들어온 인자를 개발자 코드로 직접 검사해 콘솔창에 경고를 낼 수 있다.

표 3-5 Props의 속성

코드 3-16은 MyComponent 컴포넌트의 코드로 String 타입의 title과 배열값 data를 받는다. MyComponent 컴포넌트에 Props를 넘기는 방법은 다음과 같다.

```
<my-component title="Component 1" :data="[1,2,3]"></my-component>
```

v-bind 디렉티브 혹은 콜론(:)을 이용하면 데이터 그자체를 보낼 수 있다. data Props는 객체를 받으므로 v-bind 디렉티브 없이 사용하면 [1,2,3]이라는 문자열이 전달된다. 따라서 반드시 v-bind 디렉티브를 이용해야 한다.

코드 3-16. Props 예제

```
app.component('MyComponent', {
  props: {
    title: {
      type: String,
      required: true,
      validator: function (value) {
        return typeof value == String
      },
    },
    data: {
      type: Object,
      default: () => {
        return []
      },
    },
  },
  setup() {
    const count = ref(0)
    return { count }
  },
  template: `
      <h3 v-text="title"/>
      <span v-for="i in data" :key="i">{{ i }}</span>
    `,
})
```

Non-Prop 속성

Class나 Style 그리고 id 속성 등은 대상 컴포넌트의 props나 emits 옵션에 정의되어 있지 않지만 대상 컴포넌트에 전달되어 필요한 역할을 하곤 한다. 이런식으로 props나 emits 옵션에 정의되지 않은 컴포넌트의 속성을 Non-Prop 속성이라고 한다. 이 속성은 스크립트 코드에서 $attrs를 이용해 접근 가능하다. 예를 들어, title이라는 Non-Prop 속성을 컴포넌트가 받았다고 하면, 이 값은 $attrs.title와 같이 가져올 수 있다. 이를 템플릿에 선언하면 다음과 같이 될 것이다.

```
<p>{{ $attrs.title }} </p>
```

Vue 3의 setup 컴포지션 함수에서 Non-Prop 속성에 접근하기 위해서는 setup 함수의 두 번째 매개변수인 context를 이용해야 한다. context 매개변수는 attrs라는 속성을 가지고 있는데 이 속성이 Non-Prop의 정보를 가지고 있다. title이라는 Non-Prop을 받기 위해서는 다음과 같이 하면 된다.

```
setup(props, context) {
  const title = context.attrs.title
}
```

Non-prop 속성은 템플릿 내 루트 노드에 상속된다. 만약 다음과 같이 템플릿이 정의되어 있으면 루트 노드인 RootNode 컴포넌트도 title이라는 Non-Prop 속성을 상속받는다.

```
<RootNode>
  <p>RootNode Example</p>
</RootNode>
```

설명이 어려울 수 있으므로 코드 3-17을 보자.

코드 3-17. Non-Prop 사용법

```
import { createApp, ref } from 'vue'

const app = createApp({})
```

```
app.component('Component', {
  setup(props, context) {
    const msg = context.attrs.msg
    return {
      msg,
    }
  },
  template: `
    <Component3></Component3>
  `,
})

app.component('Component2', {
  inheritAttrs: false,
  setup(props, context) {
    const msg = context.attrs.msg
    return {
      msg
    }
  },
  template: `
    <Component3></Component3>
  `,
})

app.component('Component3', {
  template: `
    <div>
      <p>@Component: {{ $attrs.msg }}</p>
    </div>
  `,
})

app.mount('#app')
```

코드 3-17은 총 3개의 컴포넌트를 생성하고 있다. 이 마지막에 정의된 Component3은 $attrs.
msg를 템플릿에 선언하여 그 값을 출력하고자 한다. $attrs로 접근을 하였으므로 msg는 미리 선언되지 않은 Non-Prop임을 알 수 있다. 만약 이 값을 받지 못했다면 아무런 값을 렌더링하지 않을 것이다. 그림 3-19와 같이 devtools를 살펴보면 msg에 Message라는 값이 잘 들어온 것을 확인할 수 있다.

그림 3-19 setup을 이용해 Non-Prop 속성 받기

Component2는 inheritAttrs라는 옵션의 값을 false로 설정했다. 이 속성값을 false로 설정하면 자식 노드에서 Non-Prop 속성($attrs)을 상속하지 않는다. 결국 Component2는 자식 컴포넌트인 Component3에게 값을 상속하지 않게 되어, Component3에서 msg 값을 받지 못한다. Component와 Component2를 렌더링한 결과는 그림 3-20과 같다. Component에 속한 Component3는 msg를 받아 렌더링함에 비해, Component2에 속한 Component3는 값을 받지 못해 렌더링하지 못했다.

그림 3-20 inheritAttrs 속성 차이

3-4-12 사용자 이벤트 생성

이벤트를 정의하기 위해서는 컴포넌트의 emits 옵션에 이벤트명을 지정하면 된다.

```
emits: ['myevent-1', 'myevent-2']
```

이벤트를 작명할 때 주의할 것은, 가능하면 항상 케밥형식의 소문자만 사용해야 한다는 것이다. Vue 초기 버전에서는 컴포넌트명이나 Props명은 낙타형식으로 지정을 하면 자동으로 케밥형식과 호환이 되는 반면, 이벤트명은 호환이 되지 않았다. 예를 들면 CamelCased는 camelcased라고 사용해도 무방했다. 하지만 이벤트명은 낙타형식과 케밥형식 간 호환이 되지 않으며 모든 대문자를 자동으로 소문자로 변환했었다. Vue 3가 발전함에 따라 이벤트 명 역시 낙타형 식으로 지정해도 리스닝(Listening)하는 컴포넌트에서 케밥형식으로 받을 수 있게 됐다. 하지 만 하위 호환성을 무시할 수 없으므로 가능하면 소문자의 케밥형식만 사용하기를 권장한다.

emits 속성을 단순히 이벤트명의 배열로 만들어도 되지만, Props를 정의할 때와 마찬가지로 객 체형식을 이용해 이벤트 전달값이 올바른지 판단할 수 있다. 예를 들어, myevent-1이라는 이벤 트가 올바른 값을 전달하는지 확인하기 위해 아래 코드와 같이 emits 옵션의 값을 객체로 생성 한 후, myevent-1이라는 키의 값으로 검증함수를 정의할 수 있다.

```
emits: {
  'myevent-1': ({name, value}) => {
    return name && value
  }
}
```

검증함수의 인자는 해당 이벤트가 생성하는 이벤트 값을 넣어야 한다. 위 코드를 예로 들면, myevent-1은 객체를 반환할 것이라 예상이 되며, 그 객체는 각각 name과 value라는 키를 가 지고 있을 것이다. 이 함수는 name과 value의 값이 반드시 존재해야 올바른 이벤트로 처리 한다.

v-model 디렉티브와 이벤트 결합

v-model 디렉티브는 앞서 알아보았듯이 양방향 결합을 지원하는 매우 강력한 기능이다. 기 본적으로 이 v-model 디렉티브에 연동된 변수는 컴포넌트의 Props에 연동이 된다. 예를 들 면 다음처럼 Component라는 컴포넌트에 msg라는 변수를 v-model 디렉티브로 전달하면 Component라는 컴포넌트의 props 옵션에 있는 msg 변수가 Message라는 값을 받게 된다.

```
<Component v-model:msg="Message"></Component>

props: { msg: String }
```

이렇게 전달된 변수의 값은 컴포넌트 안에서 업데이트되어 변수를 전달한 부모 컴포넌트와 동기화가 가능하다. 업데이트를 위해서는 update:msg와 같이 update: 라는 접두사와 변수명을 결합한 이벤트명을 이용할 수 있다.

```
emits: ['update:msg']
$emit('update:msg', $event.target.value)
```

Vue 3는 하나의 v-model 뿐만 아니라 여러 개의 v-model 디렉티브를 지원한다. 따라서 props에 v-model 디렉티브를 위한 변수를 여러 개 설정하고 emits에도 동일하게 설정하면 여러 개의 값을 양방향으로 결합할 수 있다.

```
props: { msg: String, type: String }
$emit('update:msg', $event.target.value)
$emit('update:type, $event.target.value)
```

코드 3-18은 하나의 애플리케이션 컴포넌트 코드로서, Component라는 컴포넌트를 이용해 템플릿을 구성한다. Component라는 컴포넌트를 사용할 때 msg와 msg2라는 두 개의 변수를 v-model 디렉티브로 결합했다. 코드 3-19는 msg와 msg2를 사용자로부터 받은 값으로 업데이트를 하는 코드를 담고 있다. 실행 시 두 개의 입력 창이 생성되고 입력창에 값을 넣으면 변경된 값이 브라우저에 나타난다.

코드 3-18. Component 컴포넌트에 두 개의 v-model 디렉티브를 사용한 코드

```
<template>
  <p>{{ `[${msg}] : ${msg2}` }}</p>
  <Component v-model:msg="msg" v-model:msg2="msg2" />
</template>

<script>
import Component from './Component.vue'

export default {
  data() {
```

```
      return {
        msg: '초기 메시지',
        msg2: '초기 메시지',
      }
    },
    components: {
      Component,
    },
  }
</script>
```

코드 3-19. 두 개의 양방향 결합 속성을 제공하는 Component 컴포넌트

```
<template>
  <div>
    <div>
      메시지 1 :
      <input :value="msg" @input="$emit('update:msg', $event.target.value)" />
    </div>
    <div>
      메시지 2 :
      <input :value="msg2" @input="$emit('update:msg2', $event.target.value)" />
    </div>
  </div>
</template>

<script>
export default {
  props: ['msg', 'msg2'],
  emits: ['update:msg', 'update:msg2'],
}
</script>
```

3-4-13 Slots

웹 페이지를 구성하는 DOM이 은닉화된 것을 shadow DOM이라 부른다. 이 shadow DOM은 slot 로케이션을 제공하도록 정의되어 있는데, Vue도 이와 비슷하게 Slots이라는 기능을 제공한다. Vue에서 슬롯은 시작태그와 종료태그 사이에 들어가는 값을 의미한다.

```
<Component>
  Slot_value
</Component>
```

위 코드와 같이 Component라는 태그들 사이에 Slow_value를 넣어 작성하면, Component라는 컴포넌트의 템플릿 영역에 있는 〈slot〉 태그가 Slot_value로 치환된다. 예를 들어 Component의 템플릿이 다음과 같이 정의되어 있다고 하자.

```
<button><slot></slot></button>
```

그러면 해당 템플릿은 다음과 같이 변경된다.

```
<button>Slot_value</button>
```

슬롯을 생성할 때 미리 지정된 값을 넣을수도 있다. 미리 지정된 값이란 아무런 값이 입력되지 않았을때 사용되는 기본값이라고 생각하면 된다. 다음과 같이 slot 사이에 Default Value라는 값을 미리 지정했다고 하자. 만약 해당 컴포넌트의 시작태그와 종료태그 사이에 아무런 값을 넣지 않으면 자동으로 Default Value가 슬롯의 값으로 치환된다.

```
<button><slot>Default Value</slot></button>
```

여러 개의 슬롯을 정의할 수도 있다. 이럴 경우 하나의 기본 슬롯을 제외하고 나머지는 항상 name 속성을 제공해야 한다.

```
<slot name="header"></slot>
<slot></slot>
```

name 속성을 가지는 slot에 데이터를 삽입하기 위해서는 v-slot 디렉티브를 사용해야 한다. v-slot 디렉티브는 〈template〉이라는 태그를 이용해 사용할 수 있다. 다음과 같이 표현하면 header 슬롯에 Header라는 값이 들어가고 name 속성이 정의되지 않은 슬롯에 Default라는 값이 들어간다.

```
<Component>
  <template v-slot:header>Header</template>
  <template v-slot:default>Default</template>
</Component>
```

데이터 전달

컴포넌트는 항상 같은 모양을 렌더링할 필요는 없을 것이다. 예를 들어 BBS라는 게시판 컴포넌트가 있을 때, 해당 컴포넌트를 호출하는 부분마다 게시판의 모양을 달리하고 싶을 수 있을 것이다. 이럴 때, 머릿속을 스치는 구현방식은 Props를 전달하여 BBS로 하여금 Props 조건에 따라 그림을 다르게 그리는 것이다. 만약 또 다른 모양의 게시판이 요구되면 Props를 추가하고 템플릿에도 다음과 같이 분기를 추가해야 할 것이다.

```
<template>
  <div v-if="bbs_type==1">...</div>
  <div v-else-if="bbs_type==2">...</div>
</template>
```

이럴 경우 차라리 BBS 컴포넌트는 리스트만 제공하고, 실제 그리는 그림은 호출하는 부분에서 정의하면 더 좋을 수도 있다. 다음 BBS 코드예제를 잠시 보자.

```
<BBS>
  <span>{{ title }}</span>
<BBS>
```

BBS라는 컴포넌트가 반환하는 title이라는 값을 span으로 렌더링하게 되어 있다. title은 BBS라는 컴포넌트가 가지는 게시물 중 하나의 제목이라고 생각하자. DOM 구조상 title은 BBS의 자식 노드이므로 BBS DOM이 title에 접근이 가능할 것 같지만 실제로는 에러가 발생한다. 이유는 BBS에서 정의된 데이터는 BBS에서만 사용가능하도록 컴파일되기 때문이다.

하나의 컴포넌트에서 발생된 데이터를 Slot에 결합시키고 싶을 경우, 해당 컴포넌트에 작성한 〈slot〉 태그에 Non-Prop를 정의하면 되는데, 이를 Slot Props라고 부른다. 이해를 쉽게 하기 위해 코드 3-20을 보자. 코드 3-20은 Component라는 이름을 가지는 컴포넌트의 SFC 코드다. 이 컴포넌트는 단순히 1,2,3이라는 값을 가지는 items라는 배열을 가지고 목록형으로 출력을 한다. 〈li〉 태그는 기본적으로 목록형 아이템을 나열할 때 쓰는 태그인데, 실제로 그려지는 부분의 HTML을 부모태그로부터 슬롯으로 전달받기 위해 시작태그(〈li〉)와 종료태그(〈/li〉) 사이에 〈slot〉 태그를 삽입했다. 이 〈slot〉 태그의 속성에 〈li〉 태그로 전달되는 값을 item이라는 Slot Props로 전달하는데, 이렇게 하면 부모 컴포넌트의 슬롯 영역에서 이 item이라는 값에 접근이 가능해진다.

코드 3-20. Slot Props를 이용한 데이터 결합

```
<template>
  <ul style="list-style-type: none">
    <li v-for="item in items">
      <slot :item="item"></slot>
    </li>
  </ul>
</template>

<script>
export default {
  data() {
    return {
      items: [1, 2, 3],
    }
  },
}
</script>
```

코드 3-21은 코드 3-20으로 만든 Component 컴포넌트를 호출할 때 〈li〉 태그가 어떻게 렌더
링해야 하는지 슬롯으로 HTML을 전달한다. 이 HTML은 자식 컴포넌트에서 발생하는 Slot
Props를 이용해 생성할 것이므로 〈template〉 태그와 v-slot 디렉티브를 이용해 자식 컴포넌트
의 Slot Props를 읽어들여 그림을 그린다. 결과는 그림 3-21과 같다.

코드 3-21. Slot으로부터 데이터를 받는 코드

```
<template>
  <Component>
    <template v-slot="slotProps"> ✔ {{ slotProps.item }} </template>
  </Component>
</template>

<script>
import Component from './Component.vue'

export default {
  components: {
    Component,
  },
}
</script>
```

그림 3-21 슬롯 결과

슬롯은 7장에서 블로그 플러그인을 만들 때 사용하므로 궁금하다면 7장으로 넘어가 잠시 살펴
보고 와도 좋다.

3-4-14 Provide/Inject

Vue 2에서 데이터를 컴포넌트끼리 전달하기 위해 Event Bus를 생성하곤 했다. 이러한 비표준
방식은 Vue 3에서는 사용할 수 없도록 차단되었고, 대신 Provide/Inject 기능을 제공하여 컴포

넌트간 데이터 전달이 원활하게 했다. Provide는 일반적으로 부모 컴포넌트에서 자식 컴포넌트들과 공유할 데이터를 정의할 때 사용하며, Inject는 부모가 넣은 데이터를 접근할 때 사용한다. Provide/Inject는 기본적으로 반응성을 가지진 않지만, ref/reactive/computed 등과 같은 함수를 이용해 반응성을 가지는 변수를 Provide할 경우 Inject된 값 역시 반응성을 가지게 된다. Provide를 하기 위해서는 코드 3-22와 같이 provide 옵션을 이용하면 된다.

코드 3-22. provide를 이용한 msg 전달

```
<template>
  <Component></Component>
</template>

<script>
import Component from './Component.vue'
import { provide } from 'vue'

export default {
  provide: {
    msg: '메시지',
  },
  components: {
    Component,
  },
}
</script>
```

데이터를 전달받기 위해서는 코드 3-23과 같이 inject 옵션을 이용한다.

코드 3-23. inject를 이용한 msg 데이터 수신

```
<template>
  <p>{{ msg }}</p>
</template>

<script>
export default {
  inject: ['msg'],
```

```
  }
</script>
```

컴포지션 API를 이용해 반응성을 가지는 project/inject 데이터를 생성하는 실질적 코드는 7장의 Toast 컴포넌트 생성하기를 참고하면 된다.

3-4-15 사용자 디렉티브

v-model이나 v-bind와 같은 디렉티브의 사용법은 이미 알아봤다. 여기에 더해 사용자가 정의한 디렉티브를 사용할 수도 있다. 코드 3-24와 같이 directive 함수를 이용해 디렉티브명을 적고 엘리먼트가 DOM에 마운트됐을 때의 액션을 작성하면 된다. 매개변수로 쓰인 el은 디렉티브가 사용된 특정 HTML 엘리먼트를 나타낸다. 주의할 점은 디렉티브명을 적고 나면 해당 디렉티브에 v- 라는 접두사를 붙여 Vue의 디렉티브임을 알려줘야 한다. 즉, focus라는 사용자 디렉티브를 생성하면 v-focus와 같이 사용해야 한다.

코드 3-24. v-focus라는 사용자 디렉티브 코드

```
app.directive('focus', {
  mounted(el) {
    el.focus()
  }
})
```

만약 엘리먼트가 업데이트 될 때마다 디렉티브가 적용되게 하고 싶다면 updated에 같은 코드를 구현할 수 있다.

코드 3-25. v-focus 사용자 디렉티브의 updated

```
app.directive('focus', {
  mounted(el) {
    el.focus()
  },
  updated(el) {
    el.focus()
```

```
    }
  })
```

같은 코드를 두 번 적는 것은 매우 비효율적이다. mounted와 updated 모두 적용되게 하고 싶을 경우 훅Hook 이름을 지정하지 않은 무기명 함수를 선언하면 된다.

코드 3-26. mounted와 updated가 모두 적용된 디렉티브

```
app.directive('focus', (el) => {
  el.focus()
})
```

디렉티브는 속성 및 값을 전달받을 수 있다. 이 두 가지는 모두 없어도 되고, 속성 없이 값만 있을 수도 있다. 아래 3가지 방식은 모두 사용 가능한 방식이다.

```
v-디렉티브:속성 = "값"
v-디렉티브 = "값"
v-디렉티브
```

속성과 값을 가진 변수는 훅 함수의 두 번째 매개변수에 키-값 형태로 들어온다. 일반적으로 이 두 번째 매개변수의 이름을 binding이라고 작성한다.

```
mounted(el, binding)
```

binding 함수가 가지고 있는 속성은 표 3-6과 같다. 일반적으로 arg와 value만 알면 된다. 예를 들어 디렉티브의 속성을 알고 싶다면 binding.arg로 접근하면 된다.

instance	디렉티브가 사용된 컴포넌트 인스턴스를 나타낸다. Vue 2까지는 vnode.context로 접근했던 것인데, Vue 3에서는 binding.instance로 접근한다.
value	디렉티브로 전달된 값을 나타낸다. 해당 값은 숫자로 계산된 값이다. 따라서 "1+1"과 같이 입력하면 2가 반환된다.
oldValue	beforeUpdate 혹은 updated 훅 함수 사용 시 이전 값을 나타낸다.

arg	속성값을 나타낸다
modifiers	수식어가 사용됐다면 수식어를 나타낸다. v-model.trim이라고 하면 { trim:true } 와 같이 전달된다.
dir	디렉티브 객체를 반환한다.

표 3-6 binding 객체 속성

혹 함수는 el과 binding 외 vnode와 prevNode 인자를 제공한다. vnode는 Vue가 생성해내는 el 엘리먼트의 가상노드이며, prevNode는 update 혹은 beforeUpdate 혹 함수에서만 사용 가능한, 변경되기 직전의 가상노드를 가지고 있다.

코드 3-27. 디렉티브 예제

```
import { createApp, defineComponent } from 'vue'

const app = createApp({
  template: `
      <div style="height:1000px">
       <p v-notification:top="100">고정 자리에 표시하기</p>
      </div>
    `,
})

app.directive('notification', (el, binding, vnode, prevNode) => {
  el.style.position = 'fixed'
  el.style[binding.arg || 'top'] = binding.value + 'px'
})

app.mount('#app')
```

코드 3-27은 실제 사용자 디렉티브 v-nodification을 만든 것이다. 속성을 top이나 left, right 그리고 bottom과 같이 style의 위치를 적어주고 값으로 패딩값을 넣어주면 된다. 실행해보면 패딩이 들어간 자리에 고정되어 글자가 표시되며, 스크롤을 내려도 항상 글자는 그자리에 위치한다.

3-4-16 Mixins

Mixins는 Vue 2까지 함수의 재사용성을 구현할 수 있는 가장 강력한 기능 중 하나였다. 하지만 Vue 3에서는 컴포지션 함수로 모두 대체가 가능해짐에 따라 그 사용성이 매우 축소됐다. Mixins는 컴포넌트의 옵션과 동일한 옵션들을 모두 정의할 수 있다. 당연히 Mixins를 호출하는 컴포넌트와 충돌이 일어나는데, 이것만 기억하면 된다.

Mixins는 컴포넌트보다 먼저 호출된다!

컴포넌트의 변수나 함수의 이름이 Mixins와 충돌하는 문제를 제거하기 위해 Mixins의 변수나 함수명은 가능하면 특정한 규칙을 갖는 게 좋다. 예를 들어 title이라는 변수를 만드는 경우 mixin_title, getTitle이라는 함수를 만든다면 mixinGetTitle과 같이 특정한 규칙을 이용해 작성하는 것이 좋다.

코드 3-28은 Mixins를 이용하여 애플리케이션에 적용한 예제다. mixins 옵션을 이용하여 사용할 Mixins를 지정한다. 코드 3-28에서 exMixin을 사용하겠다고 지정했다. exMixin은 total과 data라는 두 개의 변수를 가지고 있는데, 해당 Mixins를 사용하는 컴포넌트 역시 total이라는 변수를 가지고 있다. 따라서 total의 값은 기본 Mixins 데이터 정합 순서에 따라 컴포넌트의 total이 적용되어 0이 된다. 그림 3-22를 보면 Total 값이 10으로 출력되는 것을 볼 수 있다. 데이터는 5개인데, total이 10으로 나오는 중대한 오류를 범할 수 있으므로, Mixins 사용시 반드시 변수명 관리를 하도록 하며, Vue 3에서는 Mixins보다는 컴포지션 함수를 사용하는 것을 권장한다.

코드 3-28. Mixins 접합 규칙

```
import { createApp } from 'vue'

const exMixin = {
  data() {
    return {
      total: 5,
      data: [1, 2, 3, 4, 5],
    }
  },
}
```

```
const app = createApp({
  mixins: [exMixin],
  data() {
    return {
      total: 10,
    }
  },
  template: `
        <p>Total : {{ total }}</p>
  `,
})


app.mount('#app')
```

그림 3-22 Total이 10으로 나온다.

3-5 실전 예제를 통한 문법 복습

지금까지 Vue 3의 핵심 문법을 알아보았다. 해당 문법을 이용해 실제로 몇가지 예제를 소개하면서 문법 사용법을 확고히 하고자 한다. 만약 문법에 대해 이해가 정확히 되었다면 이번 실전 예제들은 건너뛰고 4장으로 넘어가도 된다.

일반적으로 애플리케이션을 개발할 때 UI/X의 통일성 및 개발의 안정성, 그리고 재사용성을 위해 UI/X의 특정 기능들을 컴포넌트화한다. Vue와 같이 컴포넌트 기반의 프레임워크는 이러한 요구사항과 매우 잘 맞는다. Vue로 작성되는 하나의 컴포넌트는 애플리케이션에서 사용되는 하나의 UI/X 컴포넌트가 될 수 있다. 이번에 소개하는 예제들은 UI/X 컴포넌트들을 Vue에서 어떻게 제작할 수 있는지 보여주면서 앞선 예제들을 실제로 어떻게 활용하는지 살펴본다.

3-5-1 사용자 입력 처리

사용자 입력을 Vue에서 정의한 자바스크립트 변수와 양방향 결합을 하고, 반응성을 가지도록 하는 방법에 대해서 알아볼 것이다. 사용자는 HTML의 다양한 입력 태그를 이용하여 데이터를 애플리케이션에 제공할 수 있는데, Vue의 v-model 디렉티브를 이용하면 간단하게 애플리케이션과 사용자 간의 데이터 공유가 가능해진다. 예를 들어 사용자의 입력을 받는 가장 기본 태그인 〈input〉 태그의 경우 v-model 디렉티브로 다음과 같이 연동할 수 있다.

```
<input v-model="name" />
```

이렇게 하면 애플리케이션에 입력창이 하나 뜨는데, 그 곳에 글자를 입력하면 name이라는 변수에 자동으로 이름이 들어간다. v-model 디렉티브는 기본적으로 DOM 엘리먼트의 input 이벤트에 반응한다. 즉, 사용자가 입력한 어떠한 글자든 입력과 동시에 name에도 해당 글자가 들어간다는 뜻이다.

사용자 입력을 확인하기 위해 프로젝트를 하나 생성하자.

```
npm init @vitejs/app inputs
```

프레임워크를 vue로 선택하고, Variant 역시 vue로 선택하자. 프로젝트가 생성되면 inputs 폴더로 들어가서 다음 명령어를 이용해 패키지를 설치하자.

```
npm install
```

이미 3장에서 살펴본 바와 같이 기본적으로 Vite가 필요한 파일들을 생성한다. App.vue 파일을 코드 3-29로 변경하자.

```
//import './index.css'
```

```html
<template>
  <label>이름 : </label>
  <input type="text" v-model="result.name" placeholder="이름" /><br />
  <label>나이 : </label>
  <input type="number" v-model="result.age" placeholder="나이" /><br />
  <label>성별 : </label>
  <label>남성</label>
  <input type="radio" name="gender" v-model="result.gender" value="male" />
  <label>여성</label>
  <input
    type="radio"
    name="gender"
    v-model="result.gender"
    value="female"
  /><br />
  <label>취미 : </label>
  <span v-for="hobby in hobby_options" :key="hobby">
    <label>{{ hobby }}</label>
    <input type="checkbox" v-model="result.hobby" v-bind:value="hobby" /> </span
  ><br />
  <label>비번 : </label>
  <input type="password" v-model="result.password" /><br />
  <label>국가 : </label>
  <select v-model="result.country">
    <option v-for="country in country_options" :key="country">
      {{ country }}
    </option></select
  ><br />
  <div>
    <h3>결과</h3>
    <hr />
    {{ result }}
  </div>
</template>

<script>
```

```
import { reactive } from 'vue'

export default {
  setup() {
    const name = ''
    const age = 0
    const gender = 'male'
    const hobby = ['스포츠']
    const password = ''
    const country = '한국'
    const country_options = ['한국', '미국', '중국']
    const hobby_options = ['스포츠', '그림', '음악', '코딩']

    const result = reactive({
      name,
      age,
      gender,
      hobby,
      password,
      country,
    })

    return {
      result,
      country_options,
      hobby_options,
    }
  },
}
</script>
```

App.vue의 템플릿에 다양한 〈input〉 태그를 생성했다. HTML 본연의 태그를 그대로 사용했으며 변수 결합을 위해 각 태그에는 v-model 디렉티브가 사용됐다. 이름을 입력받는 〈input〉 태그를 예로 들면, v-model 디렉티브의 값을 result.name이라는 변수로 입력했다. 이렇게 하면 〈input〉 태그에서 생성되는 모든 값은 result.name이라는 변수에 전달된다. checkbox를 타입으로 가지는 취미의 경우 v-for 디렉티브를 이용해서 hobby_options라는 배열값들을 선택할 수 있게 나열했다. 비슷하게 국가를 선택하는 〈select〉 태그 역시 country_options 배열을 이용해 목록을 만들었다.

스크립트의 setup 함수를 보면 위에서 언급한 변수들이 나온다. setup 함수에 정의된 변수는 기본적으로 양방향 결합이 되지 않는다. 예를 들어, name이라는 변수가 setup 함수에서 선언되고 return 문을 통해 반환된다고 하자. 이 name이라는 변수가 〈input〉 태그의 v-model 디렉티브로 사용된다 해도, 〈input〉 태그로 입력된 값이 name 변수에 할당되지 않는다. setup 함수의 변수를 양방향 결합이 가능하게 해주는 것은 ref 함수와 reactive 함수다. ref는 단일 변수를 양방향 결합이 가능하게 해주고, reactive는 객체를 양방향 결합이 가능하게 해준다. 코드 3-29에는 6개의 양방향 결합이 필요한 변수들이 존재한다. 이 변수들 하나하나를 ref 함수를 이용해 양방향 변수로 만드는 것보다는 6개를 하나의 객체에 묶어 해당 객체를 reactive 함수로 양방향 결합하는 것이 여러모로 편리하다. 따라서 result라는 객체를 만들고 해당 객체에 양방향 결합이 필요한 변수를 모두 넣었다. country_options나 hobby_options는 양방향 결합이 필요하지 않기 때문에 그냥 사용했다.

다음 명령으로 vite 서버를 실행시켜보자. 그림 3-23과 같이 여러 가지 입력창이 뜰 것이다.

```
npm run dev
```

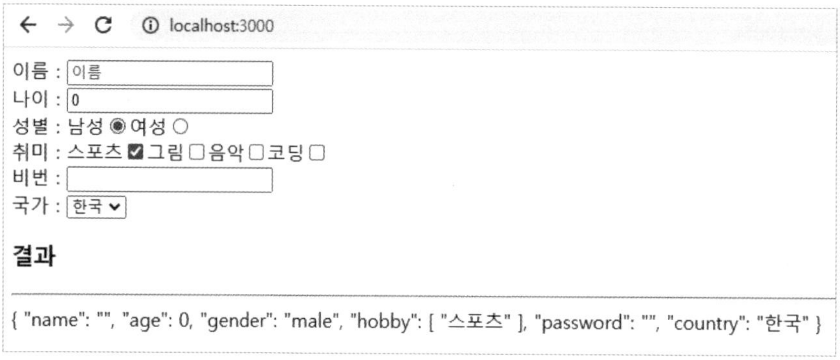

← → C ⓘ localhost:3000

이름 : [이름]
나이 : [0]
성별 : 남성 ◉ 여성 ○
취미 : 스포츠 ☑ 그림 ☐ 음악 ☐ 코딩 ☐
비번 : [   ]
국가 : [한국 ▾]

결과

{ "name": "", "age": 0, "gender": "male", "hobby": ["스포츠"], "password": "", "country": "한국" }

그림 3-23 사용자 입력 처리 예제

다양한 입력을 해보면 실시간으로 결과의 JSON 데이터가 변경되는 것을 알 수 있다. 이로써 기본적으로 사용자 입력은 받을 수 있게 됐다.

실전 Practice

HTML은 위에서 제공한 Input Type 외에도 많은 타입을 지원한다. 예를 들어 〈input〉 태그의 type 속성을 range로 설정하면 숫자를 선택할 수 있는 슬라이드 바가 렌더링된다. 위 예제에 몇 가지 input을 더한 후 변수에 매핑을 시키는 코드를 직접 작성해보자.

작성해야 하는 Input 타입은 다음과 같다.

1. date : 〈input type="date" /〉

2. time : 〈input type="time" /〉

3. color : 〈input type="color" /〉

4. range (1 이상 100 이하) : 〈input type="range" min="1" max="100" /〉

결과물은 그림 3-24와 같이 나와야 한다.

그림 3-24 추가된 Input 결과

새로 만든 컴포넌트를 조작하면 다음과 같이 결과값도 실시간으로 변경이 되어야 한다.

```
{ "name": "", "age": 0, "gender": "male", "hobby": [ "스포츠" ], "password": "",
"country": "한국", "date": "2021-01-07", "time": "15:21", "color": "#541717",
"range": "64" }
```

실제로 구현한 예제 코드는 다운받은 소스코드의 practice/3/1. inputs에 있다.

3-5-2 사용자 정의 버튼

하나의 애플리케이션을 구성하는 UI/X 컴포넌트는 HTML 태그에만 의존하기 힘들다. 따라서 대부분의 애플리케이션은 UI/X 컴포넌트를 각 기능별로 따로 제작한다. 이러한 일환으로 이번에는 버튼을 하나 제작할 것이다. UI/X 컴포넌트를 만들 때 가장 중요한 요소 중 하나는 CSS 이므로 SFC에서 CSS를 적용하는 방법도 알아볼 것이다.

바로 이전 예제와 마찬가지로 vite로 프로젝트를 생성하고 npm으로 패키지를 설치하자.

```
npm init @vitejs/app custom_button
  - vue 선택
  - vue 선택
cd custom_button
npm install
```

패키지 설치가 완료되면 components 폴더의 HelloWorld.vue 파일의 이름을 MyButton.vue로 변경하자. MyButton.vue는 코드 3-30과 같이 변경한다.

코드 3-30. 사용자 버튼을 위한 컴포넌트 구현

```
<template>
  <button v-bind="$attrs" :type="type" :class="classes" ref="button">
    <slot></slot>
  </button>
</template>

<script>
import { ref, onMounted } from 'vue'
export default {
  props: {
    type: {
      default: 'button',
      validator: (value) => {
        const allowed = ['button', 'submit', 'reset']
        return allowed.includes(value)
      },
```

```
    },
    sm: Boolean,
    md: {
      type: Boolean,
      default: true,
    },
    lg: Boolean,
    pill: Boolean,
  },
  setup(props, context) {
    const classes =[]
    const button = ref(null)

    // Prop로 처리되는 변수들
    if (props.sm) classes.push('sm')
    else if (props.lg) classes.push('lg')
    else classes.push('md')

    if (props.pill) classes.push('pill')

    onMounted(() => {
      // Non-prop로 처리되는 변수들
      Object.keys(context.attrs).forEach((attr) => {
        if (attr.startsWith('text-')) {
          button.value.style.color = attr.substring(5)
        }
        if (attr.startsWith('background-')) {
          button.value.style.backgroundColor = attr.substring(11)
        }
      })
    })

    return {
      classes,
      button,
    }
  },
}
```

```
</script>

<style scoped>
button {
  outline: none;
}

.sm {
  height: 20px;
  font-size: 13px;
}

.md {
  height: 30px;
  font-size: 22px;
}

.lg {
  height: 40px;
  font-size: 31px;
}

.pill {
  border-radius: 16px;
}
</style>
```

먼저 템플릿을 살펴보면, 〈button〉 태그 하나와 슬롯이 존재한다. 슬롯은 시작태그와 종료태그 사이에 들어가는 내용이 위치하는 곳을 의미한다. HTML 〈button〉 태그는 버튼에 들어갈 글자를 시작태그와 종료태그 사이에 넣는다. 새로 만드는 〈MyButton〉 태그 역시 시작태그와 종료태그 사이에 글자를 넣으면 슬롯에 의해 〈button〉 태그 사이에 해당 글자가 위치하여 버튼 위에 글자가 나타나게 된다. v-bind="$attrs"는 Non-Prop의 모든 속성을 그대로 button 엘리먼트에 넘겨주겠다는 것이다. $attrs는 Props에 정의되지 않은 속성을 의미한다. 이는 MyButton 컴포넌트에서 사용되는 모든 속성을 Props로 정의하지 않고 button에게 넘겨줬을 때 〈button〉 태그에서 사용하던 모든 속성을 MyButton 컴포넌트도 그대로 이용할 수 있게 해준다. 예를 들어,

〈MyButton name="reset"〉과 같이 하면 〈button〉 태그에도 name 속성이 reset으로 전달된다. type 역시 Non−Prop로 넘겨도 상관 없지만 이번 예제에서는 Props로 받았다. type의 기본값을 button으로 정의하고 있으며 validator를 이용해 button, submit 그리고 reset을 제외한 type 은 에러로 처리한다. 이 외 sm, md, lg 그리고 pill Props 속성이 Boolean 타입으로 선언됐으며, md 속성의 경우 기본값을 true로 설정했다. Boolean 타입은 기본값을 정해주지 않으면 false로 처리된다. 이 네 가지 속성에 대해, 각 속성에 대한 값이 true로 들어올 경우 미리 정의해둔 CSS가 적용되게 했다. 〈style〉 태그에는 이 속성들과 동일한 이름의 클래스명에 대한 스타일이 작성되어 있다. 〈style scoped〉에서 scoped 속성은 동 SFC 파일에 작성된 컴포넌트에만 해당 CSS를 적용한다는 뜻이다.

스크립트의 setup 함수를 보면 이 네 가지 속성이 true인지 아닌지 판단하여 classes라는 배열에 클래스명을 추가한다. classes는 〈button〉 태그의 class에 결합되어 있다. Vue에서 class값을 전달할 때 배열을 이용하면 매우 편리하다. 다음과 같이 하면 class1, class2, class3이라는 클래스가 모두 적용된다.

```
<button v-bind:class="['class1', 'class2', 'class3']">
```

스크립트는 button이라는 프록시Proxies 변수를 가지고 있다. Vue 3에서 ref 함수나 reactive 함수를 이용해 양방향 결합이 가능하게 만든 변수를 프록시 변수라 한다. 만약 ref 함수로 만든 프록시 변수명이 HTML의 엘리먼트의 ref 속성값과 동일하면 해당 변수는 그 HTML 엘리먼트를 가리킨다.

```
<button ref="button">
setup() { const button = ref(null) }
```

위와 같이 정의하면 컴포넌트가 마운트된 시점부터 button이라는 변수에는 〈button〉 엘리먼트가 들어가게 된다. 이렇게 되면 엘리먼트 본연의 기능을 바로 접근할 수 있기 때문에 매우 편리하다.

MyButton 컴포넌트는 text-red, background-red와 같이 text- 접두사와 background- 접두사를 이용해 글자색 혹은 배경색을 변경할 수 있게 했다. 이 역시 Props로 설정하고 sm, md, lg, pill을 처리한 것과 동일하게 처리하면 되지만, CSS가 지원하는 색상은 굉장히 많다. 따라서 해당 접두사 뒤의 색상글자를 추출하여 button 엘리먼트에 직접 CSS로 대입하는 방법을 사용했다.

setup 함수는 props와 context라는 인자를 받는데, props는 Props 속성을 가지고 있고 context는 slots, attrs 그리고 emits를 가지고 있다. 이 중 attrs는 Non-Prop을 가리키기 때문에 context.attrs를 접근하면 MyButton과 함께 들어온 Non-Prop을 모두 알아낼 수 있다. onMounted 함수는 컴포넌트가 마운트됐을 때 불리우는 함수다. 컴포넌트가 마운트되어야 button 변수가 ⟨button⟩ 엘리먼트의 정보를 가지게 된다. 주의할 것은 button 변수 자체는 엘리먼트를 가리키지 않고 button.value가 엘리먼트를 가리키고 있다는 것이다. 이는 프록시는 단일 변수를 객체화시키고 변수를 해당 객체의 value 속성에 넣기 때문이다. 프록시에 관해서는 앞으로 계속 알아볼 것이다.

```
button.value.style.backgroudColor = 'red'
```

> **NOTE** **Props와 CSS를 연결하는 다양한 방법**
>
> 이번 코드를 보면 스타일 변경을 위해 Props의 불리언 형식(sm, pill 등)을 이용하기도 하고 Non-Prop를 이용해 Key 값 자체(text-red)를 파싱하여 사용하기도 했다. 이번 예제에서 사용되지는 않았지만, Props나 Non-Prop를 이용하여 Key-Value 형식으로 속성을 넘겨줄 수도 있다. 예를 들어 size="sm"과 같이 사이즈명을 명시적으로 넘겨줘도 된다.
> 어떤 방식이 올바른지에 대한 정답은 없다. 일반적으로 sm/md/lg와 같이 많이 쓰이는 명백한 속성값의 경우 size라는 키와 같이 쓰며, disabled, pill과 같이 다른 대체자가 없을 경우 key 값을 그대로 사용하거나 불리언 형식으로 선언한다.

새롭게 만든 MyButton 컴포넌트를 테스트 하기 위해 App.vue 파일을 열어 코드 3-31과 같이 작성하자.

```
<template>
  <MyButton sm>My Button</MyButton>
  <MyButton>My Button</MyButton>
  <MyButton lg background-white>My Button</MyButton>
  <MyButton sm pill text-red background-black>My Button</MyButton>
  <MyButton md pill text-green background-pink>My Button</MyButton>
  <MyButton lg pill @click.prevent="onClick">My Button</MyButton>
</template>

<script>
import MyButton from './components/MyButton.vue'

export default {
  name: 'App',
  methods: {
    onClick(evt) {
      alert('Clicked')
    },
  },
  components: {
    MyButton,
  },
}
</script>
```

총 6개의 버튼을 생성했다. 다양한 속성들을 이용해 버튼의 변화를 관찰할 수 있으며 결과는
그림 3-25와 같다.

그림 3-25 다양하게 표현된 버튼들

마지막 버튼의 경우 v-on(@) 디렉티브를 이용해 마우스 클릭을 캡쳐해 onClick 함수를 호출하
게 했다. 이 이벤트를 통해 버튼이 눌렸는지 확인 가능하며, 이 클릭 이벤트는 HTML 본연의

기능으로 단순히 click 이벤트만 후킹하면 된다. 마지막 버튼을 누른 결과는 그림 3-26과 같다.

그림 3-26 마지막 버튼을 누른 결과

실전 Practice

사용자 정의 버튼 실습에 익숙해졌다면 스위치 버튼을 추가해보자. 스위치 버튼이란 버튼을 한 번 누를 때마다 True/False 값이 토글Toggle되는 버튼을 의미한다. 값이 True일 경우 정상적인 색상의 버튼을 보여주는 반면, 값이 False라면 어두운 버튼 색을 보여준다.

그림 3-27 스위치 버튼 차이

이러한 버튼의 색상 차이는 CSS를 이용하여 쉽게 구현할 수 있다.

```
.deactive {
  filter: brightness(50%);
}
```

App.vue 파일에 다음과 같은 스위치 버튼을 추가했다고 하자.

```
<MyButton type="switch" background-blue text-white v-model:
active="active">SWITCH</MyButton>
```

클릭할 때마다 버튼이 On/Off 되는 스위치 버튼 코드를 MyButton.vue에 직접 작성해보자. 주의할 점은 다음과 같다.

1. classess 배열 변수

   a. 버튼을 클릭할 때마다 class의 값이 변경되어야 하므로 classess 변수를 프록시 객체로 변환시켜줘야 한다.

   b. const classess = ref([]) 혹은 const classess = reactive([]) 를 이용할 수 있다.

2. 버튼의 클릭 이벤트를 받을 수 있어야 한다.

   a. App.vue의 onClick을 이용할 수 있고, 내부적으로 MyButton 컴포넌트에서 이벤트를 받을 수 있다.

실제로 구현한 예제 코드는 다운받은 소스코드의 practice/3/2. custom_button에 있다.

3-5-3 사용자 정의 Table

HTML로 테이블을 만드는 것은 생각보다 꽤 고된 일이다. 테이블을 조금 더 쉽게 이용할 수 있도록 테이블 컴포넌트를 만들어둔다면 프로젝트를 진행함에 있어 편리한 일이 많을 것이다. 앞서 두 개의 예제를 만들었듯, vite를 이용해 custom_table이라는 프로젝트를 생성하자. 기억이 나지 않는다면 바로 이전 예제의 프로젝트 생성방법을 참고한다. 프로젝트 준비가 완료되면 HelloWorld.vue 파일을 MyTable.vue로 변경하자.

HTML의 〈table〉 태그는 행을 나타내는 〈tr〉(table row) 태그와 데이터를 나타내는 〈td〉(table data) 태그로 구성된다. 만약 테이블에 헤더가 필요하다면 〈td〉 태그 대신 〈th〉(table header)를 이용하면 된다. 예를 들어 간단한 테이블의 구성은 코드 3-32와 같다.

코드 3-32. 간단한 테이블 태그 예제

```
<table>
 <tr><th>1번 제목</th><th>2번 제목</th></tr>
 <tr><td>1번 내용</td><td>2번 내용</td></tr>
 <tr><td>1번 내용2</td><td>2번 내용2</td></tr>
</table>
```

수많은 테이블을 생성할 때마다 HTML을 이용해 테이블을 구성하는 것은 쉬운 일이 아니다. 자바스크립트를 이용한다 하더라도 매 테이블마다 자바스크립트를 작성하는 것도 쉽지 않다. 따라서 손쉽게 이용할 수 있는 컴포넌트를 생성하는 것이 가장 적절하다. 테이블의 데이터는 객체를 이용해 표현할 수 있다. 예를 들어, 코드 3-32 테이블의 데이터는 다음과 같이 표현할 수 있다.

```
table: {
    header: [ "1번 제목", "2번 제목" ],
    rows: [ ["1번 내용", "2번 내용"], ["1번 내용2", "2번 내용2"] ]
}
```

매우 간략하지만 테이블의 내용을 표현하는데 문제 없는 데이터 구성이다. 물론 colspan, rowspan과 같이 추가적인 속성을 고려해야 한다면 위 테이블 구성만으로는 힘들다. 각 셀에 추가적인 요소를 넣고 싶다면 문자열 배열 대신 객체 배열을 이용하면 된다.

```
table: {
    header: ['1번 제목', '2번 제목'],
    rows: [
        [{ data: '1번 내용' }, { data: '2번 내용' }],
        [{ data: '1번 내용2', colspan: 2 }],
    ]
}
```

데이터 객체를 어떻게 구성할지는 테이블 컴포넌트가 얼마나 많은 기능을 제공하느냐에 따라 다르다. 재미있는 것은 대부분의 테이블 내용은 데이터베이스와 관련이 있다는 것이다. 데이터베이스에서 꺼내온 데이터를 출력할 때 일반적으로 테이블을 쓰게 된다. 예를 들어 게시판 글목록을 가져온다든지, 사용자 목록을 가져와 출력하는 것들이 있다.

이번에 만들어볼 Table 컴포넌트는 간단히 HTML 태그를 이용해 구성할 것이다. 아주 간단한 데이터 구성이기 때문에 템플릿을 구성하는 것은 매우 쉽다. 코드 3-33은 header 배열과 rows 배열을 이용해 테이블을 그릴 수 있는 템플릿을 나타낸다.

```
<template>
  <table>
    <tr>
      <th v-for="(head, head_index) in header" :key="'head-' + head_index">
        {{ head }}
      </th>
    </tr>
    <tr v-for="(row, row_index) in rows" :key="'row-' + row_index">
      <td
        v-for="(data, data_index) in row"
        :key="'data-' + data_index"
        :colspan="data.colspan || 1"
      >
        {{ data.data }}
      </td>
    </tr>
  </table>
</template>
```

템플릿은 하나의 테이블을 구성하는 〈table〉 태그로 구성되어 있다. 이후 〈tr〉 태그가 행을 반복해야 하는데, 첫 번째 행은 제목으로 쓰여야 하므로, 〈th〉 태그를 품고 있는 〈tr〉 태그가 하나 존재한다. 〈th〉 태그는 header라는 배열의 값을 v-for 디렉티브로 순회하면서 해당 값을 단순히 {{ head }}로 표현한다. 이렇게 수염표기법으로 변수를 표현하는 것을 선언적 렌더링이라 한다고 소개했다. 두 번째 〈tr〉 태그는 v-for 디렉티브를 이용해 rows 배열을 순회한다.

rows 배열은 2차원 배열로 구성되어 있으며, 각각 행과 열을 나타내고 있다. HTML에서 행은 〈tr〉이고 열은 〈td〉이므로 〈tr〉이 먼저 순회하면서 〈td〉를 안쪽에서 다시 순회하면 배열을 나타낼 수 있다. 간략히 나타내면 다음과 같다.

```
<tr v-for="row in rows">
<td v-for="data in row">
{{ data.data }}
```

---

* https://jsfiddle.net/p58oc4dy/6/를 수정한 것이다.

> **NOTE** **v-for 디렉티브의 key 속성의 함정**
>
> v-for 디렉티브는 key 값을 입력받으면 v-for 디렉티브가 순회하면서 생성한 각 인스턴스의 고유값으로 사용한다. 따라서 이 key 값은 항상 고유해야 한다. 이번 MyTable 예제에서 쓰인 것처럼 v-for 디렉티브가 뽑아준 index 값을 활용하여 고유한 key 값을 구하는 것은 매우 매력적으로 보일 수 있다. 하지만 일반적으로 이런 인덱스의 사용은 지양해야 한다. v-for 디렉티브는 내부적으로 생성된 인스턴스나 컴포넌트를 재활용한다. 이는 DOM에서 엘리먼트를 업데이트하지 않고 재활용함으로 인하여 렌더링 속도를 증가시키기 위해 설계된 것이다. 각 컴포넌트는 내부적으로 상태 관리를 하는데, 이 상태 관리는 v-for 디렉티브에게 있어 고려대상이 아니다. 고유값이 아닌 인덱스 사용 시 v-for 로 표현된 컴포넌트의 값이 업데이트 되어야 할때 제대로 업데이트 되지 않는 경우가 생기게 된다. 인덱스를 사용하는 것은 사실상 :key 속성을 안쓰는 것과 비슷하다고 보면 된다. 다음 사이트를 방문하여 실제 예제를 보면 컴포넌트의 내부 상태가 업데이트 되지 않는 것을 알 수 있다
>
> • https://jsfiddle.net/armigar/a3qcsvwL/1/ *
>
> 실제로 인덱스를 고유값으로 지정해주는 예제를 같이 비교해보자. 리스트 변경시에 컴포넌트 내부 상태도 같이 업데이트 되는 것을 볼 수 있다.
>
> • https://jsfiddle.net/p58oc4dy/7/
>
> 굳이 이렇게까지 지면을 할애해 설명하는 이유는 실제로 Vue 개발자들이 인덱스를 아무 생각 없이 key 값으로 선정하는 실수를 자주 저지르기 때문이다. 처음에는 단순한 데이터를 바탕으로 리스트를 만들어서 인덱스를 키로 넣어도 문제가 없었으나, 나중에 요구사항이 변경되어 코드 및 데이터 수정으로 리스트가 업데이트 되도록 했을 때 실제로 업데이트가 되지 않는 문제를 만나게 될 수 있다. Vue의 업데이트 정책을 제대로 이해하지 못하면 디버깅에 상당한 애를 먹게 되므로, MyTable 컴포넌트처럼 동적으로 데이터가 변경되지 않는다는 보장이 있을 때만 index를 편리하게 사용하고, 그 외에는 항상 고유한 값을 key로 선정하는 것을 습관들이기를 권장한다.

v-for가 만든 값을 표로 표현하면 다음과 같다.

rows[0][0].data => 1번 내용	rows[0][1].data => 2번 내용
rows[1][0].data => 1번 내용2	

표 3-7 테이블을 변수화한 표

MyTable 컴포넌트는 두 개의 변수 header와 rows를 사용하며, 이 값은 MyTable 컴포넌트를 호출하는 부모 컴포넌트가 넣어줘야 한다. 따라서 해당변수들은 Props로 지정한다.

```
props: ['header', 'rows']
```

테이블의 스타일을 지정하기 위해 CSS도 설정을 해줘야 한다. MyButton을 생성할 때와 마찬가지로 스타일을 동적으로 삽입해도 좋으나 이번 예제에서 스타일은 코드 3-34와 같이 정적으로

지정했다.

코드 3-34. 테이블을 위한 CSS

```
<style scoped>
table,
th,
td {
  border: 1px solid black;
  border-collapse: collapse;
  padding: 5px;
}
</style>
```

MyTable.vue의 전체 소스코드는 코드 3-35와 같다.

코드 3-35. MyTable.vue

```
<template>
  <table>
    <tr>
      <th v-for="(head, head_index) in header" :key="'head-' + head_index">
        {{ head }}
      </th>
    </tr>
    <tr v-for="(row, row_index) in rows" :key="'row-' + row_index">
      <td
        v-for="(data, data_index) in row"
        :key="'data-' + data_index"
        :colspan="data.colspan || 1"
      >
        {{ data.data }}
      </td>
    </tr>
  </table>
</template>

<script>
```

```
export default {
  props: ['header', 'rows'],
}
</script>

<style scoped>
table,
th,
td {
  border: 1px solid black;
  border-collapse: collapse;
  padding: 5px;
}
</style>
```

이제 이 테이블을 테스트해보기 위해 App.vue 파일을 코드 3-36과 같이 작성한다.

코드 3-36. MyTable에 데이터를 넘겨주는 App.vue

```
<template>
  <MyTable :header="header" :rows="rows" />
</template>

<script>
import MyTable from './components/MyTable.vue'

export default {
  name: 'App',
  data() {
    return {
      header: ['1번 제목', '2번 제목'],
      rows: [
        [{ data: '1번 내용' }, { data: '2번 내용' }],
        [{ data: '1번 내용2', colspan: 2 }],
      ],
    }
  },
```

```
    components: {
      MyTable,
    },
  }
</script>
```

이제 실제로 실행해보면 그림 3-28과 같이 테이블이 나온다.

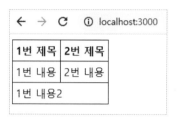

그림 3-28 실행 결과

실전 Practice

MyTable 컴포넌트를 이용해 간단한 테이블을 완성시킬 수 있었다. 하지만, 테이블의 기능이 하나 빠져있다. 바로 rowspan이다. rowspan은 여러 개의 열을 하나로 병합하는 기능을 의미한다. 다음과 같이 rows를 넣었을 때 정상적인 테이블을 그릴 수 있도록 MyTable.vue 파일을 직접 수정해보자.

```
rows: [
  [{ data: '1번 내용' }, { data: '2번 내용' }],
  [{ data: '1번 내용2', colspan: 2 }],
  [{ data: '1번 내용3', rowspan: 3 }, { data: '2번 내용3' }],
  [{ data: '2번 내용4' }],
  [{ data: '2번 내용5' }],
],
```

rowspan이 들어간 테이블 결과는 그림 3-29와 같아야 한다.

1번 제목	2번 제목
1번 내용	2번 내용
1번 내용2	
1번 내용3	2번 내용3
	2번 내용4
	2번 내용5

그림 3-29 rowspan

실제로 구현한 예제 코드는 다운받은 소스코드의 practice/3/3. custom table에 있다.

정리하며

3장에서는 Vue 3에서 특별히 알았으면 하는 문법들을 소개했다. 최대한 쉽고 자세하게 설명하려 했지만, Vue의 유연한 문법들은 어느정도 선에서 문법 설명을 마칠 수밖에 없게 만들었다. 예를 들어, watch만 봐도 getter/setter 함수를 이용하거나, 단일 변수를 이용하는 법, 여러 개의 변수를 동시에 감시하고, 각 변화된 값과 이전 값들을 특별히 지정된 변수로 관리하는 등 수많은 사용법이 존재한다. 문법을 소개하는 자리에서부터 이런 것들을 모두 나열해봐야 지루한 이야기가 될 것이다. 따라서 뒤에 나오는 실전 예제들에서는 같은 API가 사용되더라도 가능하면 항상 다른 문법을 사용할 것이다. 결국 책을 모두 읽고 나면 각 API들의 다양한 문법들을 익힐 수 있을 것이고, 그 중 가장 적절한 문법을 이용할 수 있게 될 것이다.

제 3장에서 설명하지 않은 수많은 문법들이 Vue 3에 존재한다. 대규모 프로젝트라 하더라도 충분히 구현할 수 있을 정도의 문법을 설명했지만, 자바스크립트 코어의 동작을 이용하여 더 빠른 렌더링을 하고 싶다면 어쩔 수 없이 더 많은 Vue의 동작 원리를 알아야 할 것이다. 책을 읽고 Vue로 어느 정도 코딩이 가능하게 되면 다음 사이트에 방문하여 공식 가이드를 꼭 숙지하기를 권장한다.

- https://v3.vuejs.org/

4장

TodoList
애플리케이션 개발

목표 ···

Vue 3에서 변경되거나 신설된 기능들에 대해서 모두 알아보았으니 해당 기능들을 활용하여 바로 활용할 수 있는 애플리케이션을 개발해볼 것이다. 애플리케이션에 대한 아이디어나 사용성에 대한 논의는 차치하고, 이번 장에서는 가능하면 어떻게 새로운 기능들을 이용해 애플리케이션을 개발해야 하는지 그 노선을 찾아내는데 집중하는 것을 권장한다. 특히 Vue 2에 비해 완전히 달라진 변수의 반응성을 어떻게 처리해야 하는지 잘 살펴볼 것을 권하며, 신규 데이터 버스 시스템인 Provide와 Inject의 쓰임새와 유의할 점에 대해서도 자세히 살펴보면 좋을 것이다.

4-1 TodoList 애플리케이션 개발

지금까지 알아본 Vue 3의 요소들을 정확히 익히기 위해, 간단한 Todo List를 작성할 수 있는 애플리케이션을 개발할 것이다. Vue를 이용한 프론트엔드 개발방법을 알아보는 단계로, 실제로 서버를 구현하거나 데이터베이스를 구성하지 않는다. 다만, 브라우저의 localStorage를 이용해 작성한 Todo List가 사라지지 않도록 최소한의 조치는 취할 것이다.

NOTE   **Window.localStorage**

브라우저의 Window 인터페이스의 읽기전용 속성인 localStorage는 W3C 표준인 Web Storage의 구현물 중 하나로 데이터를 UTF-16 DOMString 형식의 키/값 쌍으로 브라우저에 저장한다.

4-2 애플리케이션 소개

이번에 제작할 TodoList 애플리케이션은 일반적으로 볼 수 있는 Todo 애플리케이션들과 크게 다르지 않다. 간단하게 한 줄로 할일을 목표 날짜와 함께 작성하면 해당 작업 리스트를 보기 좋게 나열해준다. 기본적으로 오늘 해야 할 일들을 보여주게 되어 있지만, 메뉴를 통해서 다양한 방법으로 자료를 열람할 수 있으며, 날짜가 지났으나 아직 완료하지 않은 작업들은 상시적으로 화면에 보여주도록 만들어보았다.

나의 할일

2021-03-10

여기에 할일을 적으세요

2021-03-10 📅 　　　　　　　　　　　　　　　　　　　　　　　　　　 작업추가

▍모든 작업 　　　　　　　　　　　　　　　　　　　　　　　　　 리스트 필터 ▾

2021-03-20

☐ 2021-03-20 　3월 20일 작업입니다. 　　　　　　　　　　　　　 할일 관리 ▾

2021-03-10

☐ 2021-03-10 　3월 10일 작업입니다. 　　　　　　　　　　　　　 할일 관리 ▾

2021-02-09

☐ 2021-02-09 　2월 9일 할일 테스트 1 　　　　　　　　　　　　　 할일 관리 ▾

☑ 2021-02-09 　2월 9일 할일 테스트 2 　　　　　　　　　　　　　 할일 관리 ▾

2021-02-08

☑ 2021-02-08 　2월 8일 할일 테스트 　　　　　　　　　　　　　　 할일 관리 ▾

☐ 2021-02-08 　2월 8일 할일 테스트 2 　　　　　　　　　　　　　 할일 관리 ▾

2021-02-07

☑ 2021-02-07 　오래전에 완료된 일 　　　　　　　　　　　　　　　 할일 관리 ▾

▍처리하지 못한 작업들

☐ 2021-02-09 　2월 9일 할일 테스트 1 　　　　　　　　　　　　　 할일 관리 ▾

☐ 2021-02-08 　2월 8일 할일 테스트 2 　　　　　　　　　　　　　 할일 관리 ▾

그림 4-1　애플리케이션 화면

TodoList 애플리케이션은 최상위 컴포넌트인 App을 비롯하여 App 컴포넌트에 포함되는 다양한 컴포넌트들로 구성된다. 아울러 각 컴포넌트들이 재사용할 수 있는 코드들을 모아둔 모듈들이 존재한다. 그림 4-2는 구현될 애플리케이션의 구조를 한눈에 보여주고 있다. 단일 기능 애플리케이션이다보니 App 컴포넌트 내에 결국 TodoListContainer라는 하나의 컴포넌트만 존재한다고 생각하면 된다. 컴포넌트들이 행해야 하는 주요 작업들은 컴포지션 API를 이용해 모듈로 작성했다. TodoList 애플리케이션의 역할은 크게 보여주는 것과 데이터를 저장하는 것이다. 데이터를 저장하는 역할을 담당하는 Storage 모듈과 사용자 요구에 따라 데이터를 다르게 보여주는 Filter 모듈을 생성할 것이다. 여기에 더해 중요한 역할이 하나 더 있는데, 그것은 등록/삭제 그리고 상태변경과 같은 편집기능이다. 이 기능 역시 컴포지션 API를 이용해 모듈로로

만들어도 되지만, 다양한 기능을 사용하기 위해 Provide를 이용해 처리하려 한다.

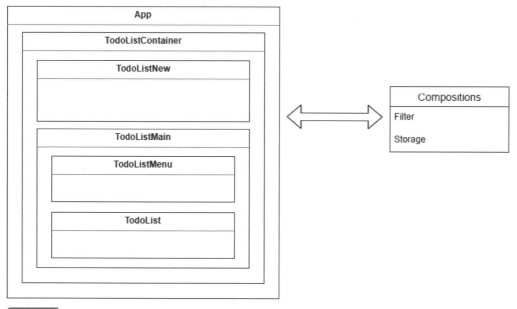

그림 4-2 TodoList 애플리케이션 컴포넌트 구조

각 컴포넌트의 간략한 설명은 표 4-1과 같다.

컴포넌트	컴포넌트 역할
App	애플리케이션을 구성하는 최상위 컴포넌트다. 최상위 컴포넌트 파일은 보통 특별한 이유가 없다면 항상 App.vue로 한다.
TodoListContainer	Todo 애플리케이션의 컴포넌트들을 관리하는 컨테이너 컴포넌트다. 이번에 만들 애플리케이션은 단일 애플리케이션이므로 App에서 같은 역할을 할 수 있으나, 기능별로 컨테이너를 구성하는 것은 프로젝트 관리에 큰 도움이 된다.
TodoListNew	새로운 Todo를 생성할 수 있는 UI를 제공하는 컴포넌트다. 그림 4-3을 참고하면 된다.
TodoListMain	실제 작업목록을 관리하고 데이터를 TodoList에 전달하는 컨테이너다.
TodoListMenu	작업목록에 필터를 걸어줄 수 있는 사용자 메뉴를 제공하는 컴포넌트다. 어떤 필터가 선택되었는지를 TodoListMain에 전달하여 보여지는 작업목록이 변경될 수 있게 해준다.
TodoList	데이터를 전달받아 해당 데이터를 화면에 보여주는 컴포넌트다. TodoListMain 컴포넌트는 여러 개의 데이터를 여러 TodoList 컴포넌트에 전달할 수 있다. 즉, TodoListMain 아래에는 여러 개의 TodoListMain 컴포넌트가 목적에 따라 추가될 수 있는 것이다.

표 4-1 각 컴포넌트의 역할

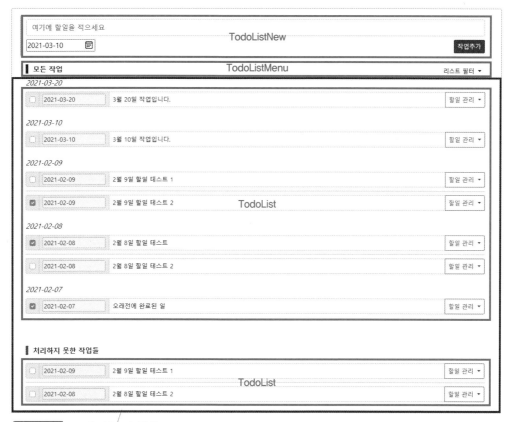

그림 4-3 UI 컴포넌트의 위치

그림 4-3은 주요 UI 컴포넌트들의 실제 위치를 나타낸다. 이렇게 그림으로 컴포넌트를 나타내면 이해가 훨씬 쉽다.

4-3 프로젝트 생성

에반 유는 트위터에서 다음과 같은 말을 남겼다.

I feel I may never be able to go back to webpack

그림 4-4 에반 유 트위터

Vite의 창시자가 에반 유이기에 자신의 작품을 찬양하는 것은 당연한 것이기도 하지만, 반대로 말하면 그만큼 자신감이 넘칠 정도로 Vite가 강력하다는 뜻이다. 새롭게 소개된 Vite가 현재 Vue를 대표하는 빌드툴이 된 만큼, 이번 Todo도 지금까지 해왔던 것처럼 Vite를 통해서 생성하도록 한다.

```
npm init vite-app todo
cd todo
npm install
```

Vitejs2를 사용하기 위해서는 다음과 같이 프로젝트를 생성한다.

```
npm init @vitejs/app todo-vite2
   - vue 선택
   - vue 선택
cd todo-vite2
npm install
```

Vitejs2를 사용하면 3장에서 알아본 것과 같이 index.css 파일이 따로 있지 않고, 〈script〉 태그가 기본적으로 setup 속성을 갖도록 템플릿이 만들어진다. 〈script setup〉이 아직 실험적 요소인 만큼, 프로젝트는 Vue 3의 기본 setup 함수를 구현하는 방식으로 진행할 것이며, 〈script setup〉을 이용한 프로젝트는 이번 장의 마지막에 따로 소개한다.

프로젝트를 생성하면 지금까지 수차례 봐왔던 Vite 템플릿 폴더 구조가 나타난다. 하나씩 차례대로 TodoList 애플리케이션을 위해 소스코드를 변경할 것이다. 먼저 src/compositions 폴더를 하나 생성한다. 해당 폴더에는 컴포지션 함수들을 작성할 자바스크립트 모듈 파일들을 모아둘 것이다. 이 후 src/components 폴더에서 HelloWorld.vue 파일을 삭제하자. Vite로 프로젝트를 생성하면 나오는 기본 컴포넌트인데 Todo에서는 필요한 다른 컴포넌트를 생성할 것이다. 만약 Vitejs1을 이용해 프로젝트를 생성했다면 기본적으로 생성되는 CSS를 사용하지 않을 것이므로, src/index.css 파일의 내용을 모두 삭제하도록 한다. 마지막으로 애플리케이션의 타이틀을 변경하기 위해 index.html의 〈title〉 태그의 내용을 Vite App에서 원하는 이름으로 변경한다. 예를 들면 My Todo List와 같은 타이틀로 변경하면 된다.

이번 TodoList 애플리케이션의 UI는 Bootstrap 5를 이용해 만들 것이므로 Bootstrap 5도 설치해야 한다. Vite가 생성한 todo 폴더에서 Bootstrap 5를 설치한다.

```
npm install bootstrap@next
```

특정 버전을 정의하지 않으면 최소한 Bootstrap 5 Beta 이상의 버전이 설치된다. Bootstrap은 Popper 라이브러리를 사용하므로, Popper도 같이 설치한다.

```
npm install @popperjs/core
```

대략적인 프로젝트 작성 준비가 끝났으므로, 필요한 변수를 생성하는 일부터 진행하자.

4-4 TodoList 변수 생성

Todo 애플리케이션은 기본적으로 할일(Todo)이라는 객체를 요소로 가지는 배열변수를 사용한다. 해당 변수는 전 컴포넌트에 걸쳐 사용되어야 하는데, 변수를 공유하는 방법 중 많이 사용되는 방식들은 다음과 같다.

1. Props/Emits
2. config.globalProperties
3. Vuex
4. Provide

Props는 전통적으로 매우 강력한 데이터 전달력을 보여준다. 다만 컴포넌트의 중첩도가 높아지면 데이터를 연계해서 보내줘야 하기 때문에 전달이 매우 어려워진다. 반면 globalProperties는 상수값을 애플리케이션 전역에서 사용하기 편리하다. 특히 Options API를 사용하거나 템플릿에서 선언적으로 사용할 때 매우 편리하다. Vuex는 상태 관리가 되는 전역 스토어로서 예나 지금이나 가장 많이 사랑받는 데이터 보관 및 공유소다. 마지막으로 Provide는 Vue 3에서 새로 도입된 기능으로, 부모가 먼저 provide하면 자식 계열의 모든 컴포넌트에서 해당 데이터를 사용할 수 있는 매우 편리한 기능이다.

이 중 데이터 전달을 목적으로 생성된 Provide를 통해 변수를 공유할 것이다.

4-4-1 변수 자료구조

할일 '목록'을 보여주는 것이 이 애플리케이션의 목적이므로, 기본적으로 데이터 자료형은 배열형이다. 각 배열형은 다시 여러 정보를 가지는 구조화된 데이터를 요소로 가져야 한다. 자바스크립트에서 객체는 이러한 구조화된 데이터를 보관하는데 쓰인다. 각 객체는 총 4개의 속성을 가질 것이며, 각 속성은 다음과 같은 역할을 한다.

id	데이터의 위치, 즉 인덱스 값을 가진다. 인덱스 값을 가지면 Vue에서 반응성을 가지는 splice 함수를 이용해 배열에서 요소를 제거할 때 매우 편리하다.
job	할일에 대한 텍스트가 담긴다.
date	언제 해야 할 일인지 날짜 정보를 담고 있다.
completed	할일이 완료되었는지, 혹은 미완료되었는지 상태 관리를 담당한다.

4-4-2 Provide 소개

일반적으로 부모 컴포넌트가 자식 컴포넌트에게 데이터를 전달할 때는 props를 이용하곤 한다. 하지만 부모와 자식관계가 깊어질수록 props로 데이터를 전달하는 데는 한계에 부딪힌다. 이전 Vue 2까지는 이러한 문제를 해결하기 위해 Event Bus를 생성하거나 Vuex에 데이터를 담곤 했다. Vue 3에서는 $on, $off, $once와 같은 이벤트 method를 모두 삭제했다. Event Bus와 같이 비정형적 데이터 전송이 프로젝트의 관리를 매우 어렵게 하기 때문이다.

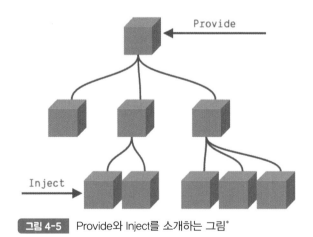

그림 4-5 Provide와 Inject를 소개하는 그림*

---

* https://v3.vuejs.org/guide/component-provide-inject.html

이러한 문제점을 Vue 3에서는 Provide/Inject가 훌륭하게 처리해준다. 부모 컴포넌트에서 어떤 데이터를 provide해주면 자식 컴포넌트에서 해당 데이터를 inject해 사용할 수 있다. 기본적으로 provide하는 데이터는 반응성을 가지지 않는다. 즉, provide한 데이터가 변경되어도 inject한 데이터가 변경되지 않는다. 이것을 반응형으로 변경하기 위해서는 vue에서 제공하는 ref/reactive를 이용하거나 computed를 이용하면 된다.

주의할 것은 provide는 객체의 속성을 바로 보낼수는 없다. 이럴 경우 Vue에서 자주 사용되는 기법인 getter 함수를 만들어 값을 전달하는 방법이 있다.

```
provide: { my_property: object.property }
provide() { return {
    my_property: object.property
}}
```

ref/reactive를 통해 반응성을 갖도록 만들어진 변수를 provide하면 inject 후에도 반응성을 갖는다. 이럴 경우 inject한 자식 컴포넌트에서 변수를 변경해도 모든 영역의 provide한 변수의 값이 변경된다. 이는 구현에 있어 매우 편리하지만, 코드의 관리를 어렵게 해준다. 따라서 일반적으로 반응성을 가지는 변수를 provide할 때는 readonly로 전달하며, 대신 upate할 수 있는 함수도 같이 provide한다. 이번 장에서는 provide를 써야 하는 정확한 방법을 제시하고, 5장에서는 inject한 컴포넌트에서 변수를 변경하는 편리한 방법을 알아볼 것이다.

4-4-3 Provide를 이용한 변수와 함수 공유

애플리케이션 소개 때 언급한 TodoList를 총괄할 수 있는 컨테이너 컴포넌트를 하나 만들어야한다. components 폴더에 TodoListContainer.vue 파일을 생성한다. Todo 리스트를 가지는 변수는 todos라고 간단히 작명한 후, 반응성을 가질 수 있도록 ref를 이용한다.

```
const todos = ref([])
```

reactive는 원시형 변수가 아닐 경우 반응성을 갖도록 해주는 것이고, ref는 객체에게 반응성을 갖도록 해준다. 자바스크립트에서 배열은 특별한 객체다. 따라서 reactive를 사용할 수 있지만, 사용의 편의성을 위해 ref를 이용한다. 해당 변수를 자식 컴포넌트들이 업데이트할 수 없도록

readonly 속성을 부여하여 provide한다.

```
provide('todos', readonly(todos))
```

Vue 3의 제작자 에반 유가 특별히 당부한 것 중 하나가 provide를 수행한 컴포넌트에서 업데이트도 수행하게 만들라는 것이다. 이번 장에서 이 당부에 충실한 업데이트 함수도 같이 provide할 것이며, 다음 프로젝트에서는 자식 컴포넌트에서 데이터를 직접 업데이트할 것이다. 둘 중 무엇이 좋은지는 개발자가 정하면 된다. 만들어진 todos 변수를 업데이트할 수 있는 함수도 같이 provide한다. 각 함수들은 뒤에 TodoListContainer 컴포넌트를 설명할때 구현할 것이므로 지금은 함수를 선언하여 provide하는 것만 이해하면 된다.

```
const addTodo = (job, date) => {}
const removeTodo = (id) => {}
const completeTodo = (id) => {}

provide('addTodo', addTodo)
provide('removeTodo', removeTodo)
provide('completeTodo', completeTodo)
```

todos 배열변수에 영향을 미치는 함수들은 todos 변수에 새로운 할일을 더하는 기능을 하는 addTodo와 특정한 id의 객체를 todos 배열로부터 제거하는 removeTodo 그리고 객체의 completed 속성을 true로 변경하는 completeTodo가 있다. 여기에 더해 처음에 todos의 값을 채워줄 초기화 함수도 필요하다. localStorage로부터 todos 배열에 들어올 데이터를 불러오는 것은 Storage 모듈이 할 것이므로 해당 모듈이 데이터를 넣어줄 수 있는 함수인 initTodos라는 함수를 다음과 같이 만든다.

```
const initTodos = (init_todos) => {
  todos.value = init_todos
}
```

해당 함수는 provide를 통해 전달해도 되지만, 단순히 Storage 모듈 내 함수의 인자로 전달해줘도 된다. 예를 들어 다음 코드처럼 Storage 모듈에서는 localStorage에서 데이터를 로드하여

initTodos 함수를 콜백으로 호출할 수 있다.

```
storage.load(initTodos)
TodoListConatiner.js

function load(cb) {
  data = (localStorage에서 불러온 데이터)
  cb(data)
}
storage.js
```

todos 변수는 ref를 통해서 생성된 프록시 객체이므로 실제 배열값은 value를 통해 접근이 가능
하다는 것을 기억해야 한다. 지금까지 구현한 TodoListContainer.vue의 코드는 다음과 같다.

코드 4-1. TodoListContainer.vue의 아웃라인

```
<template></template>

<script>
import { ref, readonly, provide } from 'vue'
export default {
  name: 'TodoListContainer',
  setup() {
    const todos = ref([])
    provide('todos', readonly(todos))
    const initTodos = (init_todos) => {
      todos.value = init_todos
    }
    const addTodo = (todo, date) => {}
    const removeTodo = (id) => {}
    const completeTodo= (id) => {}

    provide('addTodo', addTodo)
    provide('removeTodo', removeTodo)
    provide('completeTodo', completeTodo)
  },
}
</script>
```

TodoListContainer에서 구현해야 할 내용들이 남아있지만, 여기서 만든 todos라는 변수를 받아 사용하는 다른 기능들을 먼저 구현해야 한다.

4-5 간단한 데이터 저장소 구현

storage 컴포넌트는 브라우저의 저장소인 localStorage에 접근하여 데이터를 불러오거나 저장하는 역할을 담당한다. src/compositions 폴더 내에 storage.js 파일을 생성하고 코드 4-2와 같이 코드를 작성한다. 모듈을 구성하는 폴더명은 일반적으로 modules 혹은 module을 쓴다. Vue 3의 컴포지션 API가 소개된 이후 컴포지션 API를 이용해 만든 모듈을 관리하는 폴더는 compositions라고 명명하는 소스코드들이 점차 Github에 많아지고 있다. 이는 실제로 Vue 3의 컴포지션 API를 통해 만들어진 모듈이라는 것을 알게 해주기 때문에 더 괜찮은 폴더명이라고 할 수 있다.

코드 4-2. localStorage에 데이터를 저장하는 코드

```
import { reactive, toRefs } from 'vue'

export const useStorage = () => {
  const KEY = 'my-todo-list'
  const storage_obj = reactive({ storage_id: 0 })
  const loadTodos = (initTodos) => {
    let temp_todos = JSON.parse(localStorage.getItem(KEY) || '[]')
    temp_todos.forEach((todo, idx) => {
      todo.id = idx
    })
    storage_obj.storage_id = temp_todos.length
    initTodos(temp_todos)
  }
  const saveTodos = (todos) => {
    localStorage.setItem(KEY, JSON.stringify(todos.value))
  }
  return {
    ...toRefs(storage_obj),
    loadTodos,
```

```
        saveTodos,
    }
  }
```

localStorage는 Window 오브젝트의 읽기전용 속성으로 데이터를 브라우저에서 읽어오거나 저장할 수 있게 해준다. 일단 저장된 데이터는 명시적으로 삭제하기 전에는 브라우저에서 삭제되지 않으므로 데이터를 관리하는데 있어 매우 유용하다. localStorage는 데이터를 저장하고 불러오기 위한 setItem과 getItem이라는 함수를 제공하며, 키와 값 형식으로 데이터를 저장한다. 이 외에도 모든 데이터를 삭제할 수 있는 clear 함수와 특정한 키의 값을 삭제할 수 있는 removeItem이라는 함수를 가지고 있다.

localStorage에 대한 이해를 바탕으로 storage 모듈의 코드를 살펴보자. 먼저 변수에 반응성을 더해줄 reactive와 toRefs 함수를 vue에서 import한다. reactive는 객체에 반응성을 더해주는 함수이고 toRefs는 객체의 내부 속성들 모두에게 반응성을 더해준다. 관련해서는 뒤에 나오는 표 4-2와 표 4-3을 참고하면 좋다. 이후 useStorage 함수를 만들고 이 함수를 ES 모듈로 Export 시켜준다.

NOTE **use 접두사**

Vue 3에서 컴포지션 API가 소개된 이후 컴포지션 API로 만들어진 모듈의 이름은 일반적으로 use를 앞에 붙인다. 이는 컴포지션 API로 만들어진 모듈을 compositions 폴더에 넣는 것과 비슷한 맥락으로, 강제사항은 아니다.

이렇게 모듈로 export시켜주면 다른 모듈에서 손쉽게 import하여 해당 함수를 사용할 수 있다. 모듈을 export하는 방법은 Named Export 방식과 Default Export 방식이 있으며, 큰 차이점은 하나의 파일에서 여러 개를 내보내는지 아니면 하나만 내보내는지 정도다. 이번 storage.js 파일은 하나의 함수(useStorage)를 export하기 때문에 Default Export 방식을 써도 무방하지만, 앞으로 Default Export를 쓰는 예제가 상당히 많기 때문에 Name Export 방식을 사용했다.

NOTE **ES6 모듈 Export**

그냥 export 키워드만 써서 export시키는 것을 유명 내보내기Named Export라고 칭하며 하나의 파일에서 여러 개의 변수나 함수를 export시킬 수 있다. 다만 import하는 쪽에서 객체 비구조화를 통해 명시적으로 어느 변수, 혹은 함수를 사용할지 정확히 지정해야 한다.

```
import { variable } from 'named_export_file'
```

혹은 전체를 불러올 수도 있다.

```
import * from 'named_export_file'
```

반면 기본 내보내기Default Export는 하나의 파일에서 하나의 객체를 내보낸다는 것을 의미한다. 이는 모듈을 import할 때 이미 하나인 것을 알고 있으므로, 정확한 객체명을 가지고 import할 필요도 없으며 객체 이름을 마음껏 변경해도 된다.

```
import renamed_variable from 'default_export_file'
```

useStorage 함수는 총 4개의 변수를 가지고 있으며, 각각의 역할은 다음과 같다.

KEY	localStorage에서 데이터를 저장할 KEY
storage_obj	일정 리스트를 가질 todos 속성과 신규 id를 책정할 수 있는 storage_id 속성을 가진 객체
loadTodos	localStorage로부터 데이터를 불러오는 함수
saveTodos	localStorage로 데이터를 저장하는 함수

storage_obj는 객체이므로 반응성을 갖게 하기 위해 reactive 함수를 이용했다. 이 함수를 이용하지 않으면 데이터의 변경을 Vue Virtual DOM이 알아차릴 수가 없다. Vue는 선언적 방식으로 데이터의 변화를 감지하는데, 이를 위해서는 객체가 반응성을 가져야 한다. 이러한 반응성을 주기 위해서 사용하는 것이 reactive 함수다.

loadTodos와 saveTodos는 각각 localStorage의 getItem과 setItem 함수를 이용해 데이터를 불러오거나 저장한다. localStorage는 데이터를 UTF-16 DOMString 형식으로 저장하기 때문에 배열 형식의 값을 그냥 저장할 수는 없다. 따라서 JSON의 stringify를 이용해 값을 스트링 형식으로 변환하여 저장하고, 마찬가지로 불러올 때도 스트링 형식으로 불러온 값을 JSON.parse를 이용해 객체로 변환한다.

loadTodos는 localStorage에 저장된 값을 불러와 temp_todos에 먼저 삽입한다. 이유는 인덱스 역할을 하는 id를 다시 부여하는 것과 storage_id에 배열의 길이를 저장하기 위해서다.

> **NOTE** **JavaScript Object Notation(JSON)**
>
> 텍스트(스트링) 기반 형식의 구조화된 데이터 표현방식이다. 이름에서 알 수 있듯이 자바스크립트 객체 문법을 기초로 하여 구조화되었으므로 JSON 형식의 스트링은 자바스크립트 객체로 바로 변환이 가능하다. 일반적으로 네트워크를 통해 데이터를 전달할 때 사용되며, 굳이 자바스크립트가 아니어도 대중적으로 구조화된 데이터를 저장하거나 전달할 때 많이 사용된다.

storage 모듈을 import한 다른 모듈이 storage의 기능을 사용할 수 있도록 변수 및 함수들을 외부에 노출시켜야 한다. return 문을 이용해 노출하고자 하는 변수를 반환하면 된다. loadTodos와 saveTodos를 return 문에 넣어 반환하는 한편, storage_id(storage_obj가 아니다) 역시 외부에서 사용될 수 있도록 반환할 것이다. storage_id는 마지막에 사용된 id + 1의 값을 저장하고 있으므로, TodoListContainer의 addTodo 함수에서 새로운 객체의 id를 부여할 때 쓰여야 한다. storage_id는 Spread Operator (...) 를 이용해 storage_obj로부터 분리한다. Spread Operator는 객체 혹은 배열의 속성/값들을 꺼내주는 역할을 한다. 따라서 storage_obj의 속성인 storage_id가 반환이 되는 것이다. 만약 storage_obj 객체가 storage_id 뿐만 아니라 다른 속성을 가지고 있었다면 해당 속성도 반환된다. 다만 이 Spread Operator로 풀린 속성은 반응성을 갖지 않기 때문에 toRefs라는 컴포지션 API를 이용해 모든 속성이 반응성을 가지도록 했다. 객체 자체가 반환되는 것이 아니기 때문에, 객체 속성들에게 반응성을 주어 반환하면 Vue의 Virtual DOM이 해당 변수의 반응성을 인지할 수 있다.

> **NOTE** **Mixin의 대체자 컴포지션 API**
>
> 지금까지 Vue로 프로젝트를 진행했던 개발자라면 storage 모듈은 Mixins를 사용해도 될 것이라고 생각했을지 모른다. Mixins는 Vue 3에서도 여전히 유용하고 올바른 해답일 수 있다. 하지만 새롭게 소개된 Composition API는 Mixins의 모든 기능을 제공함에 더해 이름 충돌Naming collisions 과 묵시적 의존성Implicit Dependencies 문제를 해결할 수 있다.

4-5-1 반응성 관련 API

Vue 3는 프록시를 이용해 반응성을 관리한다. 어떤 변수가 반응성을 가지게 하기 위해서는 프록시로의 변환이 필요하고, 반응성을 해제하기 위해서는 프록시에서 일반 변수로의 변환이 필요하다. 이러한 역할을 하는 다양한 API들을 Vue 3에서 제공하고 있다. 반응성과 관련된 다양한 API들은 앞으로도 자주 쓰이게 되므로 이번에 간단히 살펴보도록 하자.

reactive	객체의 속성들이 반응성을 갖게 만들어준다. 일반적으로 기본 자료형 변수Primitive Variable가 반응성을 갖도록 할 때 ref 함수를 이용하는데, 객체의 속성으로 변수들을 모아 reactive를 사용하면 변수의 개수가 많을 때 매우 유리하게 사용할 수 있다.
readonly	일반 객체나 프록시 객체를 읽기전용 프록시로 변경한다. 기본적으로 객체 내 모든 속성을 읽기전용으로 변경한다.
isProxy	인자로 들어온 변수가 reactive나 readonly 등으로 만들어진 프록시 객체인지 확인해준다.
isReactive	reactive로 생성된 프록시 객체인지 확인해준다. 재미있는 것은, reactive의 반환 프록시 객체를 다시 readonly로 반환한 프록시 객체에도 true값을 반환한다는 것이다. 예를 들면 다음과 같은 것을 의미한다. `readonly(reactive({id: 0}))`
isReadonly	readonly로 생성된 프록시 객체인지 확인해준다.
toRaw	reactive와 readonly로 만들어진 프록시 객체를 원래 객체로 원복시킨다.
markRaw	markRaw로 생성된 객체는 reactive나 readonly를 통해서 프록시 객체로 생성되지 않는다.

swallowReactive	참조되는 객체의 직계 속성에만 reactive를 부여하고 내부에 중첩된 객체에는 reactive를 부여하지 않는다.
	
	`const state = shallowReactive({`
	`  foo: 1, // Reactive`
	`  nested: { bar: 2} // Reactive 아니다!`
	`}`

shallowReadonly	shallowReactive와 마찬가지로 직계 속성만 readonly 처리를 한다.

표 4-3 기본 반응성 관련 API들

4-5-2 Refs

Vue 2까지 쓰이던 this.$refs를 컴포지션 API에서는 각각 함수로 제공된다. setup() 함수 내에서 각 Refs를 import하여 사용할 수 있다.

ref	전달받은 기본 자료형 변수 반응형 객체로 변경한다. 이 객체의 value 속성을 통해서 값을 자유롭게 변경할 수 있다. 일반적으로 이렇게 나온 반응형 객체를 ref라 칭한다.
unref	ref를 다시 일반 변수로 바꾼다. 내부적으로 프록시 객체에서 분리하는 과정을 진행한다.
toRef	reactive API로 생성된 객체의 속성을 ref를 이용해 반응형 객체로 생성한다. toRef(object, 'property')
toRefs	toRef를 해당 객체의 모든 속성에 적용한다.
isRef	ref 객체인지 확인한다.
customRef	track 함수와 trigger 함수를 인자로 받고 get과 set 함수를 리턴하는 사용자 지정 ref를 생성한다. get 함수에서 사용자가 필요한 일을 완료한 후 track 함수를 불러주면 되고, set 함수에서 사용자가 정의한 일을 마무리 한 후 trigger 함수를 호출하게 만들면 된다.
shallowRef	참조된 객체의 value가 통째로 변경될 때만 반응형으로 작동한다.
triggerRef	shallowRef로 참조된 객체에 대한 업데이트를 강제로 일으킨다.

표 4-4 | Vue 3 Refs

4-6 데이터의 필터링 모듈 구현

필터를 생성하기 전에 오늘이 며칠인지 알 수 있는 상수가 하나 필요하다. 왜냐면 TodoList 애플리케이션은 대부분 오늘자 할일들만 다루기 때문이다. 따라서 todos 배열 중 오늘자 객체가 무엇인지 필터링할 수 있어야 한다. 오늘을 나타내는 문자열은 다음과 같은 자바스크립트를 이용해 만들 수 있다.

```
const today = new Date().toISOString().split('T')[0]
```

만약 하나의 컴포넌트 혹은 모듈에서 사용된다면 지역적으로 변수 선언을 해도 상관 없겠지만, 같은 값이 여러 곳에서 쓰인다면 하나의 상수로 만드는 것이 유리하다. 이 역시 Provide를 통해서 할 수 있다.

애플리케이션 인스턴스를 생성하는 main.js 파일을 열고 코드 4-3과 같이 작성한다. 애플리케이션의 UI를 담당할 bootstrap 모듈도 같이 import를 해두자. main.js에서 import를 하면 애플리케이션의 모든 영역에서 import한 기능을 사용할 수 있다. 참고로 bootstrap을 사용할 때도 ES Module로 컴파일된 것을 사용해야 한다. 따라서 꼭 bootstrap.esm.min.js를 import해야 함을 명심해야 한다.

코드 4-3. today 변수를 설정한 main.js

```
import { createApp } from 'vue'
import App from './App.vue'
import './index.css'

import 'bootstrap/dist/css/bootstrap.min.css'
import 'bootstrap/dist/js/bootstrap.esm.min.js'

const app = createApp(App)
app.provide('today', new Date().toISOString().split('T')[0])
app.mount('#app')
```

애플리케이션의 인스턴스에서 today 변수를 provide하고 있으므로 애플리케이션을 구성하는 모든 컴포넌트는 today를 inject하여 사용할 수 있다.

이제 애플리케이션에서 데이터를 필터링하여 보여줄 수 있는 다양한 방법을 정의해보자. 정말 많은 필터를 구현할 수 있겠지만, 꼭 필요하겠다고 생각되는 4개의 필터를 만들 것이다.

1. 날짜가 지났지만 완료하지 않은 작업들
2. 오늘 해야 할 작업들
3. 오늘 해야 할 일들 중 완료한 작업들
4. 모든 날을 아우르는 상태와 상관 없는 작업들

각각의 필터는 userFilter 모듈에 함수로 구현을 할 것이다. 아울러 필터링된 데이터는 다음과 같은 방식으로 정렬되어 나와야 보기가 좋다.

1. 최근 날짜의 데이터가 더 위에(앞에) 나온다.
2. 같은 날이라면 뒤늦게 입력한 데이터가 더 위에 나온다.

물론 정렬 방법은 원하는대로 변경을 해도 될 것이다. sort는 자바스크립트의 배열에서 제공하는 sort 메서드를 이용하면 된다. 객체를 정렬하기 위해서는 sort 메서드를 약간 도와줘야 하는데 sort 순서를 정할 수 있는 함수가 하나 필요하다.

```
const fnSort = (a, b) => {
  const a_date = Date.parse(a.date)
  const b_date = Date.parse(b.date)
  if (a_date > b_date) return 1
  else if (a_date < b_date) return 0
  else return a.id - b.id
}
```

위 함수는 sort 메서드가 인자로 받아 배열의 값들을 비교하는데 사용한다. a와 b의 객체를 비교할 때, date와 id 속성을 이용해 날짜를 우선으로 정렬하고, 같은 날짜일 경우 최근에 쓰인 작업을 우선정렬한다. todos 배열을 정렬하기 위해서는 다음과 같이 사용하면 된다.

```
todos.sort(fnSort)
```

sort 메서드

sort 메서드는 배열의 각 값을 UTF–16 형식의 스트링으로 변환하여 비교를 수행한다. 따라서 다음과 같은 숫자배열의 경우 정렬이 제대로 작동하지 않는다.

```
[1 ,5, 100].sort() => [1, 100, 5]
```

이러한 문제점을 해결하고자 비교 함수를 제공해야 한다.

```
[1 ,5 ,100].sort(function (a,b) { return a-b }) => [1, 5, 100]
```

데이터를 필터링할 때는 자바스크립트가 배열의 메서드로 제공하는 filter를 사용하면 된다. filter는 배열의 요소 하나하나에 대해 사용할 것인지 안할 것인지 검사하는 콜백 함수를 요구한다. 예를 들어, 날짜가 지났지만 아직 완료되지 않은 할일이 있다면 해당 할일은 다음과 같이 걸러낼 수 있다.

```
todos.value.filter((todo) => todo.date < today && !todo.completed)
```

todos 배열의 값이 todo로 하나씩 전달되면 todo의 날짜와 상태를 검사해 사용할 것인지 아닌지 알려주면 된다. 좀 더 가독성이 높게 작성하면 다음과 같이 될 수 있다.

```
function pending(todo) {
  return todo.date < today && !todo.completed
}
todos.value.filter(pending)
```

> **NOTE** **filter 메서드**
>
> 콜백Callback 함수를 인자로 받아 현재 값이 필터링되어야 하는지 결과를 받아 참인 결과만 가지고 배열을 생성한다.
>
> ```
> [1, 5, 10].filter(function (a) { return a >= 10 }) => [10]
> ```

이런 식으로 각 필터를 작성한 useFilter 모듈 함수는 코드 4-4와 같다.

코드 4-4. 데이터를 필터링해주는 함수

```
import { inject } from 'vue'

export const useFilter = () => {
  const today = inject('today')
  const fnSort = (a, b) => {
    const a_date = Date.parse(a.date)
    const b_date = Date.parse(b.date)
    if (a_date > b_date) return 1
    else if (a_date < b_date) return 0
    else return a.id - b.id
  }

  const getPendingTodos = (todos) => {
    return todos.value.filter((todo) => todo.date < today && !todo.completed)
      .slice()
      .sort(fnSort)
  }
```

```
const getActiveTodayTodos = (todos) => {
  return todos.value
    .filter((todo) => todo.date == today && !todo.completed)
    .slice()
    .sort(fnSort)
}

const getCompletedTodayTodos = (todos) => {
  return todos.value
    .filter((todo) => todo.date == today && todo.completed)
    .slice()
    .sort(fnSort)
}

const getAllTodayTodos = (todos) => {
  return getActiveTodayTodos(todos)
    .concat(getCompletedTodayTodos(todos))
    .slice()
    .sort(fnSort)
}

const getAllTodos = (todos) => {
  return todos.value.slice().sort(fnSort)
}

return {
  getPendingTodos,
  getActiveTodayTodos,
  getCompletedTodayTodos,
  getAllTodayTodos,
  getAllTodos,
}
}
```

코드 4-4를 보면 데이터를 정렬하기 전에 slice라는 메서드를 사용한 것을 알 수 있다. slice 메서드는 정해진 구간의 배열값들을 뽑아내 새로운 배열을 만들어준다. 만약 인자가 없이 사용되면 동일한 배열의 복사본을 만든다. 이렇게 정렬 전에 복사본을 만드는 이유는 원본 데이터는 정렬되지 않은 상태로 놔두기 위해서다. 정렬이 되고 나면 객체의 id값이 배열의 인덱스와 달라진다. 이는 나중에 배열에서 데이터를 삭제할 때 id를 인덱스라고 가정할 수 없게 된다. 따라서 원본 데이터는 그대로 두고, 사용자에게 보여지는 배열을 따로 필요할 때마다 복사하여 정렬한다.

NOTE · slice 메서드

배열에서 필요한 부분만 잘라내어 얕은 복사Swallow Copy를 수행한다. 아무런 인자가 없으면 전체를 복사하고, 인자가 하나일 경우에는 해당 인덱스 값부터 마지막까지 복사한다. 만약 인자가 두 개라면 시작지점부터 마지막 전까지 복사한다.

```
[1, 5, 10].slice(1,3) => [5, 10]
[1, 5, 10].slice(1) => [5, 10]
```

얕은 복사란, 컨테이너 변수는 새롭게 생성하지만 안의 내용은 메모리 참조만 하는 것을 의미한다.

4-7 데이터를 직접적으로 보여주는 TodoList 컴포넌트 제작

지금까지 TodoList 애플리케이션에서 필요한 전역 변수 및 모듈 제작을 완료했다. 이제 온전히 컴포넌트에 집중해 개발을 할 수 있다. 먼저 가장 안쪽에 위치한 TodoList 컴포넌트를 생성한다. 다른 컴포넌트에서 호출해서 사용하는 컴포넌트인 만큼 미리 준비가 되어 있다면 앞으로의 개발이 편리해진다. component 폴더 아래 TodoList.vue 파일을 생성하고 코드 4-5와 같이 작성한다.

코드 4-5. TodoList 컴포넌트

```
<template>
  <main>
    <div v-for="(todo, idx) in data" :key="todo.id">
      <div class="input-group my-2 input-group-sm">
        <div class="input-group-text">
          <input
            class="form-check-input mt-0"
            type="checkbox"
```

```
          :checked="todo.completed"
          :disabled="todo.completed"
          @click="completeTodo(todo.id)"
        />
      </div>
      <div class="input-group-text">
        <input
          class="form-input mt-0"
          type="date"
          :min="today"
          disabled
          :value="todo.date"
        />
      </div>
      <input type="text" class="form-control" :value="todo.job" />
      <button
        class="btn btn-outline-primary dropdown-toggle"
        type="button"
        data-bs-toggle="dropdown"
      >
        할일 관리
      </button>
      <ul class="dropdown-menu dropdown-menu-end">
        <li v-for="item in menu" :key="item.str">
          <a class="dropdown-item" @click="item.func(todo.id)">{{
            item.str
          }}</a>
        </li>
      </ul>
    </div>
    <div v-show="idx + 1 < data.length" class="col border border-second" />
  </div>
</main>
</template>

<script>
import { inject } from 'vue'
```

```
export default {
  name: 'TodoList',
  props: {
    data: {
      type: Array,
      default: [],
    },
  },
  setup() {
    const removeTodo = inject('removeTodo')
    const completeTodo = inject('completeTodo')
    const today = inject('today')
    const menu = [
      {
        str: '할일 삭제',
        func: removeTodo,
      },
      {
        str: '할일 완료',
        func: completeTodo,
      },
    ]

    return {
      menu,
      today,
      completeTodo,
    }
  },
}
</script>
```

TodoList 컴포넌트는 Props로 들어온 데이터를 리스트 형식으로 렌더링하는 역할을 한다. 여기에 더해 각 데이터에 대해 삭제 혹은 완료 상태로 변경할 수 있는 메뉴도 같이 제공한다.

먼저 props Option API를 살펴보자. data라는 이름의 Props를 받고 있으며 이 데이터의 타입은 Array이고 data Props가 들어오지 않을 경우 빈 배열을 갖게 된다. 이후 setup 컴포지션 함수에서는 TodoListContainer에서 정의한 함수들을 inject한다. 또한 main.js에서 app의 전역으로 provide한 today라는 변수 역시 inject로 가져온다.

```
const removeTodo = inject('removeTodo')
const completeTodo = inject('completeTodo')
const today = inject('today')
```

TodoList 컴포넌트는 앞서 언급한대로 두 개의 메뉴를 갖는다. 두 개의 메뉴는 템플릿 영역에서 바로 HTML로 그려도 될 정도로 부담이 없지만, 나중에 요구사항의 변동으로 인하여 메뉴가 늘어나면 템플릿으로 관리가 어렵다. 따라서 메뉴를 모두 가지고 있는 변수를 하나 선언하고, 템플릿에서는 v-for 디렉티브를 이용해 짧게 구현하는 것이 코드 관리면에서 유리하다. menu라는 이름의 변수는 두 개의 메뉴를 객체로 가지고 있으며, 각 개체는 str이라는 키에 메뉴명이 들어있고, func에 호출되어야 하는 함수명이 들어있다. 함수는 따로 정의할 필요 없이 inject를 통해서 가져온 함수들을 메뉴에서 바로 호출할 수 있도록 func 속성에 정의하면 된다. 이제 return 문을 통해서 menu를 반환하면 되는데, 여기에 더해 completeTodo 함수도 같이 반환했다. 이유는 템플릿에서 해당 함수를 호출하기 위해서다. 그림 4-6을 보면 왼쪽에 체크박스가 존재하는데, 해당 체크박스를 누르면 작업이 완료된다. 이 체크박스가 눌리면 completeTodo 함수를 호출하기 위해 completeTodo 함수도 반환하는 것이다. 오른쪽 동그라미 쳐진 부분은 메뉴가 들어가는 부분이다.

그림 4-6 작업 완료는 오른쪽 메뉴 외에 왼쪽 체크박스로도 가능하다.

템플릿 영역은 코드가 약간 길긴 하지만 천천히 살펴보면 그리 어려운 것은 없다. Bootstrap이 미리 정의한 CSS 스타일을 이용해 그림 4-6과 같은 UI로 각 data 배열 내 객체를 표현하면 된다. 먼저 v-for 디렉티브를 이용해 Props로 들어온 data 배열을 순회한다. v-for 디렉티브의 사용법이 생각나지 않는다면 3장을 다시 한번 읽어보고 오길 추천한다. v-for 디렉티브를 통해 하나씩 나온 각 객체는 완료 상태를 표현하는 체크박스 형식의 〈input〉 태그와 작업의 날짜를 나타내는 date 형식의 〈input〉 태그, 작업의 텍스트를 표현하는 text 형식의 〈input〉 태그 그리고 드롭다운 메뉴를 표현할 〈button〉 태그에 사용된다.

드롭다운 메뉴의 경우 〈button〉 태그 혹은 〈a〉 태그에 data-bs-toggle이라는 속성에 'dropdown'이라는 값을 전달하면 된다. Bootstrap은 이 속성을 가지는 태그 뒤에 오는 〈ul〉 태그로부터 드롭다운 할 아이템을 수집하여 UI를 만든다. 이때 〈ul〉 태그는 드롭다운의 항목임을 알리기 위해 dropdown-menu라는 클래스를 가지고 있어야 한다. 각 메뉴 아이템은 〈li〉 태그에 dropdown-item 클래스를 적용하면 되는데, 이 〈li〉 태그를 v-for 디렉티브를 이용해 menu 배열 변수의 요소들만큼 렌더링되도록 했다. 다시 한번 상기시키면 menu는 두 개의 메뉴에 대한 객체를 가지고 있는 배열이다. 각 메뉴를 클릭하면 menu로부터 나온 객체의 func 속성을 호출하도록 했다.

```
<li v-for="item in menu" :key="item.str">
  <a class="dropdown-item" @click="item.func(todo.id)">{{ item.str }}</a>
</li>
```

4-8 TodoList에 전달할 값을 결정하는 TodoListMenu 컴포넌트

TodoList 컴포넌트는 매우 수동적이다. Props로 전달받은 data 배열을 단순히 그려주는 역할만 했다. 이제는 이 TodoList에 전달할 data를 결정하는 TodoListMenu 컴포넌트를 제작할 것이다. 이 메뉴는 그림 4-7과 같은 UI를 가진다.

그림 4-7　TodoListMenu 컴포넌트

TodoListMenu 컴포넌트도 TodoList와 비슷하게 오른쪽에 드롭다운 메뉴를 가진다. TodoList

의 드롭다운 메뉴가 작업 하나의 객체에 대해 작동했다면 TodoListMenu의 메뉴는 TodoList 컴포넌트에 들어갈 데이터를 결정한다. 드롭다운 메뉴는 이미 생성한 filter 모듈의 함수들을 이용해 TodoList 컴포넌트에 전달할 새로운 배열을 만든다. 따라서 사용자가 어떤 메뉴를 눌렀을 때 filter 모듈의 어느 함수를 불러야 할지 매핑할 수 있어야 한다. 이럴 경우 Dictionary 개념을 가지는 객체를 사용하면 편리하다. 4개의 메뉴에 id를 부여하고 해당 id에 filter 함수들을 매핑하는 것이다. 이 객체를 실제로 구현하면 다음과 같은 모습을 갖게 된다.

```
const filters = {
  0: {
    str: '해야 할 작업들',
    func: getActiveTodayTodos,
    category: false,
  },
  1: {
    str: '완료한 작업들',
    func: getCompletedTodayTodos,
    category: false,
  },
  2: {
    str: '오늘의 모든 기록',
    func: getAllTodayTodos,
    category: false,
  },
  3: {
    str: '모든 작업',
    func: getAllTodos,
    category: true,
  },
}
```

메뉴를 구성하는 객체지만 변수명을 filters로 한 이유는, 드롭다운 메뉴를 선택하면 하는 역할이 결국 todos 배열을 필터링하는 것이기 때문이다. 각 객체는 category라는 속성도 갖는데, category는 오늘의 작업뿐만 아니라 다른 날짜의 작업까지 보여야 하는 경우, 날짜별로 카테고리를 지어 TodoList 컴포넌트를 호출하기 위한 플래그다. category가 true로 설정되면 그림 4-8

과 같이 날짜별로 TodoList 컴포넌트를 호출할 것이다.

날짜별로 카테고리가 나뉘어 표현된 모습

func 속성에 쓰인 함수들은 이미 언급한대로 filter 모듈에서 생성한 함수들이다. 따라서 해당 함수들을 userFilter 함수를 통해서 불러와야 하므로 아래 코드가 filters 변수를 선언하기 전에 와야 한다.

```
const { getActiveTodayTodos, getCompletedTodayTodos, getAllTodayTodos,
getAllTodos } = userFilter()
```

여기서 한가지 고민을 할 필요가 있다. 컴포넌트의 그림을 다시 한번 보자.

```
┌─────────────────────────────────────┐
│            TodoListMain              │
│  ┌───────────────────────────────┐  │
│  │         TodoListMenu          │  │
│  │                               │  │
│  └───────────────────────────────┘  │
│  ┌───────────────────────────────┐  │
│  │           TodoList            │  │
│  │                               │  │
│  └───────────────────────────────┘  │
└─────────────────────────────────────┘
```

TodoListMenu와 TodoList

위 필터 함수들은 모두 데이터를 가져오기 위해 사용하는데, 실제 데이터를 받는 컴포넌트는 TodoList다. 이 두 컴포넌트는 동등한 레이어에 위치하고 있으며, TodoList는 부모로부터 Props로 데이터를 전달받길 원한다. 따라서 TodoListMenu는 TodoList 컴포넌트에 데이터를 바로 보낼 수 없고, 부모 컴포넌트인 TodoListMain으로 하여금 필터링된 데이터를

TodoList에 전달하도록 해야 한다. 이렇게 구현하는 방법은 여러 개 있겠지만, 추천하는 방법은 TodoListMenu는 단순히 어느 필터가 쓰여야 하는지만 사용자에게서 받고 실제 그 필터는 TodoListMain이 사용하게 하는 것이다. 이런 메뉴의 정보를 전달하는 값으로 앞서 만든 filters 객체의 키값 (0,1,2,3)을 이용하면 된다. 해당 키값을 여러 컴포넌트에서 동시에 선언하는 것은 관리에 문제가 될 수 있으므로 상위 컴포넌트에서 선언하고, 하위 컴포넌트는 상위컴포넌트에서 선언한 값을 받아 쓰기만 하면 된다.

앞선 선언한 filters 변수를 TodoListMain에서 다음과 같이 provide한다고 가정할 수 있다.

```
const { getActiveTodayTodos, ...(생략) } = userFilter()
provide('filters', {
  0: {
    str: '해야 할 작업들',
    func: getActiveTodayTodos,
    category: false,
  },
  ...(생략)
}
```

그러면 TodoListMenu 컴포넌트는 단순히 이 값을 inject만 하면 된다.

```
const filters = inject('filters')
```

이제 이 두 컴포넌트는 filters라는 객체를 공유하게 된다. 메뉴가 추가되거나 삭제될 때 filters를 provide하는 부분만 변경하면 자동으로 TodoListMenu 컴포넌트의 메뉴도 변경된다. TodoListMain에게 어느 필터가 선택되었는지 알려주기 위해서는 emit을 이용해 이벤트를 발생시키면 된다.

```
emit('change-filter', filter)
```

부모 컴포넌트인 TodoListMain은 change-filter라는 이벤트를 받으면 어떤 메뉴가 선택되었는지 알 수 있게 된다. filters 변수를 inject하고 메뉴 선택 시 이벤트를 emit하는 TodoListMenu 컴포넌트의 코드는 코드 4-6과 같다. 해당 코드를 compositions 폴더 아래 TodoListMenu.vue

파일을 생성한 후 입력하면 된다.

```
<template>
  <div class="row">
    <div class="col">
      <span style="background-color: blue"> </span> 
      <strong>{{ state }}</strong>
    </div>
    <div class="col">
      <div class="btn-group float-end">
        <button
          class="btn btn-sm dropdown-toggle"
          type="button"
          data-bs-toggle="dropdown"
        >
          리스트 필터
        </button>
        <ul class="dropdown-menu dropdown-menu-end">
          <li v-for="key in Object.keys(filters)" :key="key">
            <a class="dropdown-item" @click="filter = key">{{
              filters[key].str
            }}</a>
          </li>
        </ul>
      </div>
    </div>
  </div>
</template>

<script>
import { ref, watch, computed, inject } from 'vue'
export default {
  name: 'TodoListMenu',
  emits: ['change-filter'],
  setup(props, context) {
    const filters = inject('filters')
    const filter = ref(0)
```

```
    const state = computed(() => {
      return filters[filter.value].str
    })
    watch(
      () => filter.value,
      (filter) => {
        context.emit('change-filter', filter)
      }
    )

    return {
      state,
      filter,
      filters,
    }
  },
}
</script>
```

state라는 계산된 속성값은 메뉴가 변경되었을 때 filters 객체로부터 str 속성을 뽑아 템플릿에게 알려준다. 그림 4-10과 같이 왼쪽에 해당 글자를 표시하는 용도로 쓰인다.

모든 작업

그림 4-10 메뉴의 문자열을 사용한 state

watch는 사용자가 선택한 메뉴로부터 나온 filters 변수의 키 값이 보관된 filter 변수를 감시한다. 이 값이 변경될 때마다 해당 키 값을 emit을 이용해 부모 컴포넌트인 TodoListMain에게 전달한다. emit을 사용하기 전에 주의할 것은 emits Option API에 이벤트명을 선언해야 한다는 것이다.

```
emits: ['change-filter']
```

아울러 setup 컴포지션 함수에서 emit 함수를 이용하기 위해서는 setup 컴포지션의 두 번째 매개변수인 context 객체의 emit 함수를 이용해야 한다.

```
setup(props, context) { context.emit('change-filter', filter) }
```

객체 비구조화Object Destructuring을 이용하면 다음과 같이 할 수도 있다.

```
setup(props, { emit }) { emit('change-filter', filter) }
```

템플릿의 구성은 간단하다. 현재 선택된 메뉴의 이름을 가지고 있는 state 변수를 표현하는
왼쪽 부분과 드롭다운으로 필터 메뉴를 표현하는 오른쪽 부분이 전부다. 드롭다운을 구성하
는 방법은 TodoList에서 설명한 것과 동일하다. 다만 배열 대신 객체를 순회해야 하기 때문에
Object.keys() 함수를 통해 객체의 키 값들만 순회한다는 것이 다른 점이다. 실제로 객체에서
값을 얻어내기 위해서는 Object.keys()를 순회하면서 얻은 키 값을 바탕으로 객체에서 추출하
면 된다.

```
filters[key].str
```

4-9 필터링된 데이터를 다루는 TodoListMain

지금까지 만든 TodoListMenu 컴포넌트와 TodoList 컴포넌트를 직접적으로 사용할
TodoListMain라는 부모 컴포넌트를 만들어야 한다. TodoListMain 컴포넌트가 하는 일은
TodoListMenu로부터 filters의 키 값을 전달받아, 연계된 함수를 호출하여 요구된 배열을
TodoList에 전달하는 것이다. 하나의 TodoList 컴포넌트는 하나의 날짜에 대한 할일 목록을 받
기로 한다. 이렇게 하기 위해서는 할일 목록을 날짜별로 분류하는 기능이 추가되어야 한다. 사
실 일반적인 경우 오늘 날짜의 데이터만 있으므로 날짜별로 카테고리가 나눠질 일은 없으며,
오직 모든 작업을 보게 해주는 getAllTodo 함수만 여러 날짜를 가질 수 있다. 그룹으로 나눠진
모습은 앞쪽에 나온 그림 4-8을 참고하면 된다. compositions 폴더에 TodoListMain.vue 파일
을 생성하고 코드 4-7과 같이 작성한다.

```html
<template>
  <todo-list-menu v-on:change-filter="onChangeFilter" class="p-0" />
  <div v-for="key in Object.keys(filtered_todos)" :key="key" class="mb-3">
    <div v-if="use_category">
      <em>{{ key }}</em>
    </div>
    <todo-list :data="filtered_todos[key]" />
  </div>
  <div class="my-2 mt-5">
    <span style="background-color: red"> </span> 
    <strong>처리하지 못한 작업들</strong>
  </div>
  <todo-list :data="pending_todos" />
</template>

<script>
import { ref, provide, inject, watch } from 'vue'
import { useFilter } from '../compositions/filters'

import TodoListMenu from './TodoListMenu.vue'
import TodoList from './TodoList.vue'
export default {
  name: 'TodoListMain',
  setup(props) {
    const {
      getPendingTodos,
      getActiveTodayTodos,
      getCompletedTodayTodos,
      getAllTodayTodos,
      getAllTodos,
    } = useFilter()
    const filter = ref(0)
    const filtered_todos = ref([])
    const pending_todos = ref([])
    const use_category = ref(false)
```

```
const todos = inject('todos')

const filters = {
  0: {
    str: '해야 할 작업들',
    func: getActiveTodayTodos,
    category: false,
  },
  1: {
    str: '완료한 작업들',
    func: getCompletedTodayTodos,
    category: false,
  },
  2: {
    str: '오늘의 모든 기록',
    func: getAllTodayTodos,
    category: false,
  },
  3: {
    str: '모든 작업',
    func: getAllTodos,
    category: true,
  },
}

provide('filters', filters)

const groupBy = (todos) => {
  return todos.reduce((acc, cur) => {
    acc[cur['date']] = acc[cur['date']] || []
    acc[cur['date']].push(cur)
    return acc
  }, {})
}

const onChangeFilter = (filter_idx) => {
  filter.value = Number(filter_idx)
```

```
    }

    watch(
      [() => filter.value, todos.value],
      ([new_filter, new_todos], [old_filter, old_todos]) => {
        pending_todos.value = getPendingTodos(todos)
        if (typeof new_filter != 'undefined') {
          let temp_todos = filters[new_filter].func(todos)
          filtered_todos.value = groupBy(temp_todos)
          use_category.value = filters[new_filter].category
        }
      },
      { immediate: true }
    )

    return {
      filter,
      pending_todos,
      filtered_todos,
      use_category,
      onChangeFilter,
    }
  },
  components: {
    TodoList,
    TodoListMenu,
  },
}
</script>
```

filter 모듈로부터 필터 함수를 받아 filters 객체를 구성하는 부분을 제외하면 그리 길지 않은 소
스코드라 할 수 있다. filter 모듈로부터 받은 배열은 날짜별로 다시 분리를 한다. 이렇게 배열
을 특정한 키워드로 분리할 수 있는 기능을 groupBy란 함수로 만들었다.

```
const groupBy = (todos) => {
  return todos.reduce((acc, cur) => {
    acc[cur['date']] = acc[cur['date']] || []
    acc[cur['date']].push(cur)
    return acc
  }, {})
}
```

이 함수는 내부적으로 자바스크립트 배열 메서드인 reduce를 이용해 date라는 객체의 키값을 바탕으로 배열을 분리한다. reduce는 콜백함수와 초기값을 인자로 받는데, 위 코드에서 초기값은 빈 객체({}) 를 넣었다. 이렇게 하면 콜백함수로 계산된 값들은 모두 저 객체 안에 들어가게 된다. reduce 메서드에 보내는 콜백함수를 꺼내면 다음과 같다.

```
function callback(acc, cur) {
  acc[cur['date']] = acc[cur['date']] || []
  acc[cur['date']].push(cur)
  return acc
}
```

이 콜백함수는 배열에서 꺼낸 객체의 date 값을 꺼내 acc의 키로 만든다. 그 후 해당 키에 꺼낸 객체를 다시 넣는 작업을 반복한다. 다음과 같은 배열을 groupBy 함수로 돌린다고 가정하자.

```
[{date: '2020-11-27', bar: 'bar1'}, {date: '2020-11-28', bar: 'bar2'}]
```

결과는 다음과 같다.

```
{
    "2020-11-27": [{ "date": "2020-11-27", "bar": "bar1" }],
    "2020-11-28": [{ "date": "2020-11-28", "bar": "bar2" }]
}
```

즉, 날짜를 키 값으로 갖고 그 값으로 그 날짜를 가지는 객체의 배열을 가지는 새로운 객체가 생성된 것이다.

reduce 메서드

reduce는 콜백함수에 정적 변수와 배열 각 요소를 인자로 보낸다. 만약 배열의 모든 값을 더하고 싶다면 다음과 같이 구현하면 된다.

```
[1, 2, 3, 4].reduce((acc, cur) => acc + cur) => 10
```

watch 함수는 지정한 변수의 변경을 감시한다. watch는 이미 3장에서 사용을 했었다. TodoListMain에서는 filter, 즉 사용자가 선택한 메뉴의 값과 todos 원본 배열의 값을 감시한다. todos 원본 배열값이 변경되는 경우는 사용자가 새로운 할일을 넣어 원본 데이터에 할일이 추가되거나, 삭제를 통해서 원본 데이터에서 할일이 삭제되는 등의 일을 감시하는 것이다. 이 감시 내역을 실시간으로 반영하여 TodoList 컴포넌트에 새로운 데이터를 전달하는 것이 목적이다. watch의 immediate 속성이 true로 설정이 된 것은 TodoListMain 컴포넌트가 생성이 되었을 때 첫 변화도 즉시 감시하여 선언된 함수를 실행하라는 것을 의미한다. immeidate의 자세한 작동방식은 3장에서 이미 설명했다.

템플릿은 매우 간단하다. 먼저 TodoListMenu 컴포넌트를 호출한다. TodoListMenu 컴포넌트로부터 사용자가 선택한 메뉴를 받을 수 있어야 하므로 change-filter 이벤트를 리스닝한다.

```
v-on:change-filter="onChangeFilter"
```

이렇게 변화된 값을 받으면 onChangeFilter 함수를 호출하고, 이 함수는 filter의 값을 변경한다. 변경된 값은 watch가 인지하고 연관된 필터 함수를 호출하여 새로운 데이터를 TodoList 컴포넌트에 전달한다. filtered_todos 변수는 날짜별로 분류가 된 할일 목록이 들어있다. 이 카테고리의 키 값만큼 v-for 디렉티브로 순회하여 각 데이터를 TodoList로 전달한다. 이 때 use_category가 true로 설정된 메뉴가 선택됐다면, 각 TodoList 위에 날짜를 출력한다. 메뉴로 선택된 목록이 출력된 아래에는 지금까지 처리하지 못한 작업들을 모두 나열한다. 완료하지 못한 작업은 pending_todos 변수에 담겨있으므로 TodoList 컴포넌트에 pending_todos를 전달하면 간단하게 보여줄 수 있다.

4-10 신규 할일을 추가하는 TodoListNew

TodoListNew 컴포넌트는 사용자로부터 새로운 할일을 입력받는 컴포넌트다. 사용자는 완료하고자 하는 날짜를 입력하고, 해야 할 일을 텍스트로 입력한 후 저장 버튼을 누르게 된다. 날짜는 〈input〉 태그를 date 형식으로 해서 입력받는데, 오늘보다 이전 날짜의 계획은 입력받을 수 없으므로 이전 날짜의 입력이 불가능하게 바꾼다.

```
<input type="date" :min="today"/>
```

오늘 날짜를 알아야 이전 날짜 입력을 방지할 수 있으므로, today를 inject해서 사용해야 한다.

```
const today = inject('today')
```

사용자가 할일을 입력했을 때 호출받을 수 있는 콜백함수도 하나 만들어야 한다. 이 함수는 todos 배열에 들어갈 객체를 하나 생성한 후 TodoListContainer에 생성한 addTodo 함수를 호출한다. 사실 템플릿에서 버튼을 클릭했을 때 바로 addTodo를 호출하게 하면 코드가 훨씬 간결해진다. 해당 방법도 같이 시도해보길 권장한다.

```
@click="addTodo(job, date); job=''; date=today;"
```

compositions 폴더에 TodoListNew.vue 파일을 생성하고 코드 4-8을 입력하자.

코드 4-8. TodoListNew 컴포넌트

```
<template>
  <section class="mb-5">
    <div class="container">
      <div class="row justify-content-center m-2">
        <div class="col border border-primary rounded">
          <input
            type="text"
            id="todo_input"
            class="form-control my-2"
            v-model="job"
```

```
              placeholder="여기에 할일을 적으세요"
            />

            <div class="row my-2">
              <div class="col-6">
                <input type="date" v-model="date" :min="today" />
              </div>
              <div class="col-6">
                <button
                  type="button"
                  class="btn btn-primary btn-sm float-end"
                  @click="onAddTodo"
                >
                  작업추가
                </button>
              </div>
            </div>
          </div>
        </div>
      </div>
    </section>
  </template>

  <script>
  import { reactive, toRefs, inject, ref } from 'vue'

  export default {
    name: 'TodoListNew',
    setup() {
      const today = inject('today')
      const addTodo = inject('addTodo')
      const val_obj = reactive({
        job: '',
        date: today,
        today: today,
      })

      const onAddTodo = () => {
        if (val_obj.job.length > 0) {
```

```
        addTodo(val_obj.job, val_obj.date)
        val_obj.job = ''
        val_obj.date = today
      }
    }

    return {
      ...toRefs(val_obj),
      onAddTodo,
    }
  },
}
</script>
```

4-11 앱을 총괄하는 컨테이너 생성

TodoListContainer 컴포넌트는 이미 변수를 생성할 때 대부분 설명을 했다. 새로운 할일을 작성할 수 있는 TodoListNew 컴포넌트와 할일 목록을 보여주는 TodoListMain 컴포넌트를 불러와 템플릿에서 사용하면 된다.

다만 이 컨테이너의 중요한 역할은 앞서 언급한대로 todos 변수에 대한 처리 기능이다. addTodo 함수가 호출되면 todos 목록의 제일 뒤에 할일을 추가해야 한다. 배열에 항목을 추가하기 위해서는 push 메서드를 이용하면 된다. push 메서드를 이용해 할일을 추가할 때 가장 중요한 것은 id값이다. 지금까지 만든 컴포넌트와 모듈을 통해서 id는 순서대로 입력이 되어야 함을 강조했다. 따라서 id는 지금까지 입력된 id의 제일 큰 값보다 1 더 큰 값이 입력되어야 한다. storage_id는 todos 배열의 지난 길이 값인 동시에 제일 큰 값 +1의 값을 가지고 있다. 따라서 다음처럼 하면 id에 마지막 값 +1 값이 들어감과 동시에 storage_id가 1 증가된다.

```
id: storage_id.value++
```

addTodo를 호출해서 할일을 추가하게 되면 완료된 상태가 아니므로 completed 속성은 항상 false로 입력한다. removeTodo 함수는 splice 메서드를 이용한다. splice 메서드는 배열에서 인덱스를 기반으로 요소를 제거하는 역할을 하는 메서드다. 여기서 가장 중요한 것은 배열에서 삭제가 이뤄지고 나면 todos 배열 내 원소 객체들의 id를 순서대로 다시 정렬해야 한다는 것이다. 이는 id값이 항상 인덱스 값과 동일함을 보장하기 위해서다.

✎ **NOTE** **splice 메서드**

시작 인덱스를 인자로 받은 후 삭제할 원소의 개수를 받는다. 삭제할 원소의 개수가 지정되지 않으면 시작 인덱스부터 모든 원소를 삭제한다.

```
a = [1, 2, 3, 4]
a.splice(2,1) => [3]
console.log(a) => [1, 2, 4]
```

마지막으로 completeTodo 메서드는 단순히 해당 id의 값을 찾아 completed 속성을 true로 변경하면 된다. 배열에서 특정 조건에 맞는 값을 찾아내기 위해서는 find 메서드를 이용한다. 인덱스 기반이므로 사실 find 메서드를 안쓰고 단순히 todos.value[id] 로 접근해도 전혀 문제가 되지 않으며 훨씬 빠르다. 굳이 find 메서드를 소개하기 위해 사용한 것이므로 실제 코드에서는 단순히 todos.value[id]로 접근해도 문제 없다.

✎ **NOTE** **find 메서드**

콜백함수와 조건이 맞는 첫 번째 원소를 반환한다. 모든 원소를 배열로 반환하는 메서드는 filter다.

```
[1, 2, 3, 4, 5].find(el => el > 3) => 4
```

위 모든 함수들은 storage 모듈의 saveTodos 함수를 호출한다. 이는 저장소와 실시간으로 데이터를 동기화해 메모리 상의 데이터가 유실되는 것을 방지한다. 함수의 정의가 모두 끝나면 storage 모듈의 loadTodos를 호출한다. TodoListContainer는 브라우저에서 애플리케이션이 실행될 때 한번만 호출된다. 따라서 loadTodos 함수는 애플리케이션이 실행될 때 한번만 실행이 되고, 이는 localStorage에 저장된 데이터를 todos에 넣어주게 된다. 완성된 TodoListContainer. vue의 소스코드는 다음과 같다.

```
<template>
  <todo-list-new />
  <section class="container">
    <div class="row justify-content-center m-2">
      <todo-list-main />
    </div>
  </section>
</template>

<script>
import { ref, readonly, provide } from 'vue'
import { useStorage } from '../compositions/storage'
import TodoListNew from './TodoListNew.vue'
import TodoListMain from './TodoListMain.vue'
export default {
  name: 'TodoListContainer',
  setup() {
    const todos = ref([])
    const { loadTodos, saveTodos, storage_id } = useStorage()

    provide('todos', readonly(todos))

    const initTodos = (init_todos) => {
      todos.value = init_todos
    }
    const addTodo = (job, date) => {
      todos.value.push({
        id: storage_id.value++,
        job: job,
        date: date,
        completed: false,
      })
      saveTodos(todos)
    }
    const removeTodo = (id) => {
      todos.value.splice(id, 1)
```

```
      todos.value.forEach((todo, idx) => {
        todo.id = idx
      })
      saveTodos(todos)
    }
    const completeTodo = (id) => {
      todos.value.find((todo) => todo.id == id).completed = true
      saveTodos(todos)
    }

    provide('addTodo', addTodo)
    provide('removeTodo', removeTodo)
    provide('completeTodo', completeTodo)

    loadTodos(initTodos)
  },
  components: {
    TodoListNew,
    TodoListMain,
  },
}
</script>
```

4-12 코드 마무리 및 실행 배치파일 만들기

TodoList 애플리케이션을 구성하는 모든 컴포넌트의 구현이 끝났다. 이제 TodoListContainer를 App 컴포넌트에서 호출하도록 변경해야 한다. App.vue 파일을 열고 코드 4-10을 작성한다.

코드 4-10. App 컴포넌트

```
<template>
  <header>
    <hgroup class="my-5">
      <h1>나의 할일</h1>
      <em>{{ today }}</em>
```

```
      </hgroup>
    </header>
    <todo-list-container />
</template>

<script>
import { inject } from 'vue'
import TodoListContainer from './components/TodoListContainer.vue'

export default {
  name: 'App',
  setup() {
    const today = inject('today')
    return { today }
  },
  components: { TodoListContainer },
}
</script>

<style scoped>
hgroup {
  text-align: center;
  font-family: 'Arial Bold';
}

hgroup h1 {
  font-weight: bolder;
}
</style>
```

나름대로 서버 없이 로컬 컴퓨터에서 실행되는 애플리케이션을 개발했으므로 쉽게 애플리케이션을 실행할 수 있는 방법을 강구해야 한다. Vite로 빌드를 하고 index.html 파일을 직접 클릭해 여는 방법도 있고, npm run dev를 통해 Vite 개발 서버를 실행한 후 localhost:3000 과 같이 브라우저에서 접속할 수도 있다.

여기서는 두 번째 방법을 좀 더 쉽게 할 수 있는 방법을 소개한다. 일반적인 개발자라면 사용과 동시에 애플리케이션을 업데이트하기도 할 것이며, 네트워크 비용을 사용하는 것이 아니기 때문에 굳이 컴파일할 이유도 없다. 사용하다가 언제든지 디버깅할 수 있도록 개발환경에서 돌아가는 것이 나을 수도 있다고 생각한다. 하지만 Vite 개발서버를 실행하고 브라우저를 열고 localhost에 접속하는 것은 매우 불편한 일이다. 따라서 Windows 배치파일을 만들어 더블클릭으로 쉽게 애플리케이션을 열 수 있게 만들어 볼 것이다.

노트패드를 열고 코드 4-11에 적힌 스크립트를 작성하고 바탕화면에 todolist.bat로 저장을 하자. 코드 4-11에서 todo 디렉토리는 소스코드가 들어있는 디렉토리로 변경해야 한다.

코드 4-11. todolist.bat

```
cd /d "d:\todo"
start chrome http://localhost:3000
npm run dev
```

이 스크립트는 단순히 소스코드가 있는 디렉토리로 이동한 후 크롬브라우저를 실행하여 localhost:3000으로 접속하게 한다. 그동안 Vite 개발서버를 실행해 TodoList 애플리케이션이 실행될 수 있게 한다.

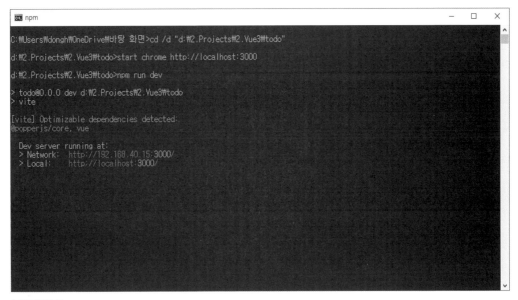

그림 4-11 배치파일이 실행된 모습

배치파일을 실행하면 자동으로 npm 개발 서버가 동작하고 크롬이 실행되어 TodoList 애플리케이션 페이지로 들어간다. 크롬이 이미 돌아가고 있다면 새로운 탭에 TodoList 애플리케이션이 실행된다. 기억해야 할 것은, 이 애플리케이션은 localStorage를 사용하고 localStorage는 브라우저의 저장소라는 것이다. 따라서 브라우저가 바뀌면 내용도 바뀌게 된다.

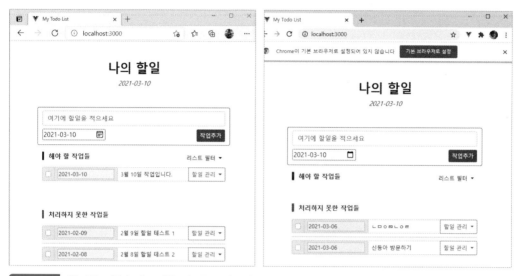

그림 4-12 엣지와 크롬이 서로 다른 정보를 보여준다

만약 애플리케이션을 사용하는 브라우저가 크롬이 아니라면 배치파일의 chrome 대신 원하는 브라우저로 설정을 해주면 된다. 아니면 욕심을 조금 더 내어 localStorage 대신에 파일로 데이터를 관리하도록 수정해보는 것도 좋을 것이다.

4-13 <script setup> 사용하기

Vue 3의 RFC^{Request For Comment} 40번에 기술된 〈script setup〉은 Vitejs2를 사용하면 기본 템플릿으로 포함된다. 기본적으로 정의된 모든 변수들을 〈template〉에서 바로 사용할 수 있도록 해준다. 이는 setup 함수에서 명시적으로 변수를 return하는 수고를 덜어주기 때문에 코드의 양(LOC)을 상당히 줄여준다. 내부적으로 〈script setup〉으로 만들어진 코드는 setup 함수로 컴파일된다.

예를 들어 코드 4-12와 같이 짜여진 〈script setup〉 코드는 코드 4-13과 같이 컴파일되어 나
온다*.

코드 4-13. 〈script setup〉으로 만들어진 코드

```
<script setup>
import Foo from './Foo.vue'
import { ref } from 'vue'

const count = ref(0)
const inc = () => {
    count.value++
}
</script>

<template>
  <Foo :count="count" @click="inc" />
</template>
```

코드 4-14. 컴파일 되어 나온 코드

```
import Foo from './Foo.vue'
import { ref } from 'vue'

export default {
  setup() {
    const count = ref(1)
    const inc = () => {
      count.value++
    }

    return function render() {
      return h(Foo, {
        count,
        onClick: inc
```

---

* https://github.com/vuejs/rfcs/blob/master/active-rfcs/0040-script-setup.md

```
    })
   }
  }
}
```

TodoList 프로젝트의 일부 파일을 〈script setup〉으로 변경해볼 것이다. 이 작업을 하고 나면 앞으로 〈script setup〉으로 코드를 작성하는데 큰 어려움은 없을 것이다.

4-13-1 최상위 바인딩 노출 및 옵션 설정

〈script setup〉을 사용하면 이미 언급한 바와 같이 setup 함수를 자동으로 만들어준다. 이 과정에서 Vue 컴파일러는 〈template〉 태그를 모두 render() 함수로 변경한다. Render 함수는 setup 함수 내에서 구현이 되는 만큼, setup에서 정의된 변수와 같은 최상위 바인딩들은 〈template〉에 자동으로 노출이 된다.

SFC를 구성하는 일부 몇 개의 옵션은 〈script setup〉에 포함될 수 없다. 따라서, 해당 옵션들은 〈script〉 구문을 따로 만들어 기존과 동일하게 옵션을 구성해야 한다. 이렇게 따로 지정해줘야 하는 옵션은 name, inheritAttrs, 플러그인 또는 사용자가 지정한 옵션이다.

TodoList의 App.vue를 〈script setup〉을 사용하도록 변경해보면 코드 4-15와 같다. 〈template〉과 〈style〉은 변한 게 없으므로 기존의 코드를 사용하면 된다. 〈script〉 태그가 존재하여 App.vue SFC의 이름이 App임을 알려주고 있다. Name 옵션을 설정하지 않을 것이라면 〈script〉 태그가 없어도 된다. 아울러 〈script setup〉 태그에서는 따로 setup 함수를 만들지 않고, 또한 return을 통해 〈template〉에 변수들을 노출하는 구문도 없다.

코드 4-15. App.Vue를 〈script setup〉으로 변경한 코드

```
<script>
// SFC의 name, inheritAttrs, 사용자 옵션 등은 따로 script 태그에 작성한다.
export default {
  name: "App",
}
</script>
```

```
<script setup>
import { inject } from "vue"
import TodoListContainer from "./components/TodoListContainer.vue"

const today = inject("today")
// <script setup>에서는 따로 컴포넌트 선언이나 변수를 return하지 않아도 Vue가 자동으
로 설정해준다.
</script>
```

4-13-2 스프레드 연산자 사용

TodoListNew.vue 파일을 보면 기존에 …toRefs(val_obj)와 같이 스프레드 연산자를 사용했다.
스프레드 연산자를 사용하면 객체의 속성을 분리할 수 있다. 즉, val_obj가 가지고 있는 today,
date, job 속성을 각 변수로 〈template〉에 노출하는 것이다. 〈script setup〉에서는 이렇게 스프
레드 연산자를 이용해 변수를 노출시킬 수 없다. 따라서 직접적으로 노출할 속성을 명시해줘야
한다. TodoListNew.vue의 〈script〉가 어떻게 변했는지 코드 4-16을 살펴보자.

코드 4-16. 스프레드 연산자를 〈script setup〉으로 바꾼 코드

```
<script setup>
import { reactive, toRefs, inject } from "vue"

const today = inject("today")
const addTodo = inject("addTodo")
const val_obj = reactive({
  job: "",
  date: today,
  today: today,
})

const onAddTodo = () => {
  if (val_obj.job.length > 0) {
    addTodo(val_obj.job, val_obj.date)
    val_obj.job = ""
```

```
    val_obj.date = today
  }
}

const { job, date } = toRefs(val_obj)
</script>
```

기존에 스프레드 연산자를 이용하기 위해 today를 val_obj의 속성으로 두었던 부분을 먼저 제거한다. 왜냐면 today가 이미 최상위 바인딩이기 때문에 template에 노출이 되기 때문이다. val_obj를 만든 이유가 많은 변수를 하나의 객체에서 관리하는 방법을 설명하기 위해서였다면, 이제 job과 date라는 두개의 변수만 남았기에 사실 각 변수를 따로 관리해도 된다. 하지만 여전히 많은 속성이 있고, 해당 속성들을 〈template〉에서 접근하고 싶다면 객체 비구조화를 이용해 변수를 모두 최상위로 꺼내주어야 한다.

```
const { job, date } = toRefs(val_obj)
```

4-13-3 emit 사용하기

emit을 설정하기 위해서는 emits 옵션 대신 defineEmits 함수를 사용하면 된다. defineEmits로 생성한 emit 변수는 기존 setup 함수의 context 매개변수 객체 내 emit 속성과 동일하게 사용할 수 있다. 기존에 emit을 사용한 TodoListMenu.vue를 수정한 코드 4-17을 살펴보자.

코드 4-17. defineEmits를 이용한 emit 설정

```
<script>
export default {
  name: 'TodoListMenu'
}
</script>

<script setup>
import { ref, watch, computed, inject } from 'vue'
```

```
const emit = defineEmits(['change-filter'])
const filters = inject('filters')
const filter = ref(0)

const state = computed(() => {
  return filters[filter.value].str
})
watch(
  () => filter.value,
  (filter) => {
    emit('change-filter', filter)
  }
)
</script>
```

기존에 emits 옵션으로 설정했던 change-filter emit을 defineEmits 함수로 선언했다. 이제부터는 기존의 context.emit 대신 defineEmits로 선언한 emit을 이용하면 된다. 전반적으로 코드가 매우 짧게 줄어들었으며, 가독성 역시 좋아졌다.

4-13-4 props 사용하기

emit과 마찬가지로 props 역시 defineProps라는 함수를 이용하면 된다. TodoList.vue 파일을 〈setup script〉로 변경한 코드 4-18을 살펴보자.

코드 4-18. defineProps를 이용한 props 설정

```
<script>
export default {
  name: "TodoList",
}
</script>

<script setup>
import { inject } from "vue"
const props = defineProps({
```

```
  data: {
    type: Array,
    default: [],
  },
})

const removeTodo = inject("removeTodo")
const completeTodo = inject("completeTodo")
const today = inject("today")
const menu = [
  {
    str: "할일 삭제",
    func: removeTodo,
  },
  {
    str: "할일 완료",
    func: completeTodo,
  },
]
</script>
```

기존에 props 옵션에서 설정하던 props가 defineProps 함수 안으로 옮겨진 것을 제외하면 크게 어려운 점이 없다. 별다른 추가 코드가 없이 props로 선언된 data 변수를 〈template〉에서 사용할 수 있다.

4-13-5 남은 SFC 변경하기

이제 남은 SFC는 TodoListContainer.vue와 TodoListMain.vue다. 이미 필요한 설명을 다른 SFC에서 모두 했기 때문에 이 두 코드의 변경된 점만 나열하고 마무리하겠다. 각 SFC의 변경된 〈script setup〉코드를 4-19와 4-20에서 볼 수 있다.

```
<script>
export default {
  name: "TodoListContainer",
}
</script>

<script setup>
import { ref, readonly, provide } from "vue"
import { useStorage } from "../compositions/storage"
import TodoListNew from "./TodoListNew.vue"
import TodoListMain from "./TodoListMain.vue"

const todos = ref([])
const { loadTodos, saveTodos, storage_id } = useStorage()

provide("todos", readonly(todos))

const initTodos = (init_todos) => {
  todos.value = init_todos
}
const addTodo = (job, date) => {
  todos.value.push({
    id: storage_id.value++,
    job: job,
    date: date,
    completed: false,
  })
  saveTodos(todos)
}
const removeTodo = (id) => {
  todos.value.splice(id, 1)
  todos.value.forEach((todo, idx) => {
    todo.id = idx
  })
  saveTodos(todos)
}
const completeTodo = (id) => {
```

```
    todos.value.find((todo) => todo.id == id).completed = true
    saveTodos(todos)
}

provide("addTodo", addTodo)
provide("removeTodo", removeTodo)
provide("completeTodo", completeTodo)

loadTodos(initTodos)
</script>
```

코드 4-20. TodoListMain.vue

```
<script>
export default {
  name: "TodoListMain",
}
</script>

<script setup>
import { ref, provide, inject, watch } from "vue"
import { useFilter } from "../compositions/filters"

import TodoListMenu from "./TodoListMenu.vue"
import TodoList from "./TodoList.vue"

const {
  getPendingTodos,
  getActiveTodayTodos,
  getCompletedTodayTodos,
  getAllTodayTodos,
  getAllTodos,
} = useFilter()
const filter = ref(0)
const filtered_todos = ref([])
const pending_todos = ref([])
const use_category = ref(false)
```

```
const todos = inject("todos")

const filters = {
  0: {
    str: "해야 할 작업들",
    func: getActiveTodayTodos,
    category: false,
  },
  1: {
    str: "완료한 작업들",
    func: getCompletedTodayTodos,
    category: false,
  },
  2: {
    str: "오늘의 모든 기록",
    func: getAllTodayTodos,
    category: false,
  },
  3: {
    str: "모든 작업",
    func: getAllTodos,
    category: true,
  },
}

provide("filters", filters)

const groupBy = (todos) => {
  return todos.reduce((acc, cur) => {
    acc[cur["date"]] = acc[cur["date"]] || []
    acc[cur["date"]].push(cur)
    return acc
  }, {})
}

const onChangeFilter = (filter_idx) => {
  filter.value = Number(filter_idx)
}
```

```
watch(
  [() => filter.value, todos.value],
  ([new_filter, new_todos], [old_filter, old_todos]) => {
    pending_todos.value = getPendingTodos(todos)
    if (typeof new_filter != "undefined") {
      let temp_todos = filters[new_filter].func(todos)
      filtered_todos.value = groupBy(temp_todos)
      use_category.value = filters[new_filter].category
    }
  },
  { immediate: true }
)
</script>
```

Vite2와 〈script setup〉을 이용해 만든 TodoList 프로젝트의 전체 코드는 다음 github에서 다운
로드할 수 있다.

- https://github.com/dongprojectteam/vue3_examples/tree/main/4/1.%20todo/todo-vite2

정리하며

이번 장에서는 할 일을 관리할 수 있는 실용적인 TodoList 애플리케이션을 개발하면서 Vue 3의 주요 요소들을 사용하는 법을 알아보았다. 다양한 Vue의 장점들을 보여주기 위하여 일부 억지스러운 코드도 있었지만, 다른 Vue 코드를 만들 때 도움이 될 것이라 생각했다. 아울러 배열과 객체를 다룸에 있어서 매우 중요하다고 생각되는 몇 가지 자바스크립트 메서드들도 소개했다. 객체의 키 값을 뽑는 Object. keys()와 배열의 메서드들인 filter, find 그리고 splice 등은 실제로도 매우 자주 사용할 수밖에 없는 메서드이므로 정확한 사용법을 숙지하는 계기가 되었길 바란다. 자주 사용되진 않지만 한번쯤은 꼭 필요한 reduce 메서드가 있다는 것도 기억해두면 도움이 된다. 이 외에도 다음 메서드들은 매우 자주 사용되므로 알아두면 좋다.

- shift/unshift : 배열에서 값을 꺼내거나 앞쪽에 삽입한다.
- map : 배열의 값을 변형하여 새로운 배열을 반환한다.
- some : 배열의 원소중 조건에 충족하는 것이 있는지 검사한다.
- every : 배열의 원소 모두가 조건에 충족하는지 검사한다.
- includes : 특정한 원소가 배열에 포함되어 있는지 검사한다.

5장

웹 애플리케이션
프로젝트 준비

목표 ···

실제로 웹 애플리케이션을 개발하는데 있어 단순히 Vue의 문법만 알아서는 힘들다. Vue는 프론트엔드의 UI/X를 제작할 수 있는 프레임워크다. 따라서 웹 애플리케이션의 핵심 요소라 할 수 있는 서버, 데이터베이스, 네트워크 등은 Vue와 별도로 반드시 익혀야 하는 요소들이다. 이 책에서 해당 내용들을 모두 다룰수는 없다. 하지만 하나의 웹 애플리케이션을 개발하기 위해 최소한으로 필요한 내용들은 모두 이번 장에서 다룰 것이다. Axios를 이용한 네트워크 전송 방법, Vuex를 이용한 전역 스토어 사용법, Express를 이용한 서버의 사용법 그리고 Sqlite3를 이용한 데이터베이스의 사용법까지 웹 개발에 필요한 모든 부가적 요소들에 대해서 기초적인 수준으로 알아볼 것이다. 아울러 이러한 방법들을 실제로 이용해야 하는 Vue 3의 몇몇 모듈들을 직접 제작하면서 컴포지션 API를 다루는 방법도 함께 알아볼 것이다.

5-1 웹 애플리케이션 프로젝트 준비

제 5장부터 7장까지 하나의 소규모 프로젝트를 진행하며 Vue 3의 요소들을 살펴보려 한다. 이번 프로젝트는 간단한 서버를 포함한 하나의 웹 애플리케이션을 개발하는 것으로 해당 애플리케이션은 마치 개인의 블로그와 같은 모습을 갖게 할 것이다. 블로그에 더해 운영자의 이력페이지, 관리자 페이지 그리고 유튜브 링크 등과 같은 몇 개의 페이지를 더 추가할 것이다.

프로젝트가 완성되면 그림 5-1과 같은 컴포넌트들의 구조를 가지는 애플리케이션이 생성된다. App이라는 최초 진입 컴포넌트를 시작으로 하여 상단 메뉴를 구성하는 NavBar 컴포넌트와 NavBar에 명시된 각 메뉴를 담당하는 Home, Application, Profile 그리고 Admin 컴포넌트가 생성된다.

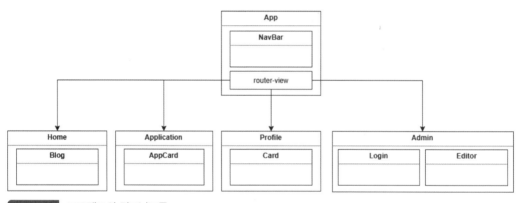

그림 5-1 프로젝트의 컴포넌트들

5-2 프로젝트 준비

기본 Vue 프로젝트의 구성은 이미 알아본 바와 같이 Vite가 매우 정돈된 모습으로 생성해준다. 따라서 프로젝트 폴더 구성과 같은 일들을 따로 하지 않고 Vite를 이용해 생성된 프로젝트를 기본적으로 사용하고, 필요에 따라 요구사항에 맞게 변형할 것이다. 프로젝트가 들어갈 루트 폴더를 하나 생성한 후 Visual Studio Code로 해당 폴더를 Open한다. 이 후, [Ctrl] + [Shift] + [`] (Grave Accent)를 누르거나 Terminal 메뉴에서 New Terminal을 선택해서 터미널을 연다.

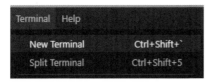

그림 5-2 VS Code에서 터미널 여는 법

터미널을 열면 현재 선택된 폴더로 바로 접근이 가능해, Powershell이나 SSH 등을 이용해 접속한 후 다시 프로젝트 폴더로 이동하는 번거로움을 없애준다. 이미 사전에 여러 번 진행해본 대로 Vite를 이용하여 기본 프로젝트를 셋업한다. 프로젝트의 이름은 원하는 대로 설정하면 된다. 이 책에서는 임의로 triplek라는 이름으로 프로젝트를 생성해보았다.

```
npm init vite-app@vitejs/app triplek
  - vue 선택
  - vue 선택
```

생성이 되면 triplek(다른 이름으로 생성했다면 해당 이름의 폴더명)에 들어가서 필요한 패키지를 다운로드한다. 일부 GUI를 Bootstrap 5 라이브러리를 이용해서 개발할 것이므로 Bootstrap 5도 설치한다. Bootstrap은 Popper.js를 참조하므로 Popper.js 역시 같이 설치해준다.

```
cd triplek
npm install
npm install bootstrap@next
npm install @popperjs/core
```

필자가 구성한 각 패키지의 버전은 다음과 같다. 굳이 버전을 맞추려 할 필요는 없지만 필요하면 참고하면 된다.

```
"dependencies": {
  "@popperjs/core": "^2.9.1",
  "bootstrap": "^5.0.0-beta2",
  "vue": "^3.0.4"
},
```

Bootstrap 5

Bootstrap 4에 비해 Bootstrap 5는 jQuery를 제거한 새로운 버전이며, 2021년 3월 기준 Beta까지 출시됐다. 만약 알파 버전을 특별히 사용하고 싶다면 다음 명령어를 통해 Alpha 3 버전을 사용할 수 있다.

```
npm install bootstrap@5.0.0-alpha3
npm install popper.js
```

알파 버전을 선호하는 경우는 일반적으로 Bootstrap 4에서 5로의 업그레이드를 용이하게 하기 위해서다. 알파 버전의 클래스명들이 아직은 Bootstrap 4와 동일했기 때문이다. 만약 Beta 이상의 버전을 사용한다면 몇가지 클래스명이 변경된 것이 있으므로 Bootstrap 5 공식 홈페이지에서 API를 확인하여 개발하길 추천한다.

```
https://getbootstrap.com/docs/5.0/
```

위 명령어를 실행하면 3장에서 보았던 것과 같이 Hello Vue 3 + Vite 라는 애플리케이션이 생성된다. 필요하면 다음 명령어를 통해서 개발서버를 실행한 후 브라우저로 확인해보자.

```
npm run dev
```

확인을 마쳤다면 생성된 파일에서 불필요한 항목들은 수정 혹은 제거하도록 한다. 먼저 App. vue 파일에서 HelloWorld 컴포넌트를 불러와 사용하는 부분들은 모두 없애도록 한다.

코드 5-1. 정리가 완료된 App.vue 파일

```
<template>
</template>

<script>

export default {
  name: 'App',
  components: {
  }
}
</script>
```

components 폴더 내 HelloWorld.vue 컴포넌트는 삭제해도 좋고 나중에 이름을 변경하여 재활용해도 된다. src/index.css 파일을 만들어 코드 5-2와 같이 작성한다.

코드 5-2. Font-family를 작성한 Index.css 파일

```
#app {
font-family: Avenir, Helvetica, Arial, sans-serif;
}
```

5-3 상단 메뉴 구성

Bootstrap은 반응형 웹 애플리케이션Responsive web application을 구축하기 위한 매우 쉬운 방법을 제공하는 프론트엔드 프레임워크다. Bootstrap 버전 4까지는 자바스크립트의 대표 라이브러리 jQuery에 의존하였으나, jQuery 자체가 상당히 거대하기 때문에 점차 jQuery를 탈피하는 방법들이 모색되었고, Bootstrap 5에서는 jQuery를 모두 표준 자바스크립트로 변경하였다.

Responsive web application

반응형 웹은 다양한 디바이스들이 가지고 있는 윈도우 크기에 따라 적절한 UI를 제공해주는 것을 의미한다. 예전에는 모바일을 위한 웹 애플리케이션과 pc용 웹 애플리케이션을 따로 제작하고 서로 다른 도메인명을 할당하고는 했다. 하지만 반응형 웹 애플리케이션은 디바이스에 따라 자동으로 렌더링을 하므로 그러한 고민을 많이 덜 수 있다.

Bootstrap은 웹 애플리케이션의 모든 컴포넌트가 사용할 것이므로 Vue의 루트 스크립트인 main.js에서 import한다. Vue는 일반적으로 생성 시 데이터와 코드가 동적으로 내재화될 수 있는 상위 DOM 노드를 제공하는 html 파일과 최상위 컴포넌트를 HTML, 자바스크립트, CSS로 구성된 vue 파일 그리고 프로젝트의 의존성을 관리하고 최상의 컴포넌트를 정의하는 자바스크립트 파일로 구성된다. Vite는 각 파일을 index.html, App.vue 그리고 main.js로 생성한다. 따라서 Bootstrap과 같이 애플리케이션 전역에서 사용될 라이브러리들은 프로젝트의 의존성을 관리하는 main.js에서 프로젝트에 포함해야 한다. Vite는 ES 모듈을 이용하는 개발환경을 구성한다. 따라서 Bootstrap도 ES 모듈을 지원하는 파일을 선택해야 한다. bootstrap.esm.min.js 파일은 Bootstrap이 ES 모듈을 지원할 수 있게 컴파일된 번들로 Vite 툴을 사용하는 Vue 제작 환경에서 Bootstrap을 사용할 수 있게 한다. 또한 Bootstrap이 미리 지정한 스타일을 이용하기 위해서 bootstrap.min.css 파일도 같이 포함한다. 마지막으로, 전에 생성한 index.css를 프로젝트 전역에 포함시키기 위해 main.js에서 import한다.

코드 5-3. Bootstrap을 포함하도록 변경한 main.js

```
import { createApp } from 'vue'
import App from './App.vue'
import './index.css'
import 'bootstrap/dist/css/bootstrap.min.css'
import 'bootstrap/dist/js/bootstrap.esm.min.js'


createApp(App).mount('#app')
```

이번에 만드는 컴포넌트는 애플리케이션의 메뉴를 담당하고, 각 메뉴에 따라 적절한 컴포넌트를 호출해줄 수 있는 NavBar(Navigation Bar) 컴포넌트다. 그림 5-3에서 짙게 칠해져 있는 컴포넌트를 구현할 것이다.

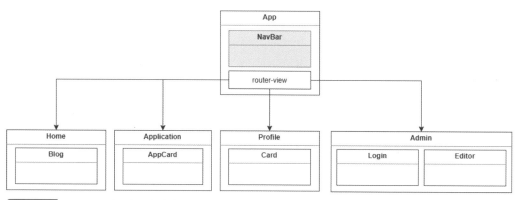

그림 5-3 NavBar 컴포넌트의 위치

만약 HelloWorld.vue 파일을 남겨두었다면 NavBar.vue로 변경을 하고, 만약 삭제했다면 components 폴더 내에 NavBar.vue라는 파일을 하나 생성한다. NavBar.vue는 단일 파일 컴포넌트로SFC: Single File Component Bootstrap을 이용해 메뉴 네비게이터 컴포넌트를 생성할 것이다. 파일을 생성했으면 코드 5-4와 같이 작성한다. 참고로 설명에 나오는 setup, refs 그리고 computed의 개념이 어렵게 느껴져도 상관없다. 코드의 설명이 끝나고 바로 해당 함수들에 대해 자세히 알아볼 것이다. 필요하면 해당 부분을 먼저 보고 코드를 봐도 좋다.

그림 5-4 NavBar의 변수 구성

처음으로 만드는 상단 메뉴는 그림 5-4와 같이 구성된다. 메뉴는 상단 화면의 좌측과 우측으로 나눠지며, 각 좌/우 메뉴는 left_menus와 right_menus라는 변수에 들어있다. 각 변수는 menus라는 배열변수로부터 만들어진다. 현재 선택된 메뉴를 하이라이트 시키기 위한 menu라는 변수가 존재하며, 각 메뉴를 클릭하면 onMovePage라는 함수를 호출하게 만들었다.

코드 5-4. 네비게이션을 책임지는 NavBar.vue 파일

```
<template>
  <nav class="navbar navbar-expand-lg navbar-dark bg-dark">
    <div class="container-fluid">
      <a class="navbar-brand" href="/">TripleK</a>
      <button
        class="navbar-toggler"
        type="button"
        data-bs-toggle="collapse"
        data-bs-target="#navbarNav"
      >
        <span class="navbar-toggler-icon"></span>
      </button>
      <div class="collapse navbar-collapse" id="navbarNav">
        <ul
          :class="{ 'navbar-nav': true, 'me-auto': menu.me_auto }"
          v-for="menu in menu_category"
          :key="menu.id"
        >
          <li class="nav-item" v-for="menu_object in menu.value" :key="menu_object.key">
            <a
              :class="{ 'nav-link': true, active: menu == menu_object.key }"
              @click="onMovePage($event, menu_object)"
```

```
                href="#"
                >{{ menu_object.value }}</a
              >
          </li>
        </ul>
      </div>
    </div>
  </nav>
</template>

<script>
import { ref, computed } from 'vue'
export default {
  name: 'NavBar',
  setup() {
    const menu = ref('home')
    const menus = [
      { key: 'home', value: '홈', URL: '#', position: 'left' },
      { key: 'app', value: '애플리케이션', URL: '#', position: 'left' },
      { key: 'me', value: 'Profile', URL: '#', position: 'right' },
    ]

    const left_menus = computed(() => menus.filter((i) => i.position == 'left'))
    const right_menus = computed(() =>
      menus.filter((i) => i.position == 'right')
    )

    const onMovePage = (evt, menu_object) => {
      if (evt) {
        evt.preventDefault()
      }
      menu.value = menu_object.key
    }

    return {
      menu,
      menu_category: [
        {
```

```
          id: 1,
          me_auto: true,
          value: left_menus.value,
        },
        { id: 2, me_auto: false, value: right_menus.value },
      ],
      onMovePage,
    }
  },
}
</script>
```

템플릿(〈template〉) 영역에 작성한 HTML 코드는 Bootstrap 공식 사이트*에 나온 코드를 인용했다. 네비게이션 메뉴는 크게 두 개의 〈ul〉 태그로 구성된다. HTML에서 〈ul〉 태그는 한 번만 작성됐지만 실제로는 Vue의 v-for 디렉티브에 의해 두 번 반복이 되기 때문에 두 개의 태그가 그려지게 된다. 두 개의 〈ul〉 태그 중 하나는 왼쪽에 메뉴를 그리고, 다른 하나는 오른쪽에 메뉴를 그리게 된다. Bootstrap이 제공하는 me-auto 클래스는 해당 클래스가 쓰인 태그와 다음에 나오는 태그의 간격을 자동으로 같은 간격으로 정렬한다. 만약 두 개의 태그가 있고 왼쪽 태그에 me-auto라는 클래스명을 붙이면, 두 태그는 양쪽으로 정렬이 된다.

```
<span class="me-auto">왼쪽 정렬</span><span>오른쪽 정렬</span>
```

> **NOTE** **ms-auto, me-auto**
>
> 각각 왼쪽과 오른쪽의 마진값을 자동으로 결정해주는 클래스명이다. Bootstrap 5 Alpha 버전까지는 ml-auto와 mr-auto 라는 단어를 사용했다. Bootstrap 5 Alpha까지는 왼쪽과 오른쪽을 나타내는 단어로 left와 right를 사용해서 l과 r을 따온 클래스명이 많았는데, Bootstrap 5 Beta부터는 이를 각각 시작과 끝이라고 하여 start와 end의 s와 e를 따온 클래스명으로 변경을 했다.
>
> 이와 더불어, data-target과 data-toggle과 같이 일반적일 수 있는 속성명도 Bootstrap의 bs가 들어간 data-bs-target과 data-bs-toggle처럼 변경했다.

---

* https://v5.getbootstrap.com/docs/5.0/components/navbar/

이는 Bootstrap이 내장한 CSS 스타일 중 하나로 반응형 웹 애플리케이션의 화면을 구성하는데 상당히 많이 쓰인다. 〈ul〉 태그가 v-for 디렉티브로 인해 두 개로 생성됨은 이미 알아보았는데, 왜 두 개인지는 설명이 필요하다. v-for 디렉티브는 배열 혹은 객체를 받아 그 안의 객체를 탐색하는데 쓰인다. 이는 자바스크립트의 for in 문과 동일하게 작동한다.

v-for 디렉티브에 선언된 변수는 스크립트에서 반환하고 있는 menu_category라는 변수다. 이 변수는 두 개의 객체를 가지는 배열값을 가지며, 각각 왼쪽에 들어갈 메뉴와 오른쪽에 들어갈 메뉴의 정보를 담고 있다.

```
menu_category = [ { me_auto: true, []}, {me_auto: false, []} ]
```

v-for 디렉티브는 menu_category 배열의 개수만큼 두 번의 반복을 진행하고 이는 결국 두 개의 〈ul〉 태그를 생성해 낸다. 〈ul〉 태그의 class 속성은 인라인 객체inline object { 'navbar-nav': true, 'me-auto': menu.me_auto } 에 결합되어 있으며, 이 중 me-auto의 값은 v-for 디렉티브를 통해 읽어온 menu_category 중 하나의 객체가 가진 me_auto 속성(menu.me_auto)을 참조한다. 따라서 첫 번째의 〈ul〉 태그는 me-auto 클래스를 가지게 되고, 다른 하나는 가지지 못하게 된다. 이는 결국 두 개의 〈ul〉 태그가 양쪽으로 정렬되는 효과를 내게 된다.

비정렬 목록Unsorted List을 나타내는 〈ul〉 태그는 〈li〉(List) 태그를 가지고 각 항목을 렌더링하는데, 이는 menu_category에서 추출한 객체 내 value 속성으로 들어있는 배열을 다시 v-for 디렉티브로 순회하여 렌더링한다. 간단하게 말해 2차원 배열인 셈이다. 각 메뉴가 클릭이 되면 onMovePage라는 함수를 호출하며, 함수의 인자로 현재 객체를 전달한다.

지금까지 설명된 변수와 객체, 배열은 모두 script 영역에 자바스크립트로 구현이 되어있다. 이전 버전의 Vue를 사용했을 경우 Options API를 사용함에 따라 각 구현이 data, computed, methods 옵션으로 들어갔을 것이다. 하지만 방금 구현한 NavBar.vue 파일은 Vue 3에서 새롭게 소개된 컴포지션 API를 이용해 setup 컴포지션 함수에 모두 구현했다. setup 컴포지션 함수는 앞서 1장에서 소개한 컴포지션 API를 활용할 수 있도록 설계된 새로운 함수로서, 컴포넌트에 들어온 속성(Props)들을 리졸브하고 실제로 Component가 생성되기 직전에 호출된다. Props가 이미 리졸브되었으므로 setup 함수에서는 Props와 Non-Prop에 직접적으로 접근할 수 있음은 물론, 이벤트를 발생할 수 있는 Emits 함수도 사용이 가능하다. setup 함수는 생명주기의 매우 이른 부분에 호출되기 때문에 기존 Options API의 생명주기 중 beforeCreate와 created를 모두 대체한다. 표 5-1은 기존의 Options API가 나타내는 생명주기가 컴포지션 API에서는 어떻게 변경되는지 보여준다.

Options API의 생명주기	컴포지션 API의 생명주기
beforeCreate	setup 함수 자체
created	setup 함수 자체
beforeMount	onBeforeMount
mounted	onMounted
beforeUpdate	onBeforeUpdate
updated	onUpdated
beforeUnmount	onBeforeUnmount
unmounted	onUnmounted
errorCaptured	onErrorCaptured
renderTracked	onRenderTracked
renderTriggered	onRenderTriggered

표 5-1 Options API의 생명주기와 컴포지션 API의 생명주기

이제 구현한 setup 함수를 조금 더 자세히 보자. 먼저 menu, menus, left_menus, right_menus 그리고 onMovePage까지 다양한 변수가 선언되어 있다. menu라는 변수는 ref라는 컴포지션 함수를 이용해 만든 프록시 객체이며, menus는 일반 배열 변수로 선언됐다. ref 함수를 통해 프록시로 변환하는 것은 템플릿의 HTML 컴포넌트로부터 업데이트될 수 있는 반응성을 가짐을 의미하며, 프록시로 만들지 아니함은 자바스크립트가 업데이트하는 값을 템플릿에서는

그냥 보여주기만_{Read Only} 할 것이란 걸 의미한다. left_menus와 right_menus는 computed 컴포지션 함수를 이용해 만들어진 계산된 변수이며, onMovePage는 함수를 정의하고 있는 함수 변수다. 이는 각각 기존 Options API에서 data, computed 그리고 methods 옵션 항목에 들어가야 하는 것들이다. 컴포지션 API는 변수의 성질에 따른 API 분리가 아닌 하나의 기능을 setup 함수에 묶어 컴포넌트의 코드를 이해하기 쉽게 해주는 것이 가장 큰 목적이다. 컴포지션 API에 있어 모든 변수는 그냥 변수일 뿐이며, 그것을 잘 활용하는 방법은 개발자에게 달렸다. 이는 결국 변수의 명명규칙에 조금 더 신경을 써야 한다는 뜻도 된다. 이 책에서 소문자와 언더바로 이뤄진 것은 값을 가지는 변수로 취급하고, 낙타형으로 작성된 변수는 함수형 변수로 취급한다.

컴포지션 API로 제공된 ref 함수는 인자로 들어온 값을 바탕으로 프록시 객체를 생성한다. 프록시는 ES6에서 해당 변수를 참조 가능한 반응형 객체로 만들어 DOM과 실시간으로 값을 공유할 수 있도록 만들어준다. 이렇게 참조된 변수는 프록시 객체의 value 속성에 들어가게 되므로 변수 값을 변경하기 위해서는 value 속성의 값을 변경해야 한다. 예를 들어 menu 변수의 값을 변경하기 위해서는 다음처럼 해야 한다.

```
menu.value = '새로운 값'
```

computed를 통해 나온 계산된 값 역시 프록시 객체로 생성되기 때문에 value 속성을 이용해 값에 접근할 수 있다. 이번 코드에서 두 개의 computed 함수를 이용한 계산된 객체_{Computed Object}를 만들었는데, 이 두 객체는 menus에 들어있는 배열로부터 객체의 position 속성값이 left인 것과 right인 것을 구분한다. 자바스크립트가 지원하는 배열의 filter 메서드를 이용하면 매우 간단하게 구분이 된다.

```
const left_menus = computed(() => menus.filter((i) => i.position == 'left'))
const right_menus = computed(() =>  menus.filter((i) => i.position == 'right') )
```

onMovePage는 사용자가 메뉴를 클릭했을 때 호출된다. 이 함수는 두 개의 인자를 받고 있는데, evt는 원래 DOM이 발생시키는 이벤트를 의미하고, menu_object는 함수 호출 시 동적으로 삽입한 인자로 menus 배열의 한 객체가 된다. 이 객체의 key 속성값을 단순히 menu.value의 값으로 넣어주면 템플릿 영역에서 이 값을 참조하여 메뉴를 렌더링할 때 active 클래스를 사용할지 결정한다. menu 프록시 객체에 선언된 값과 동일한 키값을 가지는 ⟨li⟩ 태그만 active 클래스가 적용된다. Bootstrap은 이 active 클래스가 활성화되면 해당 태그 내 글자를 하이라이트 시킨다.

```
:class="{ 'nav-link': true, active: menu == menu_object.key }"
```

선언적으로 사용될 변수들은 setup 함수에서 return 문을 통해 반환되어야 한다. 반환되는 값들은 자동으로 프록시 객체로부터 분리된다. 프록시 객체가 아닌 일반 변수로 반환이 되는 만큼, 템플릿 영역에서 해당 변수에 접근할 때는 프록시의 value 속성을 찾지 않아도 된다.

메뉴를 실제로 브라우저에 띄우기 위해서는 NavBar 컴포넌트를 App 컴포넌트에서 호출하여 렌더링 해야 한다. App.vue 파일을 다음과 같이 변경하자.

코드 5-5. NavBar를 연결한 App.vue

```
<template>
  <NavBarName />
</template>

<script>
import NavBarName from './components/NavBar.vue'

export default {
  name: 'App',
  components: {
    NavBarName,
  },
}
</script>
```

NavBar.vue 파일은 스크립트 모듈을 모듈명이 없는 기본 내보내기(export default)를 하고 있다. 따라서 해당 모듈을 불러오는 App.vue에서 해당 모듈명을 마음껏 만들 수 있다. 작동의 실제 예제를 보여주기 위해 App.vue에서 NavBar.vue의 모듈을 NavBarName이라고 변경해서 import했다. 컴포넌트명은 낙타방식과 케밥방식이 호환이 된다. 따라서 NavBarName은 〈NavBarName〉처럼 써도 되지만 〈nav-bar-name〉과 같이 사용해도 문제가 없다. 완성된 페이지는 다음과 같은 모습을 보여준다. 메뉴를 클릭하여 클릭한 글자가 하이라이트되는 것을 확인해보자.

그림 5-5 애플리케이션이라는 메뉴가 활성화된 메뉴

아울러 이 메뉴는 Bootstrap의 반응형 웹 디자인 정책에 따라 브라우저의 너비가 줄어들면 자동으로 그에 알맞게 변경된다. 실제로 변경된 모습은 그림 5-6에서 볼 수 있다. 해당 기능은 템플릿 영역에 HTML로 구현이 되어 있는데, navbar-toggler라는 클래스는 브라우저의 너비가 작아지면 〈button〉 태그가 나타나고, 너비가 커지면 해당 태그가 사라지게 해준다. 해당 버튼은 메뉴를 구성한 〈ul〉 태그가 접히거나(collapsed) 펼쳐지게 하는 역할을 한다. 해당 기능에 대해서는 Bootstrap navbar 설명 페이지*를 방문하면 좀 더 자세히 나온다.

그림 5-6 반응형 웹 디자인

5-3-1 setup( )

기존에 사용하던 Options API 방식은 대규모 프로젝트를 진행함에 있어 하나의 변수에 연동되는 다양한 함수 정의, 계산속성$_{Computed}$ 정의 등이 많아지면서 가독성이 매우 떨어지는 문제점을 보였다. 이를 극복하기 위해 Vue 3에서 컴포지션 API가 등장하였고, 이 API들을 서술할 수 있는 setup이라는 함수가 새로 생겼다.

---

* https://getbootstrap.com/docs/5.0/components/navbar/

setup은 props와 context라는 두 개의 매개변수를 가질 수 있다. 이는 이미 이전에 소개한 생명 주기와 관련이 있다. setup 함수는 컴포넌트가 Props를 인지한 직후 호출이 되기 때문에 Props에 대한 처리가 가능하다. props에 더해 context라는 두 번째 객체 매개변수는 속성으로 attrs, slots, emit을 가지고 있다. attrs는 Non-Prop 속성을 가지고 있고, slots는 슬롯에 대한 프록시 객체를 가지고 있다. emit은 이벤트를 발생시킬 수 있는 함수다.

setup 함수에서 반복적으로 사용되는 내용을 획기적으로 줄여줄 수 있는 〈script setup〉을 이용할 수도 있다. 〈script setup〉은 결국 setup 함수로 컴파일되므로 setup 함수에 대해서 이해만 하고 있다면 언제든지 〈script setup〉을 구현할 수 있다. 따라서 이 책에서는 되도록 〈script setup〉 대신 setup 함수를 구현하는 것에 집중할 것이다. 나중에 프로젝트를 〈script setup〉으로 구성할 것인가는 전적으로 독자의 선택에 달렸다.

5-3-2 computed

computed는 어떤 데이터를 필요에 따라 변환하고 싶을 때 사용한다. 예를 들어, 서버로부터 받아온 전체 목록 중 어떤 조건을 만족하는 일부 목록만 뽑고 싶을 때 computed를 사용할 수 있다. computed는 일반 변수도 반응형을 가지게 해주므로 템플릿의 선언적 변수로 상당히 많이 쓰인다. 일반적으로 computed는 getter 함수를 정의하여 ref 객체를 반환하지만 get과 set 함수를 정의하여 쓰기 가능한 ref 객체를 생성할 수도 있다.

```
const index = ref(0)
const num = computed({ get: () => index.value, set: v => { index.value=v + 1 }})
```

위와 같이 computed ref 객체를 생성한 후 num.value에 값을 넣으면 자동으로 1이 올라가게 된다. 자바스크립트와 같은 컴퓨터 언어는 배열의 인덱스를 0부터 시작하는데, 현실의 숫자 체계가 1부터 시작하는 것을 감안하여 배열의 1번 인덱스 값을 첫 번째 변수로 참조하고 싶을 때 이러한 기술을 이용할 수 있다.

5-4 Express와 sqlite3로 Database Server 생성

웹 애플리케이션을 개발함에 있어 정적 웹 앱을 만드는 것이 아니라면 데이터베이스는 필수라고 해도 과언이 아니다. 이러한 데이터베이스는 Vite를 이용한 환경에서 쉽게 구성할 수 있다. Vite 자체가 백엔드Backend 환경을 제공함은 물론, Vite Proxy는 REST를 거의 완벽하게 지원한다. Vue 프로젝트를 진행하는 입장에서 최대한 백엔드에 신경을 쓰지 않고 프론트엔드를 구축하는데 온전한 힘을 쏟을 수 있는 굉장한 기능이라고 할 수 있다. 그럼에도 불구하고 이번에 서버를 따로 준비하려 한다. 물론 하나의 컴퓨터에서 같이 돌아가기 때문에 물리적 분리는 되지 않지만 논리적 분리가 가능해진다. 테스트가 끝난 후 데이터베이스 코드를 다시 분리하는 과정도 없어질 것이며, 나중에 진짜 서버를 구성할 때 이 임의의 서버 코드를 그대로 옮겨 담아 초기 테스트를 진행하기에도 수월하다. 이 서버 부분을 실제 클라우드 서비스로 옮기는 것은 8장에서 다루고 있다.

현재 프로젝트 폴더가 아닌 다른 프로젝트 폴더를 새롭게 생성한다. 애플리케이션의 루트 폴더 옆에 database라는 폴더를 생성하자.

그림 5-7 서버를 위한 폴더

database 폴더로 진입하여 npm init을 입력하고 입력이 완료될 때까지 Enter 를 누른다.

```
TERMINAL    PROBLEMS  1    OUTPUT    DEBUG CONSOLE

PS D:\Project Files\Book\codes\2\2. introduce_myself\database> npm init
This utility will walk you through creating a package.json file.
It only covers the most common items, and tries to guess sensible defaults.

See `npm help init` for definitive documentation on these fields
and exactly what they do.

Use `npm install <pkg>` afterwards to install a package and
save it as a dependency in the package.json file.

Press ^C at any time to quit.
package name: (database)
version: (1.0.0)
description:
entry point: (index.js)
test command:
git repository:
keywords:
author:
license: (ISC)
About to write to D:\Project Files\Book\codes\2\2. introduce_myself\database\package.json:

{
  "name": "database",
  "version": "1.0.0",
  "description": "",
  "main": "index.js",
  "scripts": {
    "test": "echo \"Error: no test specified\" && exit 1"
  },
  "author": "",
  "license": "ISC"
}
Is this OK? (yes)
```

그림 5-8 npm 패키지를 생성하는 과정

이제 sqlite3와 express를 설치한다. 아울러 CORS를 허용하기 위하여 cors 패키지도 설치한다.

```
npm install sqlite3
npm install express
npm install cors
```

CORSCross-Origin Resource Sharing

CORS는 웹 서버에 존재하는 리소스에 대해서 다른 도메인이 접근하는 것을 막아주거나 허용하는 정책을 뜻한다.
HTTP Request는 origin이라는 헤더를 생성하며, 이 헤더는 어느 도메인에서 요청이 생성되었는지를 의미한다. 이
origin을 바탕으로 서버는 CORS 정책에 따라 요청을 거부하거나 허용할 수 있다.

설치가 완료되면 index.js 파일을 하나 생성하고 코드 5-6과 같이 입력한다. 코드 중 이름과 이메일을 넣는 부분은 마음대로 변경해도 된다.

코드 5-6. 임시로 생성한 서버의 index.js 파일

```javascript
let sqlite3 = require('sqlite3')
const sqlite3 = require('sqlite3')
const express = require('express')
const cors = require('cors')
const app = express()
app.disable('x-powered-by')
app.use(cors())

const PORT = 8000
let db = new sqlite3.Database('database.db', (err) => {
  if (!err) {
    db.run('CREATE TABLE tbl_about_myself (name text, email text)', (err2) => {
      if (!err2) {
        db.run(
          "INSERT INTO tbl_about_myself (name, email) VALUES ('DOPT', 'armigar@naver.com')"
        )
      }
    })
  }
})

app.listen(PORT, () => {
  console.log(`Listening... ${PORT}`)
})
app.get('/', (req, res, next) => {
  res.json({ rsp: 'ok' })
})

app.get('/db/about-me', (req, res, next) => {
  db.all('SELECT * FROM tbl_about_myself', (err, rows) => {
    if (!err) {
      res.json({
```

```
      rsp: 'ok',
      data: rows[0],
    })
  } else {
    console.log('Error Query')
  }
  })
})
```

Sqlite3는 매우 작고 빠르며 신뢰성이 높은 SQL 데이터베이스 엔진이다. 메모리를 바탕으로 데이터베이스를 구성할 수 있음은 물론, 파일을 생성하여 보존이 가능한 데이터베이스도 손쉽게 생성할 수 있다. Express는 Node.js를 위한 경량화 웹 프레임워크Web Framework다. 웹 애플리케이션을 개발함에 있어 간단한 서버가 필요하거나, 백엔드가 필요할 때 자주 사용하곤 한다. 일반적으로 express와 sqlite3는 Node.js 서버를 구성할 때 가장 많이 쓰이는 조합 중 하나로 REST를 구현하는데 매우 편리하다.

REST Representational state transfer

REST는 소프트웨어 아키텍처의 한 형식으로 URI를 이용해 웹 자원을 이용하게 하는 정의라 할 수 있다. RESTful이라 하면 이런 REST 아키텍처를 이용해 만들어진 시스템을 의미하며, 일반적으로 HTTP URI를 이용해서 CRUD(Create, Read, Update, Delete)를 할 수 있는 시스템을 뜻한다.

index.js 파일은 Node.js 서버를 생성한 후 루트(/)와 /db/about-me라는 URL에 대해서 간단한 처리를 하고 메시지를 돌려준다. 특히 /db/about-me가 엑세스되면 데이터베이스 내 tbl_about_myself 테이블에서 모든 정보를 꺼내와 응답으로 보낼 json 객체의 data 속성에 담아 응답 메시지로 보낸다. 이 테스트 서버는 Vite가 생성한 localhost:3000 포트와는 다른 localhost:8000 포트를 사용하도록 했다. 이는 결국, 두 개의 도메인이 서로 다른 것으로 인식되어 CORS 기본정책에 의해 데이터를 주고받을 수 없게 된다. 이 문제를 해결하기 위해 cors라는 미들웨어를 불러와 express와 연동하였다. cors 함수를 아무런 파라미터 없이 사용하면 모든 Cross Origin 요청을 허용한다. 이제 터미널에서 node index.js라는 명령어를 실행하면 database 서버가 실행된다.

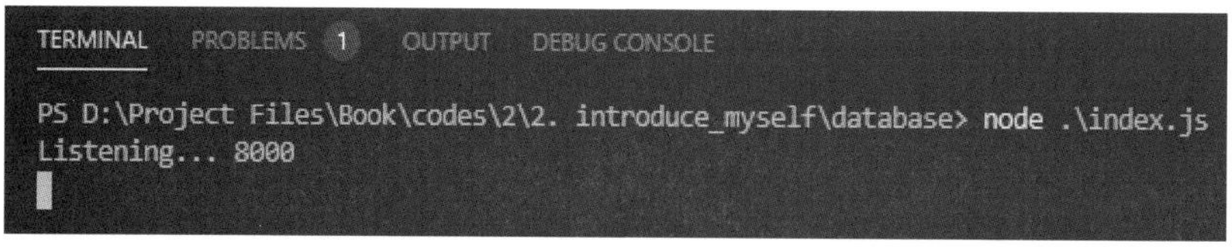

그림 5-9 | 서버가 실행된 모습

브라우저에서 http://localhost:8000/db/about me를 입력해보자.

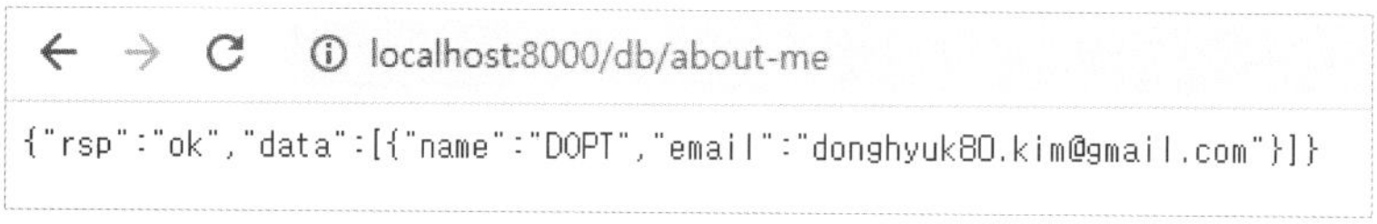

그림 5-10 | 브라우저에서 REST API로 데이터를 불러온 모습

위와 같은 메시지가 나왔다면 Database 서버를 성공적으로 띄운 것이다. 앞으로 필요에 의해 이 Database 서버를 적절히 수정하며 사용할 것이다.

5-5 Axios를 이용한 데이터 전송

Axios는 Promise 기반의 HTTP 클라이언트로 오늘날 가장 많이 사용되는 라이브러리 중 하나다. 브라우저와 Node 기반에서 작동이 가능하여 HTTP 요청을 통해서 네트워크를 통해 데이터를 받아와 저장할 수 있는 라이브러리로 탈 jQuery의 추세에 맞춰 사용성이 급증했다.

> **NOTE** **Promise**
>
> Promise는 비동기 처리를 할 수 있는 프록시 객체로서 비동기적 함수가 마치 일반 함수처럼 값을 돌려줄 수 있도록 해준다. 대신 최종적으로 반환되는 값은 비동기적 함수 내에서 즉시 반환될 수는 없으며 비동기적 작업이 모두 완료되면 반환된다. Axios는 HTTP 요청/응답을 위해 Promise를 기반으로 하고 있어, 비동기적 HTTP 요청/응답을 마치 일반 함수처럼 효율적으로 사용할 수 있게 해준다.

5-5-1 Axios 설치

Axios를 설치하기 위해서 다음 커맨드를 실행한다.

```
npm install @bundled-es-modules/axios
```

만약 Vite 환경이 아닌 Webpack으로 인스톨했다면 CommonJS 모듈을 사용하므로 bundled-es-modules의 axios가 아닌 그냥 axios를 설치해도 된다.

```
npm install axios #Webpack 빌드 환경의 경우
```

Axios를 설치하고 나면 다음과 같이 import하여 사용할 수 있다.

```
import { axios } from '@bundled-es-modules/axios'
Import axios from 'axios' # 일반 axios를 설치한 경우에는 이렇게 사용하면 된다.
```

5-5-2 Axios 모듈 생성

Axios는 모든 컴포넌트에서 매우 자주 사용하게 될 것이다. Axios를 사용할 때마다 axios가 제공하는 함수를 이용하는 것은 사실 그리 나쁜 것은 아니겠지만, 프로젝트를 진행하다 HTTP Request를 위한 라이브러리를 변경한다든지, 모든 리퀘스트에 추가적인 기능을 구현하려 한다면, 이는 결국 함수를 호출한 모든 부분을 찾아 수정해야 한다는 단점이 있다. 이러한 문제를 해결하고자 Axios와 프로젝트 사이에 레이어를 삽입하고 레이어에서 제공하는 API를 사용하게 만들 것이다.

src 폴더 아래에 modules 폴더를 생성한다. module 폴더에 axios.js 파일을 생성한 후 다음 코드를 입력한다.

코드 5-7. axios.js

```
import { axios } from '@bundled-es-modules/axios'

export default function () {
  const BASE_URL = 'http://localhost:8000'
```

```
const axiosGet = (URL, onSuccess = null, onFailed = null) => {
  const final_URL = URL.startsWith('http') ? URL : BASE_URL + URL
  axios.get(final_URL).then((resp) => {
    if (resp.status === 200 && resp.data.rsp === 'ok') {
      if (onSuccess) {
        onSuccess(resp.data)
      }
    } else {
      if (onFailed) {
        onFailed(resp.data)
      }
    }
  })
}

return {
  axiosGet,
}
}
```

일단 axiosGet이라는 API 함수만 먼저 정의해 보았다. http를 포함한 완전한 URL을 보낼 수도 있으며, 기본 서버로 정의된 호스트네임Hostname과 포트Port만으로 구성된 localhost:8000으로 요청을 보낼 경우 localhost:8000 뒤의 URL만 적어도 된다. 프로젝트를 더 진행하면서 PUT과 POST 요청도 처리할 수 있는 API도 추가할 것이다. axiosGet API는 3개의 매개변수를 가지고 있으며 각 매개변수의 역할은 표 5-2와 같다.

URL	HTTP Request를 보내는 URL이다.
onSuccess	HTTP Request가 성공하고 돌려받은 json의 rsp 속성이 "ok"일 때 반환한다.
onFailed	성공이라고 판단되지 않는 경우 return code와 함께 호출된다.

표 5-2 axiosGet API의 매개변수

이제 어느 컴포넌트든지 axiosGet API를 이용해 HTTP GET 요청을 보낼 수 있다.

5-5-3 modules 폴더 접근을 위한 Alias 설정

Vite에서 제공하는 파일 경로에 대한 Alias에 대해서는 이미 3장에서 살펴보았다. 해당 방법을 이용해 앞으로 자주 사용할 components 폴더 및 modules 폴더의 별칭을 생성한다. 프로젝트의 루트 폴더에 vite.config.js 파일을 생성하고 코드 5-8과 같이 작성한다.

코드 5-8. vite.config.js

```js
import { defineConfig } from 'vite'
import vue from '@vitejs/plugin-vue'
import path from 'path'

// https://vitejs.dev/config/
export default defineConfig({
  resolve: {
    alias: {
      '/@': path.resolve(__dirname, './src'),
      '/@components': path.resolve(__dirname, './src/components'),
      '/@app_modules': path.resolve(__dirname, './src/modules'),
    }
  },
  plugins: [vue()]
})

/* Vitejs1 사용시 다음과 같이 작성
const path = require('path')

module.exports = {
  alias: {
  vue: 'vue/dist/vue.esm-bundler.js',
    '/@/': path.resolve(__dirname, './src'),
    '/@components/': path.resolve(__dirname, './src/components'),
    '/@app_modules/': path.resolve(__dirname, './src/modules'),
  },
}
*/
```

5-6 Vuex를 이용하여 전역 스토어 생성

일반적으로 컴포넌트에서 사용해야 하는 값이 필요한 경우, 컴포넌트에 변수를 생성하여 사용하곤 한다. 이러한 변수는 일반적으로 컴포넌트의 생명주기와 같은 생명주기를 가지게 된다. 다시 말해 해당 컴포넌트가 삭제될 경우, 해당 변수의 값 역시 삭제된다는 것이다. 컴포넌트는 필요에 의해 동적으로 생성과 삭제가 반복되는데, 만약 서버로부터 데이터를 읽어와 로컬 변수에 저장한다면 해당 컴포넌트가 생성될 때마다 서버에 접속해야 하는 문제가 생길 수 있다.

물론 신선한 데이터가 항상 요구될 때에는 문제가 되지 않지만 대부분의 경우 이러한 데이터는 캐시되길 원한다. 따라서 웹 애플리케이션에서 사용하는 데이터 중 잦은 업데이트가 일어나지 않아 한번만 불러오면 되는 값은 브라우저에 저장하고 재활용하곤 한다. 일반적으로 이런 캐싱 전략은 localStorage 혹은 indexedDB를 이용해 브라우저가 접근하는 디스크에 데이터를 저장하기도 하지만, Vuex와 같은 메모리 기반의 저장소를 이용할 수도 있다. Vuex는 대규모 프로젝트에서 상태 관리가 어려운 문제점을 해결하기 위한 전역 스토어로서 데이터의 사용을 매우 간결하게 정리해 놓은 라이브러리다.

사실 Vue 3의 컴포지션 API는 Vuex의 역할을 100% 대체 가능하기 때문에 Vue 3로 개발을 할 때는 Vuex를 사용할 필요는 없다. 그럼에도 여전히 Vuex는 하위 호환성 및 Vue 개발자들의 선호도로 인하여 인기가 많다. 따라서 Vuex의 사용법을 여기서 알아보도록 하자. 이번에 만든 Vuex를 컴포지션 API로 변경하는 방법은 7장에서 알아볼 것이다. 따라서 Vuex 대신에 Vue 3의 컴포지션 API를 활용하여 상태 관리 가능한 스토어 모듈을 만들고 싶다면 잠시 7장으로 넘어가 모듈을 생성하고 이번 내용은 건너뛰어도 상관 없다.

Vuex

상태 관리 패턴State Management Pattern과 라이브러리를 제공하는 Vuex는 애플리케이션 내 모든 컴포넌트들에게 중앙 집중적인 저장소Store를 제공한다. 이는 수많은 컴포넌트들이 서로 엮이면서 상태 관리의 문제점이 심각해질 수 있는 것을 마치 전역 싱글톤Global Singleton을 사용하는 것처럼 어느 위치에 있는 컴포넌트라도 쉽게 접근하고 사용할 수 있게 해서 상태 관리를 단순화시킨다.

5-6-1 Vuex 설치

Vuex 역시 Vue 3와 마찬가지로 npm으로 설치를 할 수 있다. package.json이 존재하는 루트 폴더로 진입하여 다음 명령어로 Vuex를 설치한다. Vue 버전 3을 위해선 Vuex를 4 버전대로 설치해야 하며, 이 책에서는 4.0.0-rc.1을 설치하였다. 만약 이 책과 같은 버전을 사용하고 싶다면 두 번째 명령어를 수행하면 되고, 최신 버전을 사용하고 싶다면 첫 번째 명령어를 이용하자.

```
npm install vuex@next
npm install vuex@4.0.0-rc.1 #책과 동일한 버전으로 설치
```

Vuex는 반응형 store를 제공한다. 다시 말해, Vuex는 상태의 변경을 감지하고 컴포넌트가 인지할 수 있도록 업데이트를 즉시 수행한다. 관리해야 할 Store가 많아질 경우 이를 모듈로 나눌 수 있는데, 실제로는 Store가 하나만 있는 경우에도 모듈로 나눠 쓰기를 권장한다. 먼저 src 폴더 아래에 store라는 폴더를 생성하고, 모듈을 고려하여 modules라는 폴더를 store 아래에 생성한다. 모듈로 나눠진 파일들은 modules 아래로 들어갈 것이고, 이 모듈을 하나로 통합하는 파일은 store 폴더에 남을 것이다. 이 통합 파일을 index.js라고 만들어 주고 modules 폴더 아래에 about-me.js 파일을 생성해 준다. 만들고 나면 그림 5-11과 같은 폴더 구조를 가지게 된다.

그림 5-11 store까지 포함된 폴더 구조

비록 테스트 서버이긴 하지만 간단하게 이름과 이메일을 가지는 테이블을 만들었던 것을 기억할 것이다. 해당 데이터를 저장할 수 있도록 about-me 스토어도 이름과 이메일을 저장할 수 있는 name과 email 변수를 선언하고 이 변수를 다룰 수 있는 부가적 함수를 정의한다. 코드 설명은 뒤로 미루고, about-me.js 파일의 내용을 코드 5-9와 같이 작성한다. Vuex의 함수명은 대문자로 작성하는 경우가 많다. 예를 들면, 코드 5-9의 mutations 내 SET_DATA 함수가 그렇다. 이것은 따로 정해진 것은 아니고 상수를 일반적으로 대문자로 작성하는 것과 비슷한 맥락에서 기인한 것으로 많은 프로그래머들이 Vuex의 함수명을 대문자로 작성한다. 일반적으로 getters, mutations 그리고 actions의 함수명을 모두 대문자로 작성하곤 하는데, 이번 예제에서는 밖으로 노출되지 않는 mutations만 대문자로 작성했다. 소문자로 작성하든 대문자로 작성하든 그것은 각 개발자의 몫이다.

코드 5-9. about-me.js

```js
export const about_me = {
  namespaced: true,
  state: () => ({
    name: null,
    email: null,
  }),
  getters: {
    name: (state) => {
      return state.name
    },
    email: (state) => {
      return state.email
    },
  },
  mutations: {
    SET_DATA(state, data) {
      state[data.key] = data.value
    },
  },
  actions: {
    setAboutMeData: ({ commit, state }, data) => {
      Object.keys(data).forEach((key) => {
```

```
      if (Object.keys(state).find((skey) => skey === key)) {
        commit('SET_DATA', { key: key, value: data[key] })
      }
    })
  },
},
}
```

about-me.js 파일에서 사용자 프로필에 관련된 내용을 about_me라는 객체로 export한다. 객체의 속성 중 namespaced는 이 객체가 객체의 변수명(about_me)으로 네임스페이스를 갖겠다는 것으로, 네임스페이스를 가지면 다른 Vuex 모듈객체에 같은 이름의 속성이 존재해도 서로 다르게 인식할 수 있다.

state 함수는 저장할 데이터들의 객체를 반환한다. 테스트 서버로 name과 email을 설정했으므로 웹 애플리케이션의 전역 스토어도 이 두 개의 데이터를 가질 수 있도록 name과 email이라는 변수를 선언했다. getters는 state의 데이터를 필요한 형식으로 전처리를 해주는 반응형 속성이다. 이는 마치 컴포넌트의 계산된 값Computed Value과 매우 비슷하다. 원래 데이터를 변경하지 않고도 필요한 형태로 데이터를 받아올 수 있다는 점은 굉장히 매력적인 기능이라 할 수 있다. mutations는 Vuex에서 state 내 원본 데이터의 변형을 허락하는 유일한 속성이다. mutations 안에 다양한 변형 함수를 지정하고 state의 데이터를 변경할 수 있다. actions는 외부 컴포넌트에서 호출하는 함수의 집합을 가지고 있다. 데이터 변형이 필요할 경우 외부 컴포넌트들은 이 actions 내 함수들을 호출하게 되며, actions는 일반적으로 mutations를 호출하여 데이터 변형을 일으킨다.

about-me.js 코드는 딱히 about-me가 아니어도 일반적으로 사용할 수 있는 형태로 Store를 구성했다. setAboutMeData라는 함수가 호출되면 들어온 데이터의 key 값이 state에 존재하는지 먼저 검사한 후, 존재할 경우에만 mutations의 SET_DATA를 호출하여 데이터를 삽입한다. 이렇게 구성해 놓으면 백엔드에서 전달하는 데이터가 변경되었을 때 state만 변경해 주면 되므로 편리하다. 스토어 모듈을 묶어 하나의 스토어 인스턴스로 만들어주는 index.js 파일은 다음과 같다.

```
import { createStore } from 'vuex'
import { about_me } from './modules/about-me'

export const store = createStore({
  modules: {
    about_me: about_me,
  },
})
```

Vuex 4는 기존의 Vuex와 다르게 createStore라는 함수를 이용해 store를 생성한다. index.js 파일은 이렇게 생성된 store 객체를 반환하고 있다. 이 반환된 객체를 main.js 파일에서 받아 기존에 생성한 app 객체에 use 함수를 이용해 플러그인 등록을 하면 된다. 사용하는 방법은 아래 약식 코드를 참고한다.

```
...
import { store } from '/@store/index.js'

const app = createApp(App)
app.use(store).mount('#app')
```

5-6-2 Store 폴더 접근을 위한 alias 설정

store 폴더에 쉽게 접근하기 위해서 alias를 다음과 같이 vite.config.js 파일에 추가한다.

```
'/@store': path.resolve(__dirname, './src/store')
'/@store/': path.resolve(__dirname, './src/store') // Vitejs1 사용 시
```

5-7 Profile 페이지 생성

이제 본격적으로 웹 애플리케이션에 들어갈 페이지들을 제작할 차례다. 제일 먼저 프로필 페이지를 제작할 것이다. 프로필 페이지는 웹 애플리케이션 운영자의 이력이 들어갈 것이다. 사람의 이력과 경력은 시간이 지날수록 늘어날 수밖에 없다. 따라서 서버에 데이터가 추가되면 웹애플리케이션에서는 자동으로 해당 이력을 보여줄 수 있는 기능을 만들 것이다. 먼저 프로필에이름과 이메일을 노출할 것인데, 이미 이름과 이메일을 서버의 데이터베이스에 쿼리하여 Axios를 통해 얻어오는 방법은 알아보았다. 이름과 이메일 외에 이력이라는 데이터를 추가해야 하는데, 이 데이터는 하나의 값을 가지기 보다는 여러 이력의 묶음이라 할 수 있다. 따라서 변수의타입은 배열로 선언을 해야 하며, 각 이력에는 자세한 설명과 해당 이력의 날짜, 그리고 관련사이트에 대한 링크 정도를 추가하면 좋을 것이다. 이러한 정보를 한데 묶기 위해서는 객체를사용하면 좋다. 따라서 최종적으로 이력은 객체의 배열이 될 것이다.

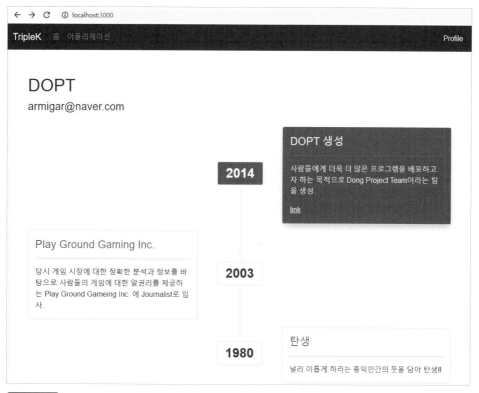

그림 5-12 완성된 프로필 페이지

먼저 완성된 페이지를 보면 그림 5-12와 같은 모습이다. 먼저 만든 데이터베이스로부터 이름과 이메일을 얻어오고, 이력을 좌우로 나눠 배치하는 타임라인을 만든다. 요청자가 데이터베이스에 이력정보를 추가하면 애플리케이션은 자동으로 타임라인을 추가한다.

이번 프로필 페이지는 Profile이라는 컴포넌트와 해당 컴포넌트 내에서 하나의 이력을 관리하는 Card라는 컴포넌트를 생성할 것이다.

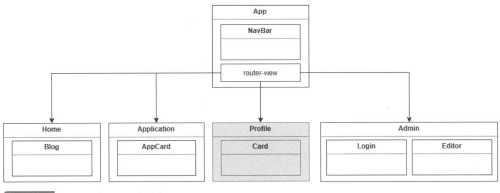

그림 5-13 Profile과 Card 컴포넌트

5-7-1 서버 변경

이력 정보를 가지는 테이블을 추가하기 위해 database/index.js 파일을 수정해야 한다. 앞으로 페이지를 제작해야 할 때 서버의 수정도 항상 같이 이뤄질 것이다. 기존의 tbl_about_myself 테이블은 테스트를 위해 만들었지만, 프로필 페이지에 이름과 이메일이 필요하므로 그대로 유지하고 새로운 테이블을 추가하여 이력 정보만 저장하도록 한다. tbl_my_resume라는 이름으로 테이블을 생성하고 임의의 데이터를 삽입할 수 있도록 할 것이다. 아울러 서버가 실행될 때마다 수행되던 Insert 문이 중복된 이름과 이메일을 쌓는 것을 방지하기 위해 Unique 설정도 추가하고 쿼리도 약간 변경하도록 한다. 최종적으로 다음과 같은 두 개의 테이블이 생성된다.

• tbl_about_myself **테이블**

name	TEXT UNIQUE
email	TEXT UNIQUE

• tbl_my_resume 테이블

date	DATE UNIQUE
title	TEXT UNIQUE
content	TEXT
URL	TEXT

Unique 키를 설정하는 이유는 서버가 실행되면서 Insert를 실행할 때 중복되는 키가 있을 경우 작업을 무시하게 하기 위해서다. Sqlite3에서는 INSERT OR IGNORE라는 쿼리문으로 구현할 수 있다. 코드 5-11과 같이 서버 코드를 변경하자. Resume 배열 객체의 값은 원하는 대로 변경해도 상관 없다.

코드 5-11. index.js

```
const sqlite3 = require('sqlite3')
const express = require('express')
const cors = require('cors')
const app = express()
app.disable('x-powered-by')
app.use(cors())


const PORT = 8000
let db = new sqlite3.Database('database.db', (err) => {
  if (!err) {
    db.run(
      'CREATE TABLE IF NOT EXISTS tbl_about_myself (name TEXT , email TEXT,
UNIQUE(name, email))',
      (err2) => {
        if (!err2) {
          db.run(
            "INSERT OR IGNORE INTO tbl_about_myself (name, email) VALUES ('DOPT',
'armigar@naver.com')"
          )
        }
      }
    )
    db.run(
```

```
            'CREATE TABLE IF NOT EXISTS tbl_my_resume (date DATE, title TEXT, content
TEXT, URL TEXT, UNIQUE(date, title))',
        (err2) => {
          if (!err2) {
            const resume = [
              {
                date: '1980-11-27',
                title: '탄생',
                content: '널리 이롭게 하라는 홍익인간의 뜻을 담아 탄생!!',
                URL: null,
              },
              {
                date: '2003-01-01',
                title: 'Play Ground Gaming Inc.',
                content:
                  '당시 게임 시장에 대한 정확한 분석과 정보를 바탕으로 사람들의 게임에
대한 알권리를 제공하는 Play Ground Gaming Inc. 에 Journalist로 입사.',
                URL: null,
              },
              {
                date: '2014-01-01',
                title: 'DOPT 생성',
                content:
                  '사람들에게 더욱 더 많은 프로그램을 배포하고자 하는 목적으로 Dong
Project Team이라는 팀을 생성.',
                URL: 'https://www.facebook.com/dongprojectteam',
              },
            ]
            resume.forEach((item) => {
              const query = `INSERT OR IGNORE INTO tbl_my_resume (date,title,
content,URL) VALUES ('${item.date}', '${item.title}', '${item.content}', '${item.URL}')`
              db.run(query)
            })
          }
        }
      )
    }
  })
```

```
app.listen(PORT, () => {
  console.log(`Listening... ${PORT}`)
})
app.get('/', (req, res, next) => {
  res.json({ rsp: 'ok' })
})


app.get('/db/about-me', (req, res, next) => {
  let result = {
    rsp: 'fail',
  }
  db.get('SELECT * FROM tbl_about_myself', (err, row) => {
    if (!err) {
      result.data = row
      db.all('SELECT * FROM tbl_my_resume ORDER BY date desc', (err2, rows) => {
        if (!err2) {
          result.rsp = 'ok'
          result.data.resume = rows
          res.json(result)
        } else {
          res.json(result)
        }
      })
    } else {
      res.json(result)
    }
  })
})
```

기존에 tbl_about_myself에서 all 함수를 이용하여 모든 열을 구해온 후 첫 번째 열만 반환하던 것과는 다르게 이번에는 get이라는 함수를 이용한다. get 함수는 처음 검색되는 하나의 열만 가져온다. 비록 테이블은 tbl_about_myself와 tbl_my_resume로 나뉘었으나 기존의 /db/aboutme의 요청 하나에 모든 정보를 돌려주도록 만들었다. 기존에 반환하던 json 객체의 data 객체 속성에 resume라는 속성을 하나 추가하고 db.all 함수를 통해 얻어진 모든 데이터베이스 열을 삽입한다. 결과적으로 다음과 같은 형식의 json 객체가 생성된다.

```
{
  rsp:"ok",
  name:"DOPT",
  email:armiger@naver.com
  resume: [ ... ]
}
```

5-7-2 Vuex에 이력 정보 추가

about-me 정보에 resume 속성이 추가되었다. 이미 이전에 이 store를 굉장히 유연하게 만들었기 때문에 별다른 수정 없이 state에 resume만 추가하면 서버로부터 들어온 resume 데이터가 저장된다. 아울러 getters에 resume를 넘겨줄 수 있는 함수를 생성해야 하는데, 어느덧 state에 변수가 3개가 됨에 따라 이를 모두 getters로 매핑하는 것보다는 하나의 객체에 실어 보내는 것이 훨씬 깔끔하다. 최종적으로 about-me.js 파일은 코드 5-12와 같이 작성된다.

코드 5-12. about-me.js

```
export const about_me = {
  namespaced: true,
  state: () => ({
    name: null,
    email: null,
    resume: [],
  }),
  getters: {
    user_data: (state) => {
      return {
        name: state.name,
        email: state.email,
```

```
          resume: state.resume,
        }
      },
    },
    mutations: {
      SET_DATA(state, data) {
        state[data.key] = data.value
      },
    },
    actions: {
      setAboutMeData: ({ commit, state }, data) => {
        Object.keys(data).forEach((key) => {
          if (Object.keys(state).find((skey) => skey === key)) {
            commit('SET_DATA', { key: key, value: data[key] })
          }
        })
      },
    },
  }
```

5-7-3 defineComponent를 이용해 Profile Component 제작

그림 5-14처럼 Profile 페이지는 같은 형식의 Bootstrap Card가 반복된다. 이렇게 반복되는 것
들은 하나의 컴포넌트로 등록해주면 훨씬 깔끔하고 이해하기 쉬운 코드가 탄생한다. 다만 다른
페이지에서 사용할 컴포넌트가 아니고 그 코드가 짧기 때문에 Profile 컴포넌트 파일 내에서
Card 컴포넌트를 생성할 것이다.

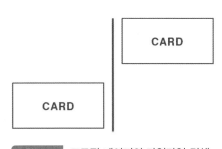

그림 5-14 프로필 페이지의 타임라인 컨셉

위 컨셉을 템플릿 코드로 작성하면 코드 5-13과 같다.

코드 5-13. 타임라인을 표현한 템플릿 코드

```
<template>
  <div class="container pt-5">
    <div
      class="row no-gutters"
      v-for="(d, index) in user_data.resume"
      :key="index"
    >
      <Card :top="!index" :resume="d" :show="index % 2 == 1" />
      <div col-sm-2 />
      <Card :top="!index" :resume="d" :show="index % 2 == 0" />
    </div>
  </div>
</template>
```

임의의 Card라는 컴포넌트는 그림 5-14에서 CARD라고 표현된 그림에 대한 것으로 여러 이력 중 하나의 이력에 대한 정보를 출력한다. 타임 라인의 한 줄에는 하나의 카드가 좌우 번갈아가면서 표시가 된다. 이를 표현하기 위해 일단 두 개의 카드를 그리고, 그 가운데 선을 긋거나 연도를 표시할 수 있는 div를 하나 포함한다. 한번에 하나의 카드만 표시되어야 하므로 v-for로 순회하는 인덱스 값을 2로 나눈 나머지 값을 검사하여 Card 컴포넌트가 교차로 보이게 했다. Card 컴포넌트가 보이기 위해서는 show 속성값을 true로 넣어줘야 한다. 앞서 만든 Vuex 스토어는 user_data라는 객체 값을 반환하는데, 이 객체의 resume 속성은 배열로 이력을 갖고 있다. v-for 디렉티브는 이 이력값을 순회한다.

Card 컴포넌트는 top, resume 그리고 show라는 속성을 입력받는다. top 속성은 단순히 해당 카드가 제일 위에 그려지는 카드인지를 알려준다. top의 값에 따라 Card 컴포넌트는 배경 색상을 달리하여 현재 이력이 무엇인지 잘 나타내게 한다. resume 속성에는 user_data.resume 배열에서 얻은 하나의 이력 객체를 넣어준다. 이 이력 객체의 속성값들은 Card의 템플릿을 구성하는 중요한 값들이 된다. 마지막으로 show는 이미 언급한 바와 같이 홀수번과 짝수번에 따라 참과

거짓의 값을 교차로 받아 해당 컴포넌트가 그려져야 하는지 숨겨져야 하는지를 결정한다. 왼쪽 카드가 그려지면 오른쪽 카드가 숨겨지고, 오른쪽 카드가 그려지면 왼쪽 카드가 숨겨진다. 이 Card 컴포넌트의 코드는 5-14와 같다.

코드 5-14. Card 컴포넌트 코드

```
const Card = defineComponent({
  props: {
    top: Boolean,
    resume: Object,
    show: Boolean,
  },
  setup(props) {},
  template: `
    <div v-if="show" class="col-sm py-2">
        <div class="card" :class="{'border-primary bg-primary text-light': top,
shadow: top }">
            <div class="card-body">
            <h4 class="card-title" :class="[top ? 'text-light' : 'text-muted']">{{
resume.title }}</h4>
            <hr/>
            <p class="card-text">{{ resume.content }}</p>
            <a v-if="resume.URL != 'null'" :href="resume.URL" target="_blank"
:class="[top ? 'text-light' : 'text-primary']">link</a>
            </div>
        </div>
    </div>
    <div v-if="!show" class="col-sm"></div>
    `,
})
```

이제 이전에 이미 구현을 완료한 Vuex 스토어와 axios 모듈 내 함수들을 모두 사용해 Profile 컴포넌트를 완성해보자. 스토어를 setup 함수에서 사용하기 위해서는 Vuex의 useStore 객체를 불러와 사용해야 한다. 아울러 Card를 Profile 컴포넌트와 독립적으로 만들 것이므로 컴포넌트를 따로 구성할 수 있는 전역 API인 defineComponent를 vue로부터 불러온다.

Card 컴포넌트를 만들 때는 defineComponent라는 함수를 이용했다. 해당 함수는 사실 Vue 내부적으로 따로 하는 일은 없으며, 인자로 받은 객체를 다시 돌려준다. Card 컴포넌트의 resume 속성 객체에는 서버에서 정의했던 date, title, contents 그리고 URL이 들어간다. URL은 null 값이 올 수 있는데, 이럴 경우 link를 만들지 않고 URL이 null이 아니면 자동으로 link를 생성한다. Card 컴포넌트의 템플릿을 보면 두 개의 div가 존재한다. 하나의 div는 Card를 그리고 있고, 또 다른 하나는 단순히 하나의 열을 생성한다. 이 두 개는 서로 공존하지 않는다. 즉, 하나가 카드로 채워지면 빈 열을 가리키는 div는 그려지지 않고, 카드가 그려지지 않으면 빈 div를 그린다. 예를 들어 resume가 첫 번째(최신) 것이라면 오른쪽에 그려져야 한다. 이럴 때 왼쪽 Card 컴포넌트의 show 속성이 false로 들어와 카드 대신에 빈 열을 만들고, 오른쪽 Card 컴포넌트의 show 속성은 true가 들어와 빈 열 대신 카드를 그리게 된다.

Store의 dispatch 함수는 Actions를 실행한다. 이미 setAboutMeData라는 Actions 함수는 about-me 스토어 모듈에 만들어두었다. 이 Actions는 onSuccess라는 함수로부터 들어오는 인자를 받게 된다. onSuccess 함수는 Composition 함수로 만들어둔 axiosGet 함수의 Callback 함수로 쓰인다. axiosGet 함수가 서버로부터 데이터를 정상적으로 얻어오면 onSuccess를 호출하고 받아온 데이터를 인자로 넘긴다.

이렇게 about-me 스토어에 저장된 값은 getters를 이용해 계산된Computed 값으로 불러진다. 계산된 값으로 호출하는 이유는 반응형 값으로 만들기 위해서다. 이렇게 반환된 user_data라는 객체는 템플릿에서 쓰여질 때 상호간 반응성을 보인다. 즉, 값이 업데이트 되면 그 즉시 변경된 값으로 렌더링이 된다. Profile.vue의 전체 소스코드는 다음과 같다.

코드 5-15. Profile.vue

```
<template>
  <div class="container pt-5">
    <div>
      <p class="fs-1 mb-0">{{ user_data.name }}</p>
    </div>
    <div>
```

```
      <p class="fs-4">{{ user_data.email }}</p>
    </div>

    <div
      class="row no-gutters"
      v-for="(d, index) in user_data.resume"
      :key="index"
    >
      <Card :top="!index" :resume="d" :show="index % 2 == 1" />
      <div class="col-sm-2 text-center flex-column d-none d-sm-flex">
        <div class="row h-50">
          <div class="col" :class="[index ? 'border-right' : '']" />
          <div class="col" />
        </div>
        <h1>
          <span
            class="badge badge-pill border"
            :class="[!index ? 'bg-primary text-light' : 'bg-light text-dark']"
            >{{ new Date(d.date).getFullYear() }}</span
          >
        </h1>
        <div class="row h-50">
          <div
            class="col"
            :class="[
              index != user_data.resume.length - 1 ? 'border-right' : '',
            ]"
          />
          <div class="col" />
        </div>
      </div>
      <Card :top="!index" :resume="d" :show="index % 2 == 0" />
    </div>
  </div>
</template>
```

```
<script>
import { defineComponent, computed } from 'vue'
import { useStore } from 'vuex'
import useAxios from '/@app_modules/axios.js'

const Card = defineComponent({
  name: 'Card',
  props: {
    top: Boolean,
    resume: Object,
    show: Boolean,
  },
  setup(props) {},
  template: `
    <div v-if="show" class="col-sm py-2">
        <div class="card" :class="{'border-primary bg-primary text-light': top,
shadow: top }">
            <div class="card-body">
            <h4 class="card-title" :class="[top ? 'text-light' : 'text-muted']">{{
resume.title }}</h4>
            <hr/>
            <p class="card-text">{{ resume.content }}</p>
            <a v-if="resume.URL != 'null'" :href="resume.URL" target="_blank"
:class="[top ? 'text-light' : 'text-primary']">link</a>
            </div>
        </div>
    </div>
    <div v-if="!show" class="col-sm"></div>
    `,
})

export default {
  name: 'Profile',
```

```
  setup() {
    const store = useStore()
    const { axiosGet } = useAxios()

    const onSuccess = (data) => {
      store.dispatch('about_me/setAboutMeData', data.data)
    }
    axiosGet('/db/about-me', onSuccess)

    const user_data = computed(() => store.getters['about_me/user_data']))

    return {
      user_data,
    }
  },
  components: {
    Card,
  },
}
</script>
```

Profile 컴포넌트가 완성되었으므로 웹 애플리케이션에서 해당 컴포넌트를 렌더링할 수 있게 해야 한다. App.vue의 components라는 Options NavBar API에 컴포넌트를 추가시킨 것과 같은 방식으로 Profile 컴포넌트를 추가해보자. 아울러 Alias가 설정되었으므로 폴더에 접근하기 위해 vue 파일에 대한 경로도 Alias로 변경할 수 있다.

코드 5-16. App.vue

```
<template>
  <nav-bar />
  <Profile />
</template>

<script>
```

```
import NavBar from '/@components/NavBar.vue'
import Profile from '/@components/Profile.vue'

export default {
  name: 'App',
  components: {
    NavBar,
    Profile,
  },
}
</script>
```

코드를 모두 작성하고 브라우저를 보면 여전히 메뉴만 보이는 것을 알 수 있다. 이는 웹 애플리케이션의 시작지점을 home으로 설정했기 때문이다. NavBar.vue 파일을 열어 menu=ref('home') 부분을 menu=ref('profile')로 변경하자. 이제 프로필 화면이 웹브라우저에 나타날 것이다.

렌더링이 완료되면 Developer Tool을 이용해 Profile 컴포넌트를 살펴보자. 각 Card 컴포넌트를 클릭해보면 오른쪽에 어떤 props를 받았는지 확인해 볼 수 있다.

그림 5-15 devtools를 이용한 컴포넌트 확인

5-8 Global API

Profile 컴포넌트 내 Card 컴포넌트를 생성하기 위해 사용한 defineComponent는 Vue 3에서 새롭게 소개된 전역 API 중 하나다. 프로젝트를 진행함에 있어 모든 전역 API를 사용하지는 않을 것이므로, 이번에 Vue 3의 전역 API를 살펴보고자 한다.

5-8-1 createApp

기존 Vue 2는 인스턴스화된 애플리케이션을 지원하지 않았다. 따라서 Vue 2의 전역 API들은 생성된 모든 Vue 인스턴스들에 상태를 공유했고, 이는 원치 않던 결과를 낳기도 했다. createApp 전역 API는 애플리케이션 인스턴스를 생성한다. 해당 인스턴스는 Vue 그 자체가 아니고 독립된 것으로 다른 인스턴스들과 상태를 공유하지 않는다. 따라서 기존에 Vue 2에서 사용하던 Global API들이 Vue 3에서는 애플리케이션 API로 대체되었다. 대체된 API들은 다음과 같다.

Vue 2 전역 API	Vue 3 애플리케이션 API
Vue.config	app.config
Vue.config.productionTip	삭제됨
Vue.config.ignoredElements	app.config.isCustomElement
Vue.component	app.component
Vue.directive	app.directive
Vue.mixin	app.mixin
Vue.use	app.use

표 5-3 Vue 3의 애플리케이션 API들

생성되는 여러 애플리케이션 인스턴스들이 같은 설정을 공유하도록 하고 싶다면 팩토리 함수(객체를 반환하는 함수)를 생성하면 된다. 공식 Vue 3 홈페이지의 코드를 보면 조금 더 이해가 쉽다.

```
import { createApp } from 'vue'
import Foo from './Foo.vue'
import Bar from './Bar.vue'

const createMyApp = options => {
  const app = createApp(options)
  app.directive('focus' /* ... */)

  return app
}

createMyApp(Foo).mount('#foo')
createMyApp(Bar).mount('#bar')
```

createApp을 createMyApp이라는 팩토리 함수는 createApp을 만들고 인자로 컴포넌트를 받는다. 해당 컴포넌트로 애플리케이션을 생성한 후 해당 애플리케이션에 동일한 디렉티브directive를 할당한다.

5-8-2 defineComponent

이 전역 API는 단순히 인자로 들어온 객체를 반환하는 역할을 한다. Vue 3에서 소개된 setup 함수를 이용한 객체를 생성하기 위해서는 defineComponent의 인자로 함수를 넣어주면 되는데 여기서 중요한 것은 함수의 이름이 반드시 반환되는 값을 받는 변수의 이름과 동일해야 한다. 여기서 반환되는 값을 받는 변수의 이름은 그 컴포넌트의 이름이 된다. 즉, 다음과 같이 defineComponent를 사용하면 A라는 컴포넌트가 생성된다.

```
const A = defineComponent(function A() { ... })
```

5-8-3 defineAsyncComponent

Promise로 생성된 팩토리 함수를 인자로 받아 컴포넌트를 생성한다. 일반적으로 애플리케이션 번들의 크기가 너무 크거나 자주 사용하지 않는 컴포넌트를 독립된 청크Chunk로 만들어 필요할 때만 불러와 사용하기 위해 defineAsyncComponent를 사용한다. 일반적으로 이러한 컴포넌트를 비동기 컴포넌트Async Components 라 부른다. 비동기 컴포넌트는 반드시 Promise의 resolve를 이용해 반환되어야 한다.

```
const A = defineAsyncComponent(() => import('/@components/A.vue'))
```

5-8-4 resolveComponent

Component의 이름으로 컴포넌트를 불러온다. 컴포넌트가 존재하지 않으면 null을 리턴한다.

5-8-5 resolveDynamicComponent

동적 컴포넌트를 사용하는 것처럼 컴포넌트를 불러올 수 있는 전역 API다. 이 API는 오직 render 함수 혹은 setup 함수에서만 사용할 수 있다. 컴포넌트가 존재하지 않으면 경고를 발생시킨다.

5-8-6 resolveDirective

directive를 이름으로 불러올 수 있는 전역 API이며, setup 함수 혹은 render 함수에서만 사용 가능하다.

5-8-7 withDirectives

원하는 디렉티브를 하나의 VNode에 반영시킨 후, 반영이 완료된 VNode를 돌려준다. 예를 들어 코드 5-18처럼 foo와 bar라는 디렉티브를 불러와 div라는 VNode를 생성한 후, 해당 〈div〉 태그의 디렉티브로 v-foo="x"와 v-bar="y"를 생성한다.

코드 5-18. v-foo와 v-bar가 디렉티브가 반영된 div

```
import { withDirectives, resolveDirective } from 'vue'
const foo = resolveDirective('foo')
const bar = resolveDirective('bar')

return withDirectives(h('div'), [
  [foo, this.x],
```

```
    [bar, this.y]
  ])
```

5-9 애플리케이션 소개 페이지 제작

이번에는 다른 애플리케이션들을 소개할 수 있는 페이지를 만들어 볼 것이다. 각 애플리케이션
은 애플리케이션의 이름, 출시일, 간략한 설명 그리고 관련 사이트로 이동할 수 있는 링크가 존
재한다. 소개하고자 하는 애플리케이션에 대한 개수가 늘어날 수 있으므로, 간단하게 서버에
애플리케이션 정보를 담을 수 있는 데이터베이스 테이블도 준비할 것이다.

애플리케이션을 소개하는 페이지는 간단하게 Bootstrap의 Card를 이용해 구성할 것이다. 다만,
Vue의 기능들을 적용해보기 위해 Bootstrap의 Card를 AppCard라는 컴포넌트로 은닉화하여 새
로운 파일로 만들 것이다. 이 AppCard 컴포넌트는 Application이라는 페이지 컴포넌트의 자식
컴포넌트로 들어간다. 하나의 부모 컴포넌트에 하나의 자식 컴포넌트이므로 데이터를 주고 받
기 위해서는 props만으로도 충분하지만, Vue 3에서 새롭게 소개된 Project도 같이 이용할 것이
다.

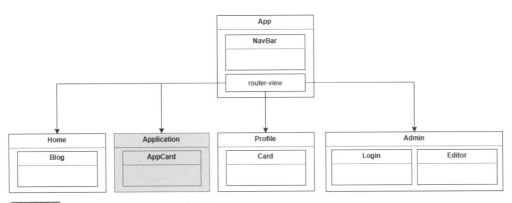

그림 5-16 Application과 AppCard 컴포넌트

5-9-1 Node.js 모듈화를 통한 서버 수정

애플리케이션 정보를 담을 데이터베이스를 추가해야 한다. 현재 2개의 테이블이 존재하는데 여
기에 tbl_applications라는 테이블을 추가할 것이다. 테이블이 많아지면서 이제 더 이상 index.js

에 모든 테이블을 관리하기 힘들어졌다. 따라서 index.js 파일을 기능별로 여러 파일로 분리할 것이다.

먼저 열거형과 같은 역할을 할 수 있는 사용자 정의 키 값들을 가지는 type.js 파일을 추가한다. 이는 단순히 문자열이나 숫자를 이용해 인자를 넘기는 것보다 훨씬 가독성과 신뢰성이 올라간 다. tbl_applications 테이블에 대한 요청도 추가할 것이므로 applications 키 값까지 추가한다.

코드 5-19. Server에 새롭게 만든 type.js 파일

```
module.exports = {
  about_me: 1,
  resume: 2,
  applications: 3,
}
```

다음으로는 테이블을 생성하고 값을 넣어둘 initial.js 파일을 생성한다.

코드 5-20. 각 테이블을 함수로 분리한 initial.js 파일

```
const TYPE = require('./type.js')

function fn_about_me(db) {
  db.run(
    'CREATE TABLE IF NOT EXISTS tbl_about_myself (name TEXT , email TEXT,
UNIQUE(name, email))',
    (err) => {
      if (!err) {
        db.run(
          "INSERT OR IGNORE INTO tbl_about_myself (name, email) VALUES ('DOPT',
'armigar@naver.com')"
        )
      }
    }
  )
}


function fn_resume(db) {
```

```
db.run(
  'CREATE TABLE IF NOT EXISTS tbl_my_resume (date DATE, title TEXT, content TEXT,
url TEXT, UNIQUE(date, title))',
  (err) => {
    if (!err) {
      const resume = [
        {
          date: '1980-11-27',
          title: '탄생',
          content: '널리 이롭게 하라는 홍익인간의 뜻을 담아 탄생!!',
          url: null,
        },
        {
          date: '2003-01-01',
          title: 'Play Ground Gaming Inc.',
          content:
              '당시 게임 시장에 대한 정확한 분석과 정보를 바탕으로 사람들의 게임에
대한 알권리를 제공하는 Play Ground Gaming Inc. 에 Journalist로 입사.',
          url: null,
        },
        {
          date: '2014-01-01',
          title: 'DOPT 생성',
          content:
              '사람들에게 더욱 더 많은 프로그램을 배포하고자 하는 목적으로 Dong
Project Team이라는 팀을 생성.',
          url: 'https://www.facebook.com/dongprojectteam',
        },
      ]
      resume.forEach((item) => {
        const query = `INSERT OR IGNORE INTO tbl_my_resume
(date,title,content,url) VALUES ('${item.date}', '${item.title}', '${item.content}',
'${item.url}')`
        db.run(query)
      })
    }
  }
)
```

```
}

function fn_applications(db) {
  db.run(
    'CREATE TABLE IF NOT EXISTS tbl_applications (id INT, name TEXT , content TEXT,
date DATE, platform TEXT, url TEXT, image TEXT, UNIQUE(name, date))',
    (err) => {
      if (!err) {
        const applications = [
          {
            id: 1,
            name: '힘을 찾아런',
            content:
              '아주 간단한 런닝 게임인 "힘을 찾아런"을 소개합니다. 별다른 생각 없이
시간을 죽이기에 적합한 게임입니다. 플레이 제약을 통한 스트레스 없이 무제한으로 즐길
수 있으며, 골드 역시 스트레스 받지 않을정도로 드립니다. 점프 하나로 모험을 떠나고 보
스를 물리치세요!',
            date: '2017-07-01',
            platform: 'Android',
            url:
              'https://play.google.com/store/apps/details?id=com.dopt.
rfp1&hl=ko&gl=US',
            image: 'http://localhost:8000/assets/runforpower.png',
          },
          {
            id: 2,
            name: 'DongAutoClicker',
            content:
              '게임을 즐기거나 자동화 테스트를 위해 마우스를 정해진 패턴대로 움직이게
할 수 있는 프로그램입니다.',
            date: '2018-10-14',
            platform: 'Windows',
            url: 'https://m.blog.naver.com/armigar/221377064681',
            image: 'http://localhost:8000/assets/dongautoclicker.png',
          },
        ]

        applications.forEach((item) => {
```

```
        const query = `INSERT OR IGNORE INTO tbl_applications (id, name, content,
date, platform, url, image) VALUES (${item.id}, '${item.name}', '${item.content}',
'${item.date}', '${item.platform}' , '${item.url}', '${item.image}')`
        db.run(query)
      })
    }
  }
  )
}

module.exports.run = function (db, type) {
  if (type == TYPE.about_me) {
    fn_about_me(db)
  } else if (type == TYPE.resume) {
    fn_resume(db)
  } else if (type == TYPE.applications) {
    fn_applications(db)
  }
}
```

이 모듈은 run이라는 함수를 노출하고 있으며, 앞서 정의한 키/값 조합을 이용해 "fn_"으로 시작하는 함수를 호출한다. 각 함수들은 테이블을 생성하고 초기값을 넣어주는 역할을 한다. 다음으로는 url에 따라 Database에서 데이터를 꺼내 반환하는 get.js 파일을 생성하고 다음과 같이 코드를 짠다.

코드 5-21. 데이터베이스를 조회할 수 있는 get.js 파일

```
module.exports.setup = function (app, db) {
  app.get('/', (req, res, next) => {
    res.json({ rsp: 'ok' })
  })

  app.get('/db/about-me', (req, res, next) => {
    let result = {
      rsp: 'fail',
    }
```

```
    db.get('SELECT * FROM tbl_about_myself', (err, row) => {
      if (!err) {
        result.data = row
        db.all(
          'SELECT * FROM tbl_my_resume ORDER BY date desc',
          (err2, rows) => {
            if (!err2) {
              result.rsp = 'ok'
              result.data.resume = rows
              res.json(result)
            } else {
              res.json(result)
            }
          }
        )
      } else {
        res.json(result)
      }
    })
  })

  app.get('/db/applications', (req, res, next) => {
    let result = {
      rsp: 'fail',
    }
    db.all('SELECT * FROM tbl_applications ORDER BY date desc', (err, rows) => {
      if (!err) {
        result.rsp = 'ok'
        result.data = rows
        res.json(result)
      } else {
        res.json(result)
      }
    })
  })
}
```

기존에 index.js에 모두 모여있던 get 함수들을 따로 모아두어 setup이라는 함수로 묶어두었다. 여기에 새롭게 만든 tbl_applications를 조회할 수 있는 "/db/applications" URL을 연동하는 코드를 추가하였다. 이제 이 모든 것을 통합한 index.js 파일을 다음과 같이 만들자.

코드 5-22. 지금까지 생성한 모듈을 불러와 실행하는 index.js 파일

```js
const sqlite3 = require('sqlite3')
const express = require('express')
const TYPE = require('./type.js')
const get = require('./get.js')
const initial = require('./initial.js')
const cors = require('cors')
const app = express()
app.disable('x-powered-by')
app.use(cors())
app.use('/assets', express.static('assets'))

const PORT = 8000

let db = new sqlite3.Database('database.db', (err) => {
  if (!err) {
    initial.run(db, TYPE.about_me)
    initial.run(db, TYPE.resume)
    initial.run(db, TYPE.applications)
  }
})

app.listen(PORT, () => {
  console.log(`Listening... ${PORT}`)
})

get.setup(app, db)
```

코드 5-22의 10번째 라인에서 express가 static 파일을 전송할 수 있도록 express.static을 이용해 assets 폴더를 정적파일의 저장소임을 알 수 있도록 했다. assets 폴더를 생성하고 안에 runforpower.png 파일과 dongautoclicker.png라는 파일을 위치시킨다. 아무 이미지 파일이나 넣어도 되며, 파일명만 코드와 일치하게 하면 된다. 총 구성은 그림 5-17처럼 된다.

그림 5-17 서버 파일의 구성

이제 기존과 동일하게 node index.js 명령어를 실행하면 8000 포트로 서버가 실행되고 "/db/applications"로 애플리케이션 데이터를 받아들일 수 있다.

5-9-2 Vuex 스토어 모듈 추가

applications 데이터를 저장하고 불러올 수 있는 Vuex 스토어 모듈이 필요하다. src/store/modules 아래에 applications.js 파일을 생성하고 다음과 같이 코드를 작성한다.

코드 5-23. Vuex의 applications 모듈

```javascript
export const applications = {
  namespaced: true,
  state: () => ({
    applications: [],
  }),
  getters: {
    applications_count: (state) => {
      return state.applications.length
    },
    applications: (state) => (filter = null) => {
      if (filter) {
        return state.applications.filter((i) => i.name == filter)
      }
```

```
      return state.applications
    },
  },
  mutations: {
    SET_DATA(state, data) {
      state.applications = data
    },
  },
  actions: {
    setApplications: ({ commit }, data) => {
      if (data.length > 0) {
        commit('SET_DATA', data)
      }
    },
  },
}
```

코드 5-23을 보면 state내에 applications라는 배열 객체를 하나 빈 값으로 정의하고 있음을 알 수 있다. Getters로는 배열의 개수를 돌려줄 수 있는 applications_count와 name에 대한 필터를 적용할 수 있는 applications가 존재한다. applications_count는 필터링되지 않은 서버로부터 받은 모든 애플리케이션의 개수가 들어간다. 모든 애플리케이션의 정보는 state.applications에 들어있으므로 state.applications의 length 메서드를 이용하면 된다. applications Getter는 이름을 입력받아 해당 이름에 맞는 애플리케이션 데이터만 돌려준다. 검색 기능을 사용할 때 유용한 방법이므로 코드 작성방법으로 알아두면 편리하다. Actions 속성으로 setApplications를 제공하고 있는데, 이 함수는 데이터의 개수가 0개보다 클 경우, 현재 applications 데이터를 대체하도록 했다.

src/store/index.js의 modules 객체에 다음과 같이 applications를 추가한다.

```
modules: {
  about_me: about_me,
  applications: applications,
}
```

5-9-3 Application 컴포넌트 제작

Application 컴포넌트는 AppCard 컴포넌트를 나열하는 역할을 하는 컨테이너 컴포넌트다. 이번에 만드는 페이지는 다양한 애플리케이션을 소개하는 페이지인데, 일반적으로 이러한 페이지는 매우 정적일 수밖에 없다. 즉, 서버의 데이터가 실시간으로 업데이트가 되지 않고 매우 드물게 업데이트가 진행된다. 이러한 데이터의 경우 페이지가 로드될 때마다 데이터를 받을 필요는 없다. 따라서 전송받은 데이터는 Vuex 스토어에 보관하고 재활용한다.

코드 5-24. Application.vue

```vue
<template>
  <p class="m-2">
    총 {{ applications_count }} 개의 애플리케이션 중
    {{ applications.length }}개가 보여집니다.
  </p>
  <hr />
  <div class="row row-cols-1 row-cols-sm-3 g-2 m-0">
    <div class="col" v-for="data in applications" :key="data.id">
      <app-card :data="data" />
    </div>
  </div>
</template>

<script>
import { ref, onMounted, computed } from 'vue'
import { useStore } from 'vuex'
import AppCard from '/@components/AppCard.vue'
import useAxios from '/@app_modules/axios.js'

export default {
  name: 'Application',
  setup() {
    const store = useStore()
    const { axiosGet } = useAxios()
    const applications = computed(() =>
      store.getters['applications/applications']()
    )
```

```
      const applications_count = computed(
        () => store.getters['applications/applications_count']
      )

      onMounted(() => {
        if (!store.getters.applications_count) {
          axiosGet('/db/applications', (data) => {
            store.dispatch('applications/setApplications', data.data)
          })
        }
      })

      return {
        applications_count,
        applications,
      }
    },
    components: {
      AppCard,
    },
  }
</script>
```

코드 5-24는 Application 컴포넌트를 구성하는 소스코드다. 이 중 템플릿은 크게 Application 컴포넌트가 직접 렌더링하는 부분과 AppCard를 렌더링하는 부분으로 나뉘어 있다. AppCard 를 정렬하기 위해 v-for 디렉티브를 사용한다. v-for 디렉티브는 applications라는 배열값을 순회하며 하나의 각 값을 AppCard의 속성으로 넘겨준다. AppCard를 감싸고 있는 2중의 〈div〉 태그는 Bootstrap class를 이용해 반응형 그리드Grid 를 생성한다. 최상위 div는 그리드를 그리는 row 클래스가 들어있으며, 너비가 sm 클래스로 정의된 사이즈보다 큰 경우 3개의 열을 만들고, 그렇지 않을 경우 1개의 열만 만들도록 되어 있다. g-4 클래스는 Bootstrap 5에서 .gutter 가 변경된 클래스다. gutter란 그리드 방식으로 HTML을 그릴 때 각 셀 간의 간격을 의미한다. Application 컴포넌트가 마운트되면 컴포넌트는 Vuex의 값을 바탕으로 서버로부터 데이터를 새로 받아올지를 결정한다. onMount 함수가 컴포넌트가 마운트되는 시점에 호출이 되는 것은 이미 생명주기를 다룰 때 알아보았다.

5-9-4 AppCard 컴포넌트 추가

AppCard 컴포넌트는 실제 Card를 그리는 컴포넌트다. props로 받은 data 객체로부터 필요한 정보를 추출하여 카드를 생성한다. url 값이 문자열 null이 아닐 경우 클릭이 가능한 링크를 생성하는데, 해당 링크를 클릭하면 onClickApplication 메서드가 호출되고 이 메서드는 반응형 프록시 객체인 selected_appl_id의 value 값을 업데이트 시킨다. selected_appl_id의 값은 props로 들어온 data의 id값과 비교하여 같을 경우 border-primary 클래스를 추가한다. 이는 사용자가 어떤 카드를 제일 마지막으로 클릭했는지 알 수 있게 해준다.

코드 5-25. AppCard.vue

```
<template>
  <div
    class="card h-100 border-2"
    :class="{ 'border-primary': selected_appl_id == data.id }"
  >
    <img :src="data.image" class="card-img-top" alt="Image" />
    <div class="card-body">
      <h5 class="card-title">{{ data.name }}</h5>
      <p class="card-text">
        {{ data.content }}
      </p>
      <p class="card-text" v-if="data.url != 'null'">
        <a :href="data.url" @click="onClickApplication(data)" target="_blank"
          >클릭</a
        >
      </p>
    </div>
    <div class="card-footer">
      <small class="text-muted">{{ data.date }}에 등록 됨</small>
    </div>
  </div>
</template>

<script>
```

```
import { ref } from 'vue'
export default {
  props: {
    data: Object,
  },
  setup(props) {
    const data = props.data
    const selected_appl_id = ref(-1)

    const onClickApplication = (one_data) => {
      selected_appl_id.value = one_data.id
    }

    return { data, onClickApplication, selected_appl_id }
  },
}
</script>
```

이제 웹 애플리케이션을 실제로 열어보고 애플리케이션 메뉴로 진입한다.

그림 5-18 애플리케이션 컴포넌트가 그려진 모습

애플리케이션 데이터베이스에 등록된 정보가 그림 5-18처럼 나온다. 이 중 DongAutoClicker를 클릭해보자. 해당 URL로 연결된 사이트가 새로운 브라우저 윈도우에 뜨게 된다. 다시 웹 애플리케이션을 보면 그림 5-19와 같이 파란색으로 감싸진 것을 알 수 있다.

그림 5-19 선택된 애플리케이션의 테두리 색이 파란색으로 변경된다.

Applications 컴포넌트의 applications Getter의 filter 변수를 다음과 같이 변경해보자. 그러면 그림 5-20과 같이 필터링이 된 애플리케이션만 나오는 것을 확인할 수 있다. 이 기능을 이용해 애플리케이션 검색창을 만들 수 있다. 〈input type='search'〉를 이용해 직접 구현해보자.

```
const applications = computed(() =>
  store.getters['applications/applications']('DongAutoClicker')
)
```

총 2 개의 어플리케이션 중 1개가 보여집니다.

DongAutoClicker

게임을 즐기거나 자동화 테스트를 위해
마우스를 정해진 패턴대로 움직이게 할
수 있는 프로그램입니다.

클릭

2018-10-14에 등록 됨

그림 5-20 Filtering된 애플리케이션

정리하며

이번 장에서는 Vue 2에서도 가장 많이 사랑받았고 여전히 많은 사람들이 사용하고 있는 Vuex와 Axio에 대해서 알아보았다.

Vuex는 상태 관리가 되는 전역 저장소 역할을 하기 때문에 다양한 데이터 변수의 사용을 도맡아 하던 라이브러리다. 컴포지션 API가 소개되면서 Vuex를 사용하지 않아도 상태 관리가 되는 컴포지션 모듈을 만들 수 있게 되면서 Vue 3에서 사용성이 많이 떨어진 것은 사실이나, 여전히 프로젝트의 하위호환성을 이유로 많이 사용한다. Axios는 Promise 기반의 HTTP 클라이언트 라이브러리로 비동기식 HTTP 요청을 매우 쉽게 할 수 있게 해준다. REST 엔드포인트를 지원하고 완벽한 CRUD 명령어를 수행한다.

Vue와 큰 관련이 없을지 모르지만, express를 이용해 노드 서버를 제작하는 방법도 알아보았다. AWS의 RDS, GCP의 CloudSQL, Azure의 Azure SQL와 같은 클라우드 DB를 사용하거나 직접 서버에 SQL 데이터베이스를 설치하여 사용하는 것이 일반적이겠지만, 빠른 개발을 이용해 sqlite3와 express를 이용해 서버를 구성하는 방법에 대한 소개도 도움이 될 것이다.

6장

Vue 3 추가 라이브러리 사용

목표 ··

앞서 제작한 Vue의 웹 애플리케이션의 가용성을 한껏 끌어올려 줄
수 있는 라이브러리들의 사용방법을 알아본다. SPA의 핵심이라 할
수 있는 라우터 기능을 제공해주는 vue-router는 Vue 개발을 위해
Vuex*와 함께 반드시 설치해야 하는 라이브러리 중 하나다. 여기에
더해 CSS에 시간을 할애하기 힘들거나, 디자이너의 부재 시 손쉽게
UI를 작성할 수 있는 Bootstrap과 같은 라이브러리는 필수적이라 할
수 있다. 이번 장에서는 실제로 웹 애플리케이션을 개발하면서 필요
한 추가 라이브러리들을 실제로 사용해 적용해보는 내용들을 담았다.
이를 바탕으로 원하는 추가 라이브러리들이 있다면 Vue와 결합하여
사용할 수 있는 능력을 배양하는 자리가 되었으면 한다.

---

*   Vue 3에서 Vuex는 더 이상 핵심 라이브러리라고 칭할 수는 없다.

6-1 Vue 3 추가 라이브러리 사용

5장에서 간단하게 프로젝트를 준비하며 Vue 3의 여러 요소들을 살펴보았다. 6장에서는 Vue 3 라이브러리 외에도 Vue를 위해 제공하는 플러그인과 Bootstrap과 같은 외부 프레임워크 등을 이용하여 블로그 페이지를 삽입하려 한다. 실제로 오직 Vue.js만 가지고 애플리케이션을 만드는 일은 거의 없다. 상태 관리를 위한 Vuex, 라우팅을 쉽게 할 수 있는 Vue-Router 등 Vue 기반의 애플리케이션을 제작함에 있어 편리함을 극대화시킨 라이브러리들이 많이 존재한다. 이미 알아본 Vuex를 제외하고, 그 외 다른 라이브러리들의 사용법과 추가로 서드파티 라이브러리의 사용법을 알아볼 것이다.

6-2 vue-router로 라우터 구성

Profile이라는 페이지를 완성하여 그 화면을 보기 위해서 NavBar.vue 파일의 menu를 'home'에서 'profile'로 변경해야 했다. 이런 식으로 사람이 페이지를 코드에서 일일히 지정할 수는 없는 노릇이기에 Router를 도입한다. SPA에서 Router를 만드는 것은 그리 어려운 기술은 아니다. 예를 들어 다음과 같은 방식으로 Router를 NavBar에 추가할 수 있을 것이다.

```
const routes = {
  '/': 'home',
  '/profile': 'profile'
}

export default NavBar {
  ...
  computed: {
    currentPageName() {
    return routes[window.location.pathname] || '/'
    }
  }
}
```

여기에 Vuex로 상태를 관리한다면 history 또한 어렵지 않게 구현할 수 있다. Vue는 이러한 기능을 이미 모두 만들어놓은 vue-router라는 플러그인을 제공하며 이 플러그인으로 라우팅을 할 것을 적극 권장하고 있다.

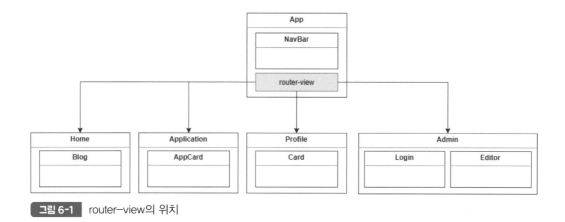

그림 6-1 router-view의 위치

6-2-1 vue-router 설치

Vue 3를 설치하기 위해서는 vue를 설치할 때와 마찬가지로 next 레파지토리로부터 패키지를 다운받아야 한다. 아래 커맨드를 입력해 vue-router를 설치한다.

```
npm install vue-router@next
```

6-2-2 라우터 구성(RouteRecordRaw)

URL을 기반으로 한 라우팅을 구성하기 위해서는 어느 URL에 따라 어느 컴포넌트를 그려줘야 할지 결정하는 라우터 구성이 필요하다. 라우터의 구성은 RouteRecordRaw의 배열이다. 각 RouteRecordRaw는 URL과 Component의 관계를 정의한다.

```
const routes = [
  { path: '/', name: 'Home', component: Home },
  { path: '/profile', name: 'Profile', component: Profile },
  { path: '/applications/:app-name?', name: 'Profile', component: Profile },
  { path: '/resume/:year(\\d)', name: 'Profile', component: Profile },
]
```

RouteRecordRaw에 쓰이는 속성은 다음과 같다.

path

path는 들어오는 URL을 의미한다. vue-router는 약간의 expression을 제공하는데 콜론(:)으로 시작하는 값은 this.$route.params 객체의 속성으로 들어갈 매개변수를 의미한다. 예를 들어 /application/:app-name으로 호출된 컴포넌트 내에서 app-name은 다음과 같이 접근할 수 있다.

```
this.$route.params.appName
```

매개변수는 뒤에 기호를 붙여 다양하게 사용할 수 있다.

- ? : 전달인자가 없어도 된다. 있으면 오직 하나만 있을 수 있다. 예) / 또는 /a
- + : 전달인자가 하나 혹은 그 이상 올 수 있다. 예) /a/b/c
- * : 전달인자가 없거나 여러 개 올 수 있다. 예) / 또는 /a/b/c

또한 전달인자의 타입을 정의할 수 있다.

- (\d) : 오직 숫자만 전달인자로 인식한다.

매개변수는 문자열의 중간에도 위치할 수 있다. 예를 들어 다음처럼 abc-:afterAbc(.*)와 같이 정의를 하면 abc-로 시작하는 값들을 전달인자로 받을 수 있다. 뒤에 (.*)은 정규식으로 abc-뒤에 글자가 없을 수도 있고 있을 수도 있다. 이러한 정규식은 Path-To-RegExp를 사용하는데, 정규식을 어느 정도 안다면 어렵지 않게 해석할 수 있다. Path-To-RegExp은 다음 사이트에서 자세히 알아볼 수 있다.

- https://github.com/pillarjs/path-to-regexp

redirect

redirect는 path로 들어온 URL을 다른 URL로 전달할 때 쓰인다.

alias

alias는 redirect와 비슷하지만 URL을 변경하는 개념은 아니다. alias의 URL 역시 path의 URL과 100% 동일하게 작동된다. 라우터는 alias나 혹은 path의 URL이 active되면 두 경로 모두 active되었다고 판단한다. 즉, 두 URL은 복제가 아닌 참조 개념을 가지게 된다.

name

path의 이름을 설정한다. 라우팅을 할 때 이 이름을 가지고 편리하게 라우팅을 할 수 있다.

beforeEnter

beforeEnter는 네비게이션 가드_{Navigation Guard}를 입력받아 라우팅이 실제로 발생되기 전에 호출한다. 이는 일반적으로 query의 변형, hash의 삭제/추가 그리고 라우팅에 대한 거절 등을 할 때 사용된다.

네비게이션 가드는 라우팅이 일어날 때 라우팅 취소 혹은 경로 우회, 취소 등의 행위를 통해 네비게이션을 보호하겠다는 뜻으로 만들어진 용어로 to, from 그리고 next라는 3개의 매개변수를 가진다. to와 from은 각각 이동할 Route 객체와 가드를 호출하기 직전의 Route 객체를 가지고 있으며, next 함수는 to로의 이동행위를 승인할 것인지, 취소할 것인지 아니면 아예 다른 경로로 보낼 것인지를 정할 수 있다.

이런 경우는 거의 쓰지 않겠지만, 다음과 같이 하게 되면 profile로의 네비게이션은 모두 취소된다.

```
{ path: '/profile', component: Profile, beforeEnter: (to,from,next) => {
    next(false)
} },
```

props

router-view의 전달인자를 속성으로 변경시켜준다. 만약 props가 true로 적용되면 /abc/:id 의 URL에 대해서 id를 $route.params.id 대신 id라는 props로 변경시켜준다.

```
{ path: '/abc/:id', component: Abc, props: true }
```

props를 불리언_{Boolean} 모드로 사용해 true/false를 대입하는 것 외에 객체 모드를 이용해 객체를 전달할 수도 있다. 이는 일반적으로 미리 지정된 props를 전달해야 할 때 많이 사용한다. 예를 들어 다음과 같이 하면 foo와 bar라는 props가 전달된다.

```
{ path: '/abc', component: Abc, props: { foo: true, bar: false } }
```

components 속성이 객체형식으로 지정이 되면 해당 객체의 키 값과 동일한 props 객체 내 값을 바탕으로 조건부적인 컴포넌트 선택을 할 수 있다. 아래 코드와 같이 하면 default props가 true 이므로 User라는 컴포넌트를 그리게 된다.

```
const routes = [
  {
    path: '/user/:id',
    components: { default: User, sidebar: Sidebar },
    props: { default: true, sidebar: false }
  }
]
```

마지막으로 함수 형식으로 props를 지정할 수도 있는데, 이는 전달인자 $route.params 값을 원하는 이름의 props로 변경하는데 유용하다. 예를 들어 아래 코드는 /abc?foo=bar 쿼리를 {bar: bar}와 같은 props로 변경해 전달한다.

```
{ path: '/abc', component: Abc, props: (route) => ({
    bar: route.query.foo
}) }
```

meta

meta 속성은 사용자가 원하는 메타 정보를 입력하게 한다. 이렇게 입력된 메타값은 네비게이션 가드에서 to.meta.META_KEY 형식으로 불러 사용할 수 있다. 가장 많이 활용되는 부분이 로그인이 필요한 라우팅인지 아닌지를 구별하는 것이다. 예를 들어 어느 사이트의 일부 메뉴는 로그인이 반드시 필요한 경우가 있을 것이다. 이럴 경우 메타를 지정해 두고 해당 메타를 검사하여 로그인이 필요한지 알아낼 수 있다.

```
{ path: '/abc', component: Abc, meta: { need_login: true } }
```

네비게이션 가드에서 메타를 검사하기 위해서는 다음과 같은 형식으로 작성하면 된다.

```
router.beforeEach((to,from) => {
    // 로그인이 안되어있으면 /login으로 경로를 변경한다.
    if(to.meta.need_login && !logged_in) return { path: '/login' }
}
```

children

children은 다시 RouteRecordRaw의 배열을 받아 하위 URL에 대한 라우터를 구성한다. 예를 들어 경로가 /abc/foo라면 foo에 대한 경로는 abc의 children에 들어가야 한다.

```
{ path: '/abc', component: Abc, children: [ { path: 'foo', component: Foo} ] }
```

6-2-3 페이지 이동 방법

라우터 구성을 완료하고 나면 페이지 이동을 해야 한다. 일반적으로 템플릿 내 〈router-link〉 태그를 이용하면 페이지 이동(정확히는 동적 컴포넌트 렌더링)을 할 수 있다. 스크립트 코드를 이용해 라우팅을 하기 위해서는 push와 replace 함수를 사용할 수 있다.

<router-link>

앵커(〈a〉) 태그를 이용해 만들어진 〈router-link〉 태그는 일반적으로 to라는 속성을 입력받는다. 태그의 to 속성으로 URL을 문자열로 전달해도 되지만 객체를 이용해 params에 전달인자 등을 전달하거나, route에서 정의한 이름으로 컴포넌트를 찾아 이동하기도 한다.

```
<router-link to="/foo">Foo</router-link>
<router-link :to="{ name: 'Foo', params: { foo: 'bar' }}">Foo</router-link>
```

to 속성으로 전달되는 객체는 다음과 같은 속성값을 가질 수 있다.

path	URL을 의미한다.
name	Route에서 정의한 Path의 이름을 의미한다.
params	URL의 매개변수로 전달할 객체다.
query	쿼리로 전달할 객체다. 쿼리는 ?foo=bar와 같은 형식을 의미한다.

표 6-1 to 속성이 받는 객체의 속성들

replace 속성을 추가하면 히스토리(history)에 경로가 남지 않아 백스페이스키를 눌렀을 때 현재 페이지로 돌아올 수 없다.

```
<router-link to="/foo" replace>Foo</router-link>
```

push

스크립트 코드 내 push 함수는 replace가 없는 〈router-link〉이 to 속성과 같다. 즉 히스토리에 현재 페이지를 저장하고 다음 링크로 이동한다. 사용자는 언제든지 백스페이스키를 이용해 현재 페이지로 돌아올 수 있다. 결론적으로 〈router-link :to="…"〉는 router.push(…) 와 동일한 결과를 보여준다. push 역시 〈router-link〉 태그와 동일하게 params, query를 속성으로 가질 수 있으며, hash 속성을 객체에 추가하면 /URL#hash 와 같이 해시값을 추가할 수 있다.

replace

replace 함수는 replace 속성을 〈router-link〉에 넣은 것과 동일하게 history에 현재 페이지를 저장하지 않고 이동한다. 〈router-link :to="…" replace〉 는 router.replace(…) 와 동일한 결과를 보여준다.

6-2-4 URL을 이용한 자식 컴포넌트 배치

부모 컴포넌트 내에 라우팅된 컴포넌트를 배치시키기 위해서 템플릿 내에 〈router-view〉 태그를 사용할 수 있다.

<router-view>

router-view는 router 설정에서 자식 컴포넌트를 그리기 위해서 사용된다. 그림 6-2와 같은 예를 보자. 라우팅을 할 때 화면의 상단에는 URL 정보를 표시하고 그 아래 컴포넌트만 변경된다고 하자.

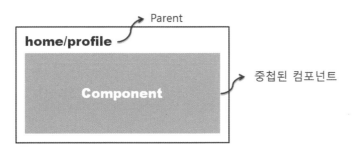

부모 컴포넌트와 자식 컴포넌트가 그리는 내용이 하나의 페이지로 렌더링된다

실제로 구현하기 위해서 부모 컴포넌트의 템플릿을 다음과 같이 구성할 수 있다.

```html
<div id="URL_nav">
  <CurrentURL></CurrentURL>
  <router-view></router-view>
</div>
```

CurrentURL 컴포넌트가 현재 URL에 대한 정보를 표시하는 컴포넌트라고 하자. 부모 컴포넌트를 통해서 그려지는 모든 하위 컴포넌트는 상단에 CurrentURL이 그려주는 DOM 트리가 존재하게 된다. 이렇게 중첩된 라우터를 구성하기 위해서 라우터 구성 객체에 children이라는 배열속성을 넣어야 한다. 만약 위 예제를 구성한다고 하면 다음과 같이 구성할 수 있다.

```javascript
const routes = [{
  path: '/parent',
  component: Parent,
  children: [
    { path: 'profile', component: Profile },
    { path: 'applications', components: Applications }
  ]
}]
```

Parent 컴포넌트는 이미 위에서 살펴본 템플릿을 가지게 되고 자식 컴포넌트들은 각각의 UI를 제공하면 된다. Profile과 Applications 컴포넌트는 화면에 렌더링될 때 Parent 컴포넌트의 〈router-view〉를 대체한다.

6-2-5 라우터 구현

이제 우리가 이미 만든 NavBar에서 클릭을 통해서 페이지 이동을 할 수 있도록 라우팅을 적용할 것이다. vue-router를 이용할 것이므로 바로 전에 소개한 vue-router 설치 방법을 이용해 vue-router를 먼저 설치한다. 다시 한번 커맨드를 보면 다음과 같다.

```
npm install vue-router@next
```

먼저 router를 구성할 폴더를 만들도록 한다. src 폴더 아래에 router라는 폴더를 생성하고 routes.js 파일과 router.js 파일을 생성한다. routes.js 파일은 router의 구성요소를 가지게 되고 router.js는 실제로 이 구성요소를 바탕으로 router 인스턴스를 생성하는데 쓰인다.

그림 6-3 라우터가 추가된 폴더 구성

라우터 구성

먼저 routes.js 파일에 라우터를 구성하려 한다. 현재까지 만든 페이지 컴포넌트는 Profile 하나뿐이다. 반면 메뉴에는 home과 application이라는 두 개의 링크를 더 가지고 있다. 아직 만들지 못한 홈과 애플리케이션 페이지는 자동으로 Profile 페이지로 넘어가게 한다. 잘못된 URL을 입력하면 Not Found라는 글자를 띄우려 한다.

```javascript
import Profile from '/@components/Profile.vue'
import { defineComponent } from 'vue'

const NotFound = defineComponent({
  template: '<div>Not Found</div>',
})

const routes = [
  { path: '/', redirect: '/profile' },
  { path: '/profile', name: 'profile', component: Profile, alias: '/home' },
  { path: '/:catchAll(.*)+', component: NotFound },
]

export default routes
```

NotFound 컴포넌트는 단순히 Not Found라는 글자를 띄우는 컴포넌트다. 주요한 구성은 routes 배열에 있다. 일단 페이지에 접속하면 redirect 속성으로 /profile로 넘어가게 했다. /profile URL에 대해서는 Profile이라는 Component를 그리게 했으며, alias로 /home을 지정했다. 이렇게 되면 /home과 /profile은 같은 Profile이라는 컴포넌트를 바라보게 된다. 그 외 모든 입력에 대해서는 NotFound 컴포넌트를 바라보도록 했다.

라우터 인스턴스 생성

라우터는 createRouter라는 함수를 이용해 생성할 수 있다. createRouter는 몇 가지 옵션을 받을 수 있는데 자주 사용하는 옵션은 다음과 같다.

history	웹페이지의 자취를 기록하는 것으로 다음과 같은 모드가 존재한다. • createWebHistory: URL에 변화 없이 사용하는 기본 방식 • createWebHashHistory: hash(#)를 URL에 붙여준다.
linkActiveClass	활성화된 링크에 대해서 추가적인 클래스를 넣어줄 수 있다.
routes	RouteRecordRaw를 넣는다.

표 6-2 createRouter 옵션

createRouter 함수를 이용해 router를 생성하고 export하는 router.js 파일은 코드 6-2와 같다.

코드 6-2. router.js

```
import { createRouter, createWebHistory } from 'vue-router'
import routes from '/@router/routes.js'

export const router = createRouter({
  history: createWebHistory(),
  linkActiveClass: 'active',
  routes,
})
```

linkActiveClass에 'active'라는 class 값을 넣었는데, 이는 활성화된 링크에 대해서 Bootstrap이 미리 정의한 CSS를 적용하라는 뜻이다. 이렇게 하면 NavBar 컴포넌트에서 활성화된 링크를 찾아서 직접 active 클래스를 적용시켜주는 수고를 덜 수 있다.

NavBar 컴포넌트 수정

이제 메뉴를 담당하던 NavBar 컴포넌트를 수정하여 라우터를 이용해 동적으로 컴포넌트를 불러오게 하자. 기존에 앵커 태그를 이용해 구현했던 부분을 router-link로 변경시켜주고, onMovePage 함수를 호출하는 부분을 삭제한다. 대신 to 속성을 이용해서 바로 페이지를 이동할 수 있도록 변경했다.

코드 6-3. NavBar.vue의 템플릿 부분 수정

```
<li class="nav-item" v-for="menu_object in m.value" :key="menu_object.key">
<router-link :to="menu_object.url" class="nav-link">{{
    menu_object.value
}}</router-link>
</li>
```

router-link는 해당 링크가 선택되면 자동으로 active CSS 클래스를 활성화시킨다. 따라서 기존에 menu라는 변수를 가지고 active 클래스의 활성 여부를 결정하던 〈a〉 태그의 인라인 객체는 더 이상 필요가 없다. 아울러 menu의 값을 변경시켜주던 onMovePage라는 함수도 더 이상 사용할 필요가 없다. 이런 불필요한 코드를 삭제한 setup 함수는 코드 6-4와 같다.

코드 6-4. \<router-link\> 태그를 위한 setup 함수

```
setup() {
    const menus = [
      { key: 'home', value: '홈', url: '/home', position: 'left' },
      {
        key: 'app',
        value: '애플리케이션',
        url: '/application',
        position: 'left',
      },
      { key: 'profile', value: 'Profile', url: '/profile', position: 'right' },
    ]

    const left_menus = computed(() => menus.filter((i) => i.position == 'left'))
    const right_menus = computed(() =>
      menus.filter((i) => i.position == 'right')
    )

    return {
      menu_category: [
        {
          id:1,
          me_auto: true,
          value: left_menus.value,
        },
        { id: 2, me_auto: false, value: right_menus.value },
      ],
    }
  },
```

App.vue에 router-view 추가

라우팅될 때 컴포넌트를 그려줄 수 있는 router-view를 App.vue에 추가한다. App.vue의 템플 릿은 코드 6-5와 같다.

```
<template>
  <nav-bar />
  <router-view></router-view>
</template>
```

애플리케이션 인스턴스에 라우터 추가

마지막으로 main.js에 새로 생성한 라우터를 추가해야 한다. main.js 파일을 열고 다음과 같이 수정한다.

```
import { createApp } from 'vue'
import { store } from '/@store/index.js'
import { router } from '/@router/router.js'
import App from '/@/App.vue'
import '/@/index.css'
import 'bootstrap/dist/css/bootstrap.min.css'
import 'bootstrap/dist/js/bootstrap.esm.min.js'

const app = createApp(App)
app.use(store)
app.use(router)
app.mount('#app')
```

이제 브라우저를 열고 메뉴를 클릭해보자. 애플리케이션을 선택하면 연결된 컴포넌트가 없으므로 NotFound 컴포넌트가 그려진다.

그림 6-4 NotFound 컴포넌트가 렌더링된 모습

반면 홈이나 Profile을 클릭하면 항상 Profile 컴포넌트가 그려지고 홈과 Profile 링크가 활성화된다. 이것은 이미 한번 언급한 alias가 참조개념을 가지기 때문에 동일한 링크라 판단하기 때문이다.

그림 6-5 프로필이 선택되면 홈과 프로필 메뉴 두 개 모두 활성화된다.

Devtools를 열고 홈과 Profile 메뉴를 각각 클릭하고 props와 Routing의 값을 살펴보자. 그림 6-6과 6-7에서 볼 수 있듯이 분명 두 개의 컴포넌트는 각각 to 속성값으로 /home과 /profile이 들어오지만, alias는 두 개의 링크가 같은 /profile로 라우팅되도록 하고 있음을 알 수 있다.

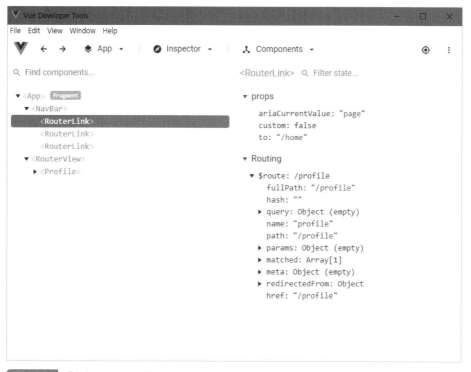

그림 6-6 홈 메뉴를 클릭했을 때

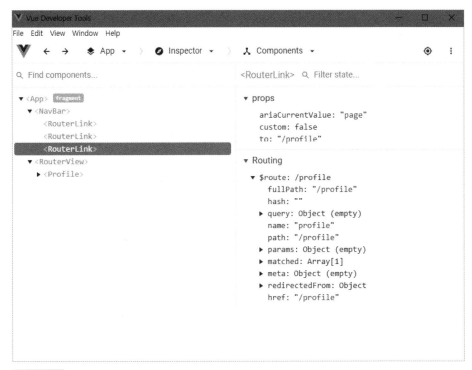

프로필 메뉴를 클릭했을 때

추가적으로 브라우저의 URL을 localhost:3000/abc 혹은 localhost:3000과 같이 다양하게 입력하고 그 변화를 관찰해보자.

6-3 Cookie를 이용한 알림 제작

이제 웹 애플리케이션 관리자가 웹 애플리케이션 사용자에게 무언가를 알리고 싶을 때 사용할수 있는 알림을 구현하려 한다. Websocket을 이용하면 실시간 푸시 노티피케이션Push Notification도개발할 수 있지만, 여기서는 사용자가 미리 데이터를 받아야 알림이 뜰 수 있도록 할 것이다.알림은 한번에 하나만 보여진다고 가정할 것이고, 이미 읽은 알림에 대해서는 그날은 더이상보이지 않게 할 것이다. 아울러 알림에 대한 만료 기간이 있어 해당 기간이 지나면 더 이상 알림이 뜨지 않는다.

이 알림은 Notification의 형태로 간단한 정보를 보여주는 하나의 창이라고 생각하면 된다. 일반적으로 이러한 Notification은 애플리케이션 운영자가 의도적으로 사용자에게 특정한 정보를 보여주는 것이 목적이기 때문에, 사용자가 해당 Notification을 반드시 읽을 수 있게 하는 레이어 팝업Layer Popup을 많이 이용한다. 이번 프로젝트에서는 Vue 3의 Teleport 기능에 대해 알아볼 겸 팝업이 아닌 블럭(div) 형태의 HTML을 특정한 위치에 강제로 위치시키는 방법으로 알림 기능을 만들어볼 것이다. 사용자가 확인한 알림의 경우 다음날까지 다시 나타나지 않게 하기 위해 Cookie를 이용할 것이다.

6-3-1 서버 구성 변경

먼저 type.js 파일을 열어 notification이라는 키 값을 추가한다.

```
notification: 4
```

이제 initial.js에 아래 코드 6-31과 같이 fn_notification 함수를 추가하고 run 함수의 마지막에 이 함수를 호출하는 조건문을 추가한다. type의 경우 Bootstrap에서 사용하는 색상코드를 사용한다. 따라서 primary, secondary, light 등의 글자가 포함될 수 있는데, 의미론적으로 부합되게 하기 위해 warning, danger, info 정도만 사용하면 될 것이다. 만약 여유가 있다면 각 Bootstrap의 색상코드를 원하는 문자열로 치환하는 코드를 추가해도 된다. 해당 타입은 웹 애플리케이션에서 "bg-"라는 접두사가 붙어 Bootstrap이 이해할 수 있는 bg-warning, bg-danger와 같은 클래스명으로 변경된다. 해당 코드는 아래 NavBar.vue를 수정할 때 소개한다.

코드 6-7. fn_notificaiotn 함수

```
function fn_notification(db) {
  db.run(
    "CREATE TABLE IF NOT EXISTS tbl_notification (id INTEGER PRIMARY KEY
AUTOINCREMENT, content TEXT, expiration DATE, type TEXT)",
    (err) => {
      if (!err) {
        let query = "DELETE from tbl_notification";
        db.run(query);

        query = `INSERT INTO tbl_notification (content, expiration, type) VALUES ('
사이트 공사중입니다. 일부 사용에 제약이 있을 수 있습니다', '2099-12-31', 'warning')`;
        db.run(query);
```

```
      }
    }
  );
}

module.exports.run = function (db, type) {
  if (type == TYPE.about_me) {
    fn_about_me(db);
  } else if (type == TYPE.resume) {
    fn_resume(db);
  } else if (type == TYPE.applications) {
    fn_applications(db);
  } else if (type == TYPE.notification) {
    fn_notification(db);
  }
}
```

index.js 파일의 초기화 과정에 다음 코드를 추가한다. 그러면 데이터베이스가 생성되고 초기값
들이 들어가게 된다.

```
initial.run(db, TYPE.notification)
```

마지막으로 get.js 파일을 열어 /db/notification에 대한 응답을 보내줄 수 있도록 코드 6-8과
같이 추가한다. 설정된 만료기간이 지나면 알림을 애플리케이션에 전달하지 말아야 하므로,
WHERE 조건문에 expiration > date('now') 가 있으며, 웹 애플리케이션으로부터 이미 읽은 id
값을 받아와 해당 id보다 새로운 알림이 없으면 데이터를 전송하지 않는다.

코드 6-8. get.js에 추가될 내용

```
app.get("/db/notification/:id", (req, res, next) => {
  let result = {
    rsp: "fail",
  };
  db.get(
    `SELECT * FROM tbl_notification WHERE expiration > date('now') AND id > ${req.
```

```
  params.id} ORDER BY id desc`,
      (err, row) => {
        if (!err) {
          result.rsp = !row ? "nodata" : "ok";
          if (row) {
            result.data = row;
          }
          res.json(result);
        } else {
          result.error = err.message;
          res.json(result);
        }
      }
    );
  });
```

6-3-2 ES 모듈로 쿠키 구현

쿠키는 작은 양의 정보를 보관할 수 있는 브라우저의 데이터 저장소 중 하나지만, 서버와 데이터를 주고 받고 서버에서 직접 수정도 가능하다는 점에서 개발자들의 사랑을 받고 있다. 하지만 일부 국가들은 개인정보보호법 등으로 인하여 쿠키 사용에 사용자 동의를 얻어야 하기도 하며, 일부 사용자는 브라우저에서 쿠키 기능 자체를 꺼두기도 한다. 따라서 쿠키에 너무 많이 의존하는 웹 애플리케이션을 만드는 것은 바람직하다고 할 수는 없다. 그럼에도 불구하고 웹 애플리케이션의 영향을 크게 미치지 않는 범위 내에서 쿠키를 사용하면 큰 장점을 얻을 수 있다. 지금 구현중인 알림의 경우도 쿠키는 단순히 오늘 하루 알림이 보이지 않게 해주는 역할만 한다. 사용자가 쿠키를 사용하지 않는다 해도 알림이 매번 보인다는 것 외에 웹 애플리케이션에 큰 영향을 미치지 않는다.

쿠키를 설정하고 불러오는 기능도 axios 모듈과 마찬가지로 ES 모듈로 구현할 것이다. modules 폴더 아래에 cookie.js 파일을 생성하자. 이제 cookie.js 파일을 열어 다음과 같이 작성한다.

```js
const setCookie = (key, value, days = 1) => {
  const date = new Date()
  date.setHours(24 * days - date.getTimezoneOffset() / 60, 0, 0, 0)
  const expires = date.toUTCString()
  document.cookie = `${key}=${value};expires=${expires};path=/`
}

const getCookie = (key) => {
  const value = document.cookie
    .split(';')
    .find((i) => i.trim().startsWith(key + '='))
  if (!!value) {
    return value.trim().substring(key.length + 1)
  }

  return null
}

export { setCookie, getCookie }
```

앞서 만든 axios 모듈은 export default를 이용해 기본 내보내기 방식을 사용했다. 이번 cookie 모듈은 함수명들을 직접 export하는 유명 내보내기를 사용했다. 따라서 사용하는 쪽에서는 반드시 함수명을 정확히 명시해서 import해야 한다.

setCookie 함수는 쿠키의 이름과 값을 받는 동시에, 언제까지 쿠키가 존재해야 하는지 일별로 받을 수 있는 days라는 변수를 제공한다. days는 기본값이 1인데, 이는 오늘 자정까지 쿠키를 유지하라는 뜻이다. 쿠키는 기본적으로 UTC 포맷을 expires의 값으로 받기 때문에 toUTCString 함수를 사용한다. 그런데 toUTCString 함수는 Time zone을 항상 0을 기준으로 하고 있고 대한민국은 +9의 Time zone 오프셋을 가지고 있기 때문에 날짜를 조정해야 올바른 UTC 포맷의 날짜 값을 얻을 수 있다. Date 클래스는 getTimezoneOffset이라는 함수를 제공하여 클라이언트의 Time zone 오프셋을 알아낼 수 있다. 이 오프셋을 현재 날짜에 반대로 적용한 후 toUTCString 함수를 호출하면 클라이언트 Time zone과 동일한 날짜 값을 얻을 수 있다.

getCookie 함수는 쿠키의 이름을 바탕으로 값을 찾아오는 역할을 한다. 쿠키는 일반적으로 세미콜론(;)을 통해 키-값의 쌍이 분리되므로 세미콜론을 이용해 "이름=값"과 같은 문자열을 찾아내고 "이름=" 뒤의 값을 불러오면 쿠키의 값을 얻어올 수 있다.

6-3-3 Teleport를 이용한 UI 구현

먼저 UI를 구현하기 전에 알림이 위치할 공간을 먼저 지정해주기로 하자. App.vue를 열고 template을 다음과 같이 수정한다.

코드 6-10. App.vue의 수정된 템플릿

```
<template>
  <nav-bar />
  <!-- 알림이 그려질 영역 -->
  <div id="notification" />
  <router-view></router-view>
</template>
```

NavBar는 사이트에서 유일하게 unmount되지 않는 컴포넌트이기 때문에, 사용자가 반드시 첫 화면으로 진입하지 않고도 필요한 데이터를 받을 수 있다. 따라서 알림과 같은 중요한 데이터는 NavBar에서 받아오는 것이 좋다. 하지만 NavBar는 App의 자식 노드다. Provide와 Inject를 이용해서 NavBar가 받아온 데이터를 App에서 사용할 수도 있고, Vuex를 이용해 알림 데이터를 공유할 수도 있다. 하지만 여기서 소개하는 또 다른 방법은 NavBar가 받은 데이터의 UI를 Teleport를 이용해 App의 특정 위치에 그리는 것이다. 알림 UI가 그려질 위치를 notification이라는 id를 가지는 ⟨div⟩ 태그로 할 것이다.

알림이 있을 경우, 강제로 알림을 보여주기보다는 NavBar에 알림이 있다고 알려주려 한다. 그림 6-8을 보면 제일 오른쪽에 알림이 있을 경우 이모티콘이 뜨는 것을 알 수 있다. 이 이모티콘은 마치 하나의 메뉴처럼 구현을 하면 된다. 템플릿의 ⟨ul⟩ 태그가 끝나는 부분에 다시 ⟨ul⟩ 태그를 삽입하면 오른쪽 끝에 새로운 메뉴를 추가할 수 있다.

알림이 없을 경우에는 이모티콘이 보이지 않아야 하므로 알림의 개수에 따라 동적으로 ⟨ul⟩ 태그가 생성되거나 사라져야 한다. 코드 6-11과 같이 하면 notification.id ⟩ 0 이라는 조건에 따라 onOpenNotification 함수를 호출할 수 있는 이모티콘 버튼이 생성된다.

TripleK 홈 어플리케이션 Profile ◀

그림 6-8 알림 이모티콘을 확인하자.

코드 6-11. NavBar.vue의 템플릿 수정 코드

```html
<ul class="navbar-nav" v-show="notification.id > 0">
  <li class="nav-item">
    <button
      type="button"
      class="btn btn-danger"
      @click="onOpenNotification"
    >
      &#128226;
    </button>
  </li>
</ul>
```

알림 창에 대한 UI는 다음과 같이 그릴 수 있다. onOpenNotification이 호출되면 show_notification이라는 플래그가 활성화되며 해당 DOM 트리가 그려진다. Bootstrap의 강력한 CSS를 이용해 간단한 모습을 가지도록 했으며, 서버에서 온 type 값(warning, danger 혹은 info 등)을 활용하여 배경색과 타이틀이 동적으로 변경되게 했다. Bootstrap의 text-uppercase 클래스를 이용하면 안쪽 문자열이 자동으로 대문자로 변경된다. 여기서 가장 중요한 것은 이 UI를 감싸고 있는 〈teleport〉 태그다. 해당 태그는 to라는 속성을 받아 어느 태그에 그림을 그릴지 결정한다. Teleport는 기본적으로 append를 사용하여 이미 해당 태그에 그려진 DOM 노드들이 있을 경우 최하단에 새로운 DOM tree를 붙인다. App.vue에서 만든 notification이란 id를 가지는 〈div〉 태그에 붙을 수 있도록 #notification이라는 값을 to 속성에 넣어준다. 뒤에서 보여주겠지만 이 값을 #app으로 변경하면 알림이 화면의 제일 아래에 출력되는 것을 볼 수 있다.

```
<teleport to="#notification" v-if="show_notification">
  <div
    :class="
      'container notification border border-dark rounded-3 mt-3 p-3 bg-' +
      notification.type
    "
  >
    <div v-if="notification.type" class="d-flex">
      <span class="me-auto fs-4 fw-bold text-uppercase text-light">
        {{ notification.type }}
      </span>
      <button type="button" class="btn fw-bold" @click="onCloseNotification">
        &times;
      </button>
    </div>
    <hr />
    <div class="text-light text-wrap">{{ notification.content }}</div>
  </div>
</teleport>
```

지금까지 사용하지 않았던 〈style〉 태그를 NavBar.vue라는 SFC의 제일 아래에 추가하고 scope 속성을 넣어준다. Scope 속성이 들어가면 해당 CSS 스타일은 이 컴포넌트에만 적용된다. 알림 창에 뜨는 모든 글자에 음영을 넣기 위해 다음과 같은 CSS를 넣는다.

코드 6-13. 알림 창을 위한 CSS 적용

```
<style scope>
.notification {
  text-shadow: 2px 2px 2px gray;
}
</style>
```

이제 만든 UI가 작동할 수 있도록 script를 변경해야 한다. 먼저 notification이라는 객체를 생성하고 선언적 렌더링이 가능한 반응성을 갖게 만들기 위해 reactive 함수로 감싸준다.

id의 초기값을 0으로 가지는 이유는 알림이 렌더링되는 조건을 notifiction.id 〉 0으로 설정했기 때문에 기본적으로 렌더링이 안되게 하기 위해서다. 0뿐만 아니라 음수를 설정해도 상관없다. 또한 알림이 보여야 하는지 상태 값을 가지는 show_notification 플래그도 만들어야 하며, 이것 역시 ref 함수를 이용해 반응성을 가지도록 한다.

```
let notification = reactive({ id: 0 })
const show_notification = ref(false)
```

알림 버튼을 눌렀을 때 show_notification 상태 값을 true로 변경할 수 있는 함수인 onOpen Notification 함수와 알림을 닫았을 때 상태 값을 false로 변경할 수 있는 onCloseNotification 함수도 추가한다. noCloseNotification 함수의 경우, 오늘 하루 더 이상 창이 뜨지 않도록 하기 위해 쿠키에 받은 notification의 id값을 넣어준다.

이제 NavBar 컴포넌트가 마운트되었을 때 쿠키로부터 id값을 얻어와 서버에 전달하여 알림 데이터를 받을지 말지를 결정하는 코드를 다음과 같이 작성하면 모든 구현이 끝난다.

```
onMounted(() => {
  const block_noti_id = getCookie('notification') || 0
  const { axiosGet } = useAxios()
  axiosGet(`/db/notification/${block_noti_id}`, (data) => {
    Object.assign(notification, data.data)
  })
})
```

NavBar.vue의 최종 소스코드 6-40과 같다.

```
<template>
  <nav class="navbar navbar-expand-lg navbar-dark bg-dark">
    <div class="container-fluid">
```

```html
      <a class="navbar-brand" href="/">TripleK</a>
      <button
        class="navbar-toggler"
        type="button"
        data-toggle="collapse"
        data-target="#navbarNav"
      >
        <span class="navbar-toggler-icon"></span>
      </button>

      <div class="collapse navbar-collapse" id="navbarNav">
        <ul
          :class="{ 'navbar-nav': true, 'me-auto': menu.me_auto }"
          v-for="menu in menu_category"
          :key="menu.id"
        >
          <li class="nav-item" v-for="menu_object in m.value" :key="menu_object.key">
            <router-link :to="menu_object.url" class="nav-link">{{
              menu_object.value
            }}</router-link>
          </li>
        </ul>
        <ul class="navbar-nav" v-show="notification.id > 0">
          <li class="nav-item">
            <button
              type="button"
              class="btn btn-danger"
              @click="onOpenNotification"
            >
              &#128226;
            </button>
          </li>
        </ul>
      </div>
    </div>
  </nav>
  <teleport to="#notification" v-if="show_notification">
    <div
```

```
      :class="
        'container notification border border-dark rounded-3 mt-3 p-3 bg-' +
        notification.type
      "
    >
      <div v-if="notification.type" class="d-flex">
        <span class="me-auto fs-4 fw-bold text-uppercase text-light">
          {{ notification.type }}
        </span>
        <button type="button" class="btn fw-bold" @click="onCloseNotification">
          &times;
        </button>
      </div>
      <hr />
      <div class="text-light text-wrap">{{ notification.content }}</div>
    </div>
  </teleport>
</template>

<script>
import { ref, reactive, computed, onMounted } from 'vue'
import useAxios from '/@app_modules/axios.js'
import { setCookie, getCookie } from '/@utils/cookie.js'
export default {
  name: 'NavBar',
  setup() {
    let notification = reactive({ id: 0 })
    const show_notification = ref(false)
    const menus = [
      { key: 'home', value: '홈', url: '/home', position: 'left' },
      {
        key: 'app',
        value: '애플리케이션',
        url: '/application',
        position: 'left',
      },
      { key: 'profile', value: 'Profile', url: '/profile', position: 'right' },
    ]
```

```javascript
const left_menus = computed(() => menus.filter((i) => i.position == 'left'))
const right_menus = computed(() =>
  menus.filter((i) => i.position == 'right')
)

const onOpenNotification = (evt) => {
  if (evt) {
    evt.preventDefault()
  }

  show_notification.value = true
}

const onCloseNotification = (evt) => {
  if (evt) {
    evt.preventDefault()
  }

  setCookie('notification', notification.id, 1)
  notification.id = 0
  show_notification.value = false
}

onMounted(() => {
  const block_noti_id = getCookie('notification') || 0
  const { axiosGet } = useAxios()
  axiosGet(`/db/notification/${block_noti_id}`, (data) => {
    Object.assign(notification, data.data)
  })
})

return {
  notification,
  show_notification,
  onOpenNotification,
  onCloseNotification,
  menu_category: [
```

```
        {
          id: 1,
          me_auto: true,
          value: left_menus.value,
        },
        { id: 2, me_auto: false, value: right_menus.value },
      ],
    }
  }
},
}
</script>

<style scope>
.notification {
  text-shadow: 2px 2px 2px gray;
}
</style>
```

알림을 읽지 않았다면 다음과 같이 알림이 있다고 표시가 되며, 알림을 끄고 나면 알림이 다시 생성되지 않는다. 서버를 재실행시키면 알림의 id값이 증가하여 새로운 알림으로 인식되어 웹 애플리케이션에 다시 알림이 나타나는 것을 알 수 있다.

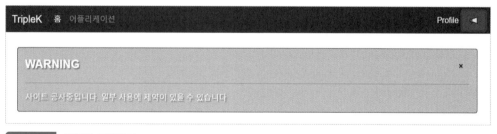

그림 6-9 알림을 표시한다.

추가적으로 Teleport의 to 속성을 #notification에서 #app으로 바꿔보자. 그러면 알림이 다음과 같이 다른 위치에 놓임을 알 수 있다.

그림 6-10 Teleport로 다른 곳에 부착된 알림

6-4 Bootstrap 예제를 이용해 Blog 컴포넌트 제작

이번 프로젝트에서 가장 중요한 부분일 수 있는 Blog 컴포넌트를 생성해야 한다. Blog 컴포넌트는 Home 컴포넌트의 자식 컴포넌트로 사용이 되는데, 사실 Home 컴포넌트가 Blog 컴포넌트를 대체해도 된다. 하지만 5장에서 Blog 컴포넌트와 더불어 Clip이라는 컴포넌트를 생성해 Home의 자식 컴포넌트로 삽입할 것이기 때문에, Blog 컴포넌트는 Home 컴포넌트의 자식 컴포넌트로 삽입된다.

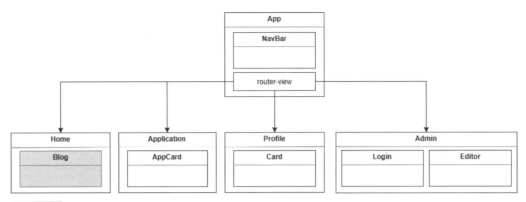

그림 6-11 Blog 컴포넌트

6-4-1 템플릿 생성

홈 화면은 게시한 글들이 자연스럽게 노출될 수 있는 블로그 형태를 제공하려 한다. 블로그는 게시판과 매우 유사하지만 UI가 매우 화려하다. UI 디자이너가 없이 블로그를 디자인하려면 생각보다 많은 어려움이 따른다. Bootstrap은 이러한 고민을 조금이라도 덜어주고자 블로그 UI 예제를 제공한다.

Bootstrap의 예제코드를 살펴보기 전에 먼저 예제코드를 넣을 수 있도록 components 폴더에 Home.vue와 Blog.vue를 생성하자. 그리고 나서 router/routes.js 파일에 Home 컴포넌트를 불러와 /home에 연결하는 코드를 코드 6-41과 같이 추가한다. 이제 home이 생겼으므로, 루트(/) 패스의 redirect는 /home으로 하고 application의 alias는 삭제하여 /home과 분리한다.

코드 6-17. Home 컴포넌트가 추가된 routes.js

```
import Home from '/@components/Home.vue'
import Profile from '/@components/Profile.vue'
import Application from '/@components/Application.vue'
import { defineComponent } from 'vue'

const NotFound = defineComponent({
  template: '<div>Not Found</div>',
})

const routes = [
  { path: '/', redirect: '/home' },
```

```
    { path: '/home', name: 'home', component: Home },
    { path: '/profile', name: 'profile', component: Profile },
    { path: '/application', name: 'application', component: Application },
    { path: '/:catchAll(.*)+', component: NotFound },
]

export default routes
```

Home.vue는 단순히 Blog 컴포넌트만 불러와서 화면에 뿌려주기만 하면 된다. 먼저 직접 만들어보고 필요하면 다음 코드를 참조한다.

코드 6-18. Home.vue

```
<template>
  <Blog />
</template>

<script>
import Blog from '/@components/Blog.vue'
export default {
  components: {
    Blog,
  },
}
</script>
```

마지막으로 Blog.vue 파일을 열어 다음과 같이 빈 SFC를 만든다.

코드 6-19. 빈 Blog.vue 파일

```
<template></template>

<script>
export default {}
</script>

<style scoped></style>
```

이제 다음 URL을 이용하여 Bootstrap 예제 사이트에 들어간다. 이후 "Download examples"를 눌러 예제코드를 다운로드하고 압축을 푼다.

- https://v5.getbootstrap.com/docs/5.0/examples/

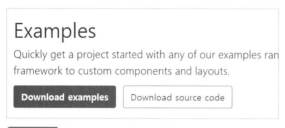

그림 6-12 Bootstrap 예제코드 다운로드 페이지

blog 폴더로 진입하면 index.html 파일과 blog.css 파일이 나온다. Index.html을 실행시켜보면 아래처럼 blog의 예제가 출력된다.

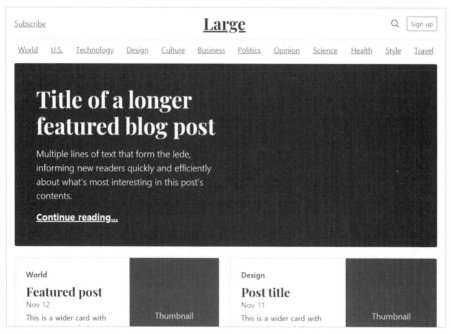

그림 6-13 블로그 예제 화면

Index.html 파일을 편집기로 열고 〈main〉 태그 전체 내용을 Blog.vue의 〈template〉 태그 안에 넣는다. 이후 〈main〉 태그 상위 두 개의 〈div〉 태그를 모두 삭제하면 그림 6-14처럼 블로그

모양이 나타난다.

그림 6-14　Bootstrap 블로그를 프로젝트에 적용한 모습

이제 일부 css를 가져오자. index.css 파일을 열고 Pagination과 Blog Posts의 CSS만 가져오자.

코드 6-20. 블로그 CSS 스타일

```
<style scoped>
/* Pagination */
.blog-pagination {
  margin-bottom: 4rem;
}
.blog-pagination > .btn {
  border-radius: 2rem;
}


/*
 * Blog posts
 */
.blog-post {
  margin-bottom: 4rem;
}
.blog-post-title {
  margin-bottom: 0.25rem;
  font-size: 2.5rem;
}
```

```
.blog-post-meta {
  margin-bottom: 1.25rem;
  color: #727272;
}
</style>
```

이제 그림 6-15와 같이 사이트의 모습이 변경되었다.

그림 6-15 CSS까지 적용된 블로그의 모습

이제 데이터가 잘 들어갈 수 있도록 Model-View 형태로 개편을 해야 한다. 먼저 템플릿 안의 내용을 잘 살펴보면 그림 6-16과 같은 구조를 가짐을 알 수 있다.

그림 6-16 블로그 DOM 트리

〈main〉 태그는 container 속성을 가지고 있으며, 〈article〉은 하나의 포스트를 보여준다. 〈article〉 아래에 제목과 메타정보가 먼저 들어가고 블로그의 내용이 자유롭게 들어간다. 〈article〉이 모두 보여지고 나면 〈nav〉 태그를 이용해 pagination을 그리게 된다. 이 후 About이나 Archives 항목이 나오는데 해당 항목은 추후에 살펴본다.

포스트는 모두 데이터베이스로부터 가져올 것이다. 배열 형태로 받아온 포스트는 v-for 디렉티브를 이용해 반복적으로 article DOM 트리를 그릴 것이다. 따라서 처음 하나의 〈article〉 태그를 제외하고 나머지 모든 〈article〉 태그를 삭제하도록 한다.

컨텐츠가 너무 붙어있다고 생각되면 〈main〉 태그의 클래스에 mb-3과 같이 충분한 마진을 줘도 괜찮다. 또한 From the Firehose라는 글귀도 원하는 글귀로 변경한다. 여기서는 단순히 Blog라고 변경했다. 또한 About의 내용도 원하는 대로 변경하자. 이제 그림 6-17과 같이 단순해진 모습을 볼 수 있다.

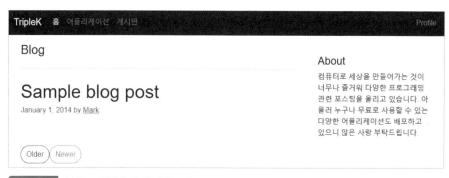

그림 6-17 블로그 컨텐츠가 제거된 모습

6-4-2 서버에 블로그 정보 삽입

이미 앞서서 그림으로 살짝 살펴보긴 했지만 개발자 콘솔(브라우저에서 F12를 누르면 나온다)을 통해 DOM 구조를 다시 살펴보면 다음과 같다.

```
▼<main class="container m-3" data-v-145faaea>
  ▼<div class="row" data-v-145faaea>
    ▼<div class="col-md-8" data-v-145faaea>
        <h3 class="pb-4 mb-4 font-italic border-bottom" data-v-145faaea>Blog</h3>
      ▼<article class="blog-post" data-v-145faaea>
          <h2 class="blog-post-title" data-v-145faaea>Sample blog post</h2>
        ▼<p class="blog-post-meta" data-v-145faaea>
            "January 1, 2014 by "
            <a href="#" data-v-145faaea>Mark</a>
          </p>
        </article>
      ▶<nav class="blog-pagination" aria-label="Pagination" data-v-145faaea>…</nav>
      </div>
    ▶<div class="col-md-4" data-v-145faaea>…</div>
    </div>
    <!-- /.row -->
  </main>
```

그림 6-18 블로그 DOM 구조

이를 바탕으로 서버에서 제공해줘야 할 데이터를 표 6-3과 같이 나눌 수 있다.

title	블로그 포스트의 제목이다.
meta	블로그가 쓰여진 날짜를 가지고 있다. 여러 사람이 공유하는 블로그가 아니므로 작성자 정보는 필요 없다.
article	실제 포스트 내용이다.

표 6-3 블로그를 위해 필요한 데이터

일반적으로 포스트는 WYSIWYG를 이용해 작성이 되며 그 데이터는 HTML을 포함한다. HTML을 포함해 저장하면 웹 애플리케이션이 작성자가 지정한 포맷을 그대로 보여줄 수 있다는 장점이 있다. HTML이 네트워크를 통해서 서버로 그대로 날아가는 행위는 사실 위험할 수 있기 때문에 자체적인 보안 기능을 추가할 수 있겠지만, 이 책의 목적은 보안도 아니고 서버도 아닌 웹 애플리케이션 제작이므로 HTML 태그를 포함한 정보를 그대로 입력하도록 한다.*

템플릿에 남겨둔 html 중 포스트에 해당하는 부분을 데이터베이스에 저장해보자. Sqlite3에 Insert를 할 때 value값에 CrLf_Carriage Return Line Feed_가 붙을 수 있으니 한 줄로 변경해서 넣기로 한다. 여러 줄을 한 줄로 변경해주는 온라인 툴은 굉장히 많은데 그 중 하나는 다음 URL을 통해 접속할 수 있다.

---

* 나중에 HTML 대신 Markdown이라는 기능을 사용할 것이다.

- https://tools.knowledgewalls.com/online-multiline-to-single-line-converter

변경을 완료하면 다음과 같이 한 줄로 포스트 내용이 생성된다.

> `<p> This blog post shows a few different types of content that's supported and styled with Bootstrap. Basic typography, images, and code are all supported. </p><hr /><p> Cum [...]`

먼저 type.js에 blog 속성을 추가하고 initial.js에 다음과 같이 fn_blog를 추가한 후, 호출하는 기능을 추가한다. insert 부분의 post는 위에서 한 줄로 변경한 HTML 내용을 넣으면 된다.

코드 6-21. initial.js의 수정 코드

```
function fn_blog(db) {
  db.run(
    "CREATE TABLE IF NOT EXISTS tbl_blog (id INTEGER PRIMARY KEY AUTOINCREMENT,
title TEXT, date DATETIME DEFAULT (datetime('now','localtime')), post TEXT)",
    (err) => {
      if (!err) {
        query = `INSERT INTO tbl_blog (title, post) VALUES ('Sample Blog Test',
'<p> This blog post shows a few different types of content that's supported and
styled with Bootstrap. Basic typography, images, and code are all supported. </
p><hr /><p> Cum sociis natoque penatibus et magnis <a href="#">dis parturient
montes</a>, nascetur ridiculus mus. Aenean eu leo quam. Pellentesque ornare sem
lacinia quam venenatis vestibulum. Sed posuere consectetur est at lobortis. Cras
mattis consectetur purus sit amet fermentum. </p><blockquote><p> Curabitur blandit
tempus porttitor. <strong>Nullam quis risus eget urna mollis</strong> ornare vel
eu leo. Nullam id dolor id nibh ultricies vehicula ut id elit. </p></blockquote><p>
Etiam porta <em>sem malesuada magna</em> mollis euismod. Cras mattis consectetur
purus sit amet fermentum. Aenean lacinia bibendum nulla sed consectetur. </
p><h2>Heading</h2><p> Vivamus sagittis lacus vel augue laoreet rutrum faucibus
dolor auctor. Duis mollis, est non commodo luctus, nisi erat porttitor ligula, eget
lacinia odio sem nec elit. Morbi leo risus, porta ac consectetur ac, vestibulum
at eros. </p><h3>Sub-heading</h3><p> Cum sociis natoque penatibus et magnis dis
parturient montes, nascetur ridiculus mus. </p><pre><code>Example code block</
code></pre><p> Aenean lacinia bibendum nulla sed consectetur. Etiam porta sem
malesuada magna mollis euismod. Fusce dapibus, tellus ac cursus commodo, tortor
```

```
mauris condimentum nibh, ut fermentum massa. </p><h3>Sub-heading</h3><p> Cum
sociis natoque penatibus et magnis dis parturient montes, nascetur ridiculus mus.
Aenean lacinia bibendum nulla sed consectetur. Etiam porta sem malesuada magna
mollis euismod. Fusce dapibus, tellus ac cursus commodo, tortor mauris condimentum
nibh, ut fermentum massa justo sit amet risus. </p><ul><li>Praesent commodo cursus
magna, vel scelerisque nisl consectetur et.</li><li>Donec id elit non mi porta
gravida at eget metus.</li><li>Nulla vitae elit libero, a pharetra augue.</li></
ul><p> Donec ullamcorper nulla non metus auctor fringilla. Nulla vitae elit libero,
a pharetra augue. </p><ol><li>Vestibulum id ligula porta felis euismod semper.</
li><li> Cum sociis natoque penatibus et magnis dis parturient montes, nascetur
ridiculus mus. </li><li>Maecenas sed diam eget risus varius blandit sit amet non
magna.</li></ol><p> Cras mattis consectetur purus sit amet fermentum. Sed posuere
consectetur est at lobortis. </p>')`
        db.run(query)

        query = `INSERT INTO tbl_blog (title, post) VALUES ('꿈에(박정현) 가사',
'<p><em>김연지님이 최근에 부르신 꿈에가 너무 좋아 가사를 공유해봅니다.</em></p> <div>
어떤말을해야하는지<br />난 너무 가슴이 떨려서<br />우리 옛날 그대로의<br />모습으로
만나고 있네요</div> <div>이건 꿈인걸 알지만<br />지금 이대로 깨지않고서<br />영원히 잠
잘수 있다면</div> <div>날 안아주네요<br />예전모습처럼<br />그동안 힘들어진<br />나를
보며 위로하네요<br />내손을 잡네요<br />지친 맘 쉬라며<br />지금도 그대 손은<br />그
때처럼 따뜻하네요</div> <div>혹시 이게 꿈이란걸<br />그대가 알게하진 않을거야<br />내
가 정말 잘할거야<br />그대 다른 생각 못하도록<br />그대 이젠 가지마요<br />그냥 여기
서 나와 있어줘요<br />나도 깨지않을게요<br />이젠 보내지 않을거예요</div> <div>계속 나
를 안아주세요<br />예전모습처럼<br />그 동안 힘들어진<br />나를 보며 위로하네요<br />
내손을 잡네요<br />지친 맘 이제 쉬라며<br />지금도 그대 손은<br />그때처럼따뜻하네요
<br />대답해줘요<br />그대도 나를<br />나만큼 그리워했다고...</div> <div>바보같이 즐거
워만하는 날보며<br />안쓰런 미소로 (슬픈 미소로)<br />이제 난 먼저갈게<br />미안한듯
얘기하네요<br />나처럼 그대도 알고있었군요<br />그래도 고마워요<br />이렇게라도 또만나
줘서</div>')`
        db.run(query)
    }
  }
 )
}

module.exports.run = function (db, type) {
  if (type == TYPE.about_me) {
```

```
      fn_about_me(db)
    } else if (type == TYPE.resume) {
      fn_resume(db)
    } else if (type == TYPE.applications) {
      fn_applications(db)
    } else if (type == TYPE.notification) {
      fn_notification(db)
    } else if (type == TYPE.blog) {
      fn_blog(db)
    }
  }
```

index.js에 initial.run(db, TYPE.blog)를 추가해주고 get.js에 blog 테이블을 조회할 수 있는 기능을 추가한다.

코드 6-22. get.js의 수정 코드

```
app.get('/db/blog', (req, res, next) => {
  let result = {
    rsp: 'fail',
  }
  db.all(`SELECT * FROM tbl_blog order by id desc`, (err, rows) => {
    if (!err) {
      result.rsp = 'ok'
      result.data = rows
      res.json(result)
    } else {
      result.error = err.message
      res.json(result)
    }
  })
})
```

6-4-3 Blog 컴포넌트 제작

선언적 렌더링 구현

이제 Blog.vue 파일 내 템플릿에서 포스트 내용에 해당하는 부분을 모두 삭제한다. 대신 이 부분은 서버로부터 받은 post라는 항목이 들어갈 것이다. 서버에서 들어온 데이터가 posts라는 배열에 저장되어 있다고 하면, 해당 posts를 순회하며 article을 하나씩 꺼내와 내용을 채운다. 블로그 포스트 내용의 경우 HTML로 서버에 저장되어 있으므로 HTML로 렌더링할 수 있어야 한다. Vue 3는 v-html이라는 디렉티브를 제공하는데, 해당 디렉티브로 HTML을 전달하면 문자열 대신 HTML DOM을 구성한다.

코드 6-23. Blog.vue 파일 내 〈article〉 태그 내용

```
<article class="blog-post" v-for="article in posts" :key="article.id">
  <h2 class="blog-post-title">{{ article.title }}</h2>
  <p class="blog-post-meta">{{ article.date }}</p>
  <div v-html="article.post" />
</article>
```

script 내에서 데이터베이스로부터 블로그 내용을 받고 posts 배열에 저장하는 기능을 추가한다. ref를 이용해 posts를 프록시 객체로 변환해도 된다.

```
const posts = ref([])
```

다만 이렇게 posts를 ref 함수를 이용할 경우, posts.value와 같이 프록시 객체의 value 속성을 통해서 posts를 접근하면 된다.

> **NOTE** **객체와 배열의 반응성**
>
> 객체는 기본적으로 reactive를 사용하지만 ref를 사용해 원시적 변수를 사용하듯 .value 속성을 통해 접근할 수도 있다. 배열 변수는 자바스크립트 내에서 사실상 객체와 동일하게 구현이 되어 있기 때문에 객체와 마찬가지로 ref와 reactive 모두 이용할 수 있으나, 약간의 차이가 있으니 주의해야 한다. 먼저 ref는 프록시 객체를 새롭게 만들고 value 속성에 원본 데이터를 넣는다. 따라서 ref([])와 같이 하면 value 속성을 변경하여 배열을 변경할 수 있다.

```
array.value = array.value.filter() #가능
array.value = array.value.push(item) #가능
```

반면, reactive는 객체 자체를 프록시화 한다. 배열을 프록시화할 경우, 배열에 새로운 값을 대입하면 반응성을 가지지 못한다. pop/push와 같은 메서드를 이용해 배열의 참조를 변경시키지 않고 값만 변경시켜야 한다.

```
array = array.filter() #불가능
array.push(item) #가능
```

코드 6-24. Blog.vue 내 스크립트 코드

```
<script>
import { reactive, onMounted } from 'vue'
import useAxios from '/@app_modules/axios.js'
export default {
  setup() {
    const { axiosGet } = useAxios()
    const posts = reactive([])
    onMounted(() => {
      axiosGet('/db/blog', onSuccess)
    })

    const onSuccess = (data) => {
      Object.assign(posts, data.data)
    }

    return {
      posts,
    }
  },
}
</script>
```

이제 웹 애플리케이션을 열어보면 다음 블로그 내용이 보일 것이다.

> **Blog**
>
> # 꿈에(박정현) 가사
>
> 2020-11-28 21:27:31
>
> *김연지님이 최근에 부르신 꿈에가 너무 좋아 가사를 공유해봅니다.*
>
> 어떤말을해야하는지
> 난 너무 가슴이 떨려서
> 우리 옛날 그대로의
> 모습으로 만나고 있네요
> 이건 꿈인걸 알지만
> 지금 이대로 깨지않고서
> 영원히 잠잘수 있다면
> 날 안아주네요
> 예전모습처럼

그림 6-19 블로그의 데이터가 렌더링된 모습

Pagination 구현

Pagination은 게시판이나 테이블의 행이 너무 길어졌을 때 일정 개수의 행을 하나의 페이지로 간주하고 사용자가 원하는 페이지만 보여주는 기술을 사용할 때 페이지를 탐색할 수 있는 탐색 창을 의미한다. 일반적으로 Pagination은 게시판의 하단에 붙어있다. Pagination을 테스트하기 위해서는 많은 블로그 포스트가 필요하다. 서버의 initiali.js에서 포스트를 삽입하는 부분의 코드를 변경하여 가능한 많은 포스트가 생성되도록 한다.

```
for (let i = 0; i < 100; i++) {
    query = "INSERT ..."
    db.run(query)
}
```

코드의 변경을 하고 싶지 않을 경우, 단순히 서버를 켰다 껐다를 반복만 해도 된다.

이제 웹 애플리케이션으로 돌아와서 보면 포스트의 개수가 너무 많아져서 스크롤이 매우 길어지는 것을 알 수 있다. Pagination을 구현하여 한 페이지에 몇 개의 포스트만 보여질 수 있도록 변경할 것이며, 이미 생성된 블로그 템플릿의 제일 아래에 위치한 Older, Newer 버튼을 이용해

Page를 이동하게 할 것이다. 먼저 페이지마다 포스트의 일부 개수만 보여야 한다. 따라서 기존에 사용하던 post라는 배열값을 모두 출력하면 안된다. 대신 sliced_posts라는 새로운 배열 변수를 만들고 이 변수가 현재 페이지에 보여져야 하는 포스트들만 반환하도록 변경할 것이다. 따라서 article은 코드 6-25와 같이 수정이 된다.

코드 6-25. Blog.vue 내 〈article〉 태그 수정

```
<article
  class="blog-post"
  v-for="article in sliced_posts"
  :key="article.id"
>
  <h2 class="blog-post-title">{{ article.title }}</h2>
  <p class="blog-post-meta">{{ article.date }}</p>
  <div v-html="article.post" />
</article>
```

또한 page는 현재 보여줘야 하는 페이지를 나타내는 변수로 만들고 total_page라는 변수는 총 페이지 수를 가지고 있게 할 것이다. 그렇다면 pagination은 코드 6-26과 같이 구성할 수 있다.

코드 6-26. 기존의 Older 버튼과 Newer 버튼을 Pagination으로 변경한 코드

```
<nav class="blog-pagination" aria-label="Pagination">
  <a
    class="btn"
    :class="[
      page == 1
        ? 'btn-outline-secondary disabled'
        : 'btn-outline-primary',
    ]"
    @click="page--"
    href="#"
    >Older</a
  >
  {{ page }}
  <a
    class="btn"
```

```
    :class="[
      page == total_pages
        ? 'btn-outline-secondary disabled'
        : 'btn-outline-primary',
    ]"
    @click="page++"
    href="#"
    >Newer</a
  >
</nav>
```

page가 1일 경우 더 이상 앞으로 갈 수 없으므로 이전으로 가는 버튼을 비활성화함과 동시에 색
상도 회색으로 변경했다. 마찬가지로 최종 페이지보다 더 다음 페이지로 넘어갈 수 없으므로
page == total_pages 조건이 성립하면 해당 버튼을 회색으로 설정하고 비활성화했다. 두 개의
버튼 사이에는 현재 페이지를 알 수 있는 page 값을 넣어주었다. href="#"과 같이 설정하면 버
튼이 눌렸을 때 최상단으로 자동으로 스크롤이 올라갈 것이다. 위에 언급된 page, total_pages
변수는 실제로 〈script〉 태그 내에서 구현이 되어야 한다. 먼저 변수들을 설정한다.

코드 6-27. Pagination을 위한 변수

```
// pagination
const rows = ref(5)
const total_rows = ref(0)
const page = ref(1)
const total_pages = computed(() => {
  return Math.ceil(total_rows.value / rows.value)
})
const sliced_posts = computed(() => {
  return posts.slice((page.value - 1) * rows.value, page.value * rows.value)
})
```

rows 변수는 블로그 애플리케이션의 한 페이지에서 동시에 보여지는 포스트의 수를 가지고 있
다. 5라는 기본값은 한 페이지에 5개의 포스트가 보여짐을 의미한다. 이 변수를 props 등으로
변경하면, Blog 컴포넌트를 호출할 때 상위 컴포넌트가 해당 값을 결정하게 하거나, 사용자가

변경 가능하도록 할 수 있다. total_rows는 받은 포스트의 총 개수로 먼저 생성한 posts 배열의 길이 값을 가지면 된다. page는 현재 보여줄 페이지 번호인데, 기본값으로 1을 가진다. total_pages는 총 포스트 개수를 페이지로 환산한 값으로 total_rows를 rows로 나눈 후 올림을 하면 된다. 마지막으로 sliced_posts는 page 변수값에 따라 posts에서 필요한 포스트들만 잘라내는 역할을 한다.

total_rows 값은 posts의 길이이므로 blog 데이터를 수신한 시점에 할당을 해야 한다. 따라서 onSuccess에 posts의 길이를 대입하는 코드를 다음과 같이 넣는다.

코드 6-28. 포스트 데이터 전송 후 total_rows 값 갱신

```
const onSuccess = (data) => {
  Object.assign(posts, data.data)
  total_rows.value = posts.length
}
```

모든 변수에 대한 준비가 완료되었으므로 선언적 렌더링을 위해 변수들을 반환해야 한다. 템플릿에서 필요로 하는 sliced_posts, page 그리고 total_pages를 반환한다.

코드 6-29. 선언된 변수를 반환하는 코드

```
return {
  sliced_posts,
  page,
  total_pages,
}
```

웹 애플리케이션을 보면 한번에 5개의 포스트만 나타나고, 5개보다 포스트가 많을 경우 Next 버튼이 활성화됨을 알 수 있다. Next 버튼을 누르면 다음 페이지로 이동이 되고 최상단으로 화면이 이동한다.

Archives 구현

아카이브는 보존가치를 가진 문서들을 모아둔 것을 의미하며, 블로그에서 아카이브는 일반적

으로 그간 작성한 포스트를 작성날짜와 같은 특정한 규칙을 통해 카테고리화하는 것을 의미한다. 실제로 Bootstrap의 블로그 템플릿 역시 월별 기준으로 아카이빙하고 있는 것을 알 수 있다. 템플릿과 비슷하게 월별 기준으로 아카이빙하기 위해 post를 월 기준으로 묶을 수 있는 배열 변수 archives를 추가한다. archives는 객체의 모음을 가지며, 객체는 속성으로 연도와 월 정보를 가지고, posts는 해당 포스트들을 가진다. 반응성을 가지는 archives 변수는 다음과 같이 만들 수 있다.

```
const archives = reactive([])
```

posts 데이터가 들어오면 archives에 넣어주도록 onSuccess 함수에 코드 6-30과 같이 추가한다.

코드 6-30. 아카이브를 생성하는 코드

```
const temp_group = posts.reduce((accumulator, currentValue) => {
  ;(accumulator[currentValue['date'].substring(0, 7)] =
    accumulator[currentValue['date'].substring(0, 7)] || []).push(currentValue)
  return accumulator
}, {})

Object.assign(
  archives,
  Object.keys(temp_group).map((key) => ({
    key: key,
    data: temp_group[key],
  }))
)
```

reduce 함수를 이용해 post를 전체 순회하며 월별날짜까지 일치하는 키 값으로 객체를 생성하여 temp_group에 넣는다. 이후 temp_group 객체를 다시 키 값으로 순회하며 최종적으로 월별 키 값과 그 키 값에 따른 포스트 배열 값이 data로 들어간 객체의 배열을 생성해냈다. 서버에서 오는 date 값은 2020-11-18과 같이 월별뿐만 아니라 일별 정보까지 가지고 있기 때문에 키 값을 추출하기 위해 2020-11과 같이 연도와 월별의 문자열만 substring 함수를 이용해 뽑았다.

만약 일별로 분류하고 싶다면 substring(0, 7)을 substring(0, 10)로 변경하면 될 것이다. 이제 archives 변수를 setup 함수의 반환에 추가하고 〈template〉 태그에서 Archives가 표시될 수 있도록 변경해야 한다. v-for 디렉티브를 이용해 archives 변수를 순회하면서 그림을 그리도록 한다.

코드 6-31. 아카이브를 위한 템플릿 코드

```
<div class="p-4">
  <h4 class="font-italic">Archives</h4>
  <ol
    class="list-unstyled mb-0"
    v-for="archive in archives"
    :key="archive.id"
  >
    <li>
      <a href="#">{{ archive.key }}</a>
    </li>
  </ol>
</div>
```

Archives

2020-11

그림 6-20 아카이브가 접혀있을 때 모습

이제 그림 6-20처럼 Archives 아래에 날짜가 나오는 것을 알 수 있다. 날짜를 누르면 세부적인 제목이 나오게 하기 위해서 Bootstrap의 collapse를 사용한다. 또한 archives로부터 얻어온 archive의 posts 속성을 다시 순회하면서 내부 포스트의 title을 그려준다. 코드 6-32와 같이 템플릿을 변경하면 그림 6-21처럼 제법 그럴싸한 Archives를 표현함을 알 수 있다.

코드 6-32. 세부 아카이브까지 표현한 템플릿 코드

```
<div class="p-4">
  <h4 class="font-italic">Archives</h4>
  <ol
    class="list-unstyled mb-0"
```

```
        v-for="(archive, index) in archives"
        :key="index"
      >
        <li>
          <a data-toggle="collapse" :data-target="'#archive-' + index" href="#">{{
            archive.key
          }}</a>
          <div class="collapse" :id="'archive-' + index">
            <ol
              class="list-unstyled ms-3"
              v-for="post in archive.posts"
              :key="post.id"
            >
              <li>
                {{ post.date.substring(0, 10) + ': ' }}
                <a href="#">{{ post.title.substring(0, 20) }}</a>
              </li>
            </ol>
          </div>
        </li>
      </ol>
    </div>
```

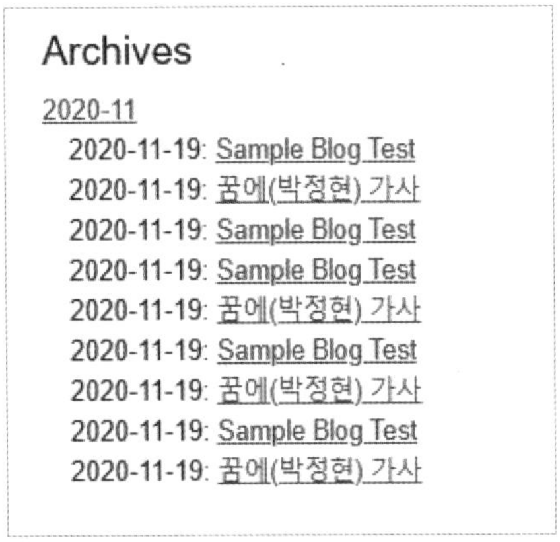

그림 6-21 아카이브를 클릭했을 때 모습

마지막으로 Archives의 포스트를 눌렀을 때 실제 포스트를 보여주는 기능도 필요하다.

포스트를 보여줄 때 해당 페이지를 화면에 통째로 그린 후 해당 포스트로 스크롤을 옮기는 방법도 있을 것이고, 다이얼로그로 해당 포스트만 보여줄 수도 있다. 이번에는 첫 번째 방법으로 구현하는 방법을 소개할 것이다. 어떤 포스트로 이동해야 하는지 정확히 알기 위해서 모든 포스트에 고유한 아이디를 부여해야 한다. 〈article〉 태그는 하나의 포스트를 의미하기 때문에 각 〈article〉 태그가 아이디를 부여받도록 다음과 같이 코드를 수정한다.

코드 6-33. 각 〈article〉 태그에 id를 부여하는 코드

```
<article
  class="blog-post"
  v-for="article in sliced_posts"
  :key="article.id"
  :id="'article-' + article.id"
>
  <h2 class="blog-post-title">{{ article.title }}</h2>
  <p class="blog-post-meta">{{ article.date }}</p>
  <div v-html="article.post" />
</article>
```

이제 Archives에서 포스트를 클릭했을 때 페이지를 찾고, article의 id를 얻는 함수를 코드 6-34처럼 만든다.

코드 6-34. Archive의 id를 바탕으로 Pagination의 page 값을 찾는 코드

```
const onArchive = (evt, id) => {
  const index = posts.findIndex((post) => post.id == id) + 1
  page.value = Math.ceil(index / rows.value)
}
```

페이지를 찾는 건 생각보다 어렵지 않다. 총 포스트가 현재 몇 번째 위치했는지 나온 인덱스 값을 한 페이지에 표시되는 rows 값으로 나누면 된다. 다만 findIndex는 0부터 값을 돌려주므로 1부터 시작하게 변경하기 위해 1을 더해줘야 한다. 이렇게 나온 값을 page에 대입하면 자동으로 blog 컴포넌트는 해당 페이지로 이동한다. 한 페이지 내에는 여러 포스트가 있기 때문에 정확한 포스트로 이동하기 위해 아카이브 포스트를 클릭했을 때 해당 포스트로 이동할 수 있도록

href에 해당 포스트의 id값을 넣어준다.

코드 6-35. 아카이브를 클릭했을 때 해당 아카이브로 이동할 수 있게 해주는 코드

```
<a :href="'#article-' + post.id" @click="onArchive($event, post.id)">{{
  post.title.substring(0, 20)
}}</a>
```

7번 id를 가지는 아카이브를 클릭하면 그림 6-41과 같이 해당 포스트가 출력된다.

그림 6-22 article-7로 이동한 모습

완성된 Blog.vue의 코드는 코드 6-36를 참고하면 되며, 실행된 모습은 그림 6-22와 같다.

코드 6-36. 완성된 Blog.vue 파일

```
<template>
  <main class="container mt-3">
    <div class="row justify-content-md-center">
      <div class="col-md-8">
        <h3 class="pb-4 mb-4 font-italic border-bottom">Blog</h3>

        <article
          class="blog-post"
          v-for="article in sliced_posts"
          :key="article.id"
          :id="'article-' + article.id"
        >
```

```html
      <h2 class="blog-post-title">{{ article.title }}</h2>
      <p class="blog-post-meta">{{ article.date }}</p>
      <div v-html="article.post" />
    </article>

    <nav class="blog-pagination" aria-label="Pagination">
      <a
        class="btn"
        :class="[
          page == 1
            ? 'btn-outline-secondary disabled'
            : 'btn-outline-primary',
        ]"
        @click="page--"
        href="#"
        >Older</a
      >
      {{ page }}
      <a
        class="btn"
        :class="[
          page == total_pages
            ? 'btn-outline-secondary disabled'
            : 'btn-outline-primary',
        ]"
        @click="page++"
        href="#"
        >Newer</a
      >
    </nav>
  </div>
</div>

<div class="col-md-4">
  <div class="p-4 mb-3 bg-light rounded">
    <h4 class="font-italic">About</h4>
    <p class="mb-0">
      컴퓨터로 세상을 만들어가는 것이 너무나 즐거워 다양한 프로그래밍 관련
      포스팅을 올리고 있습니다. 아울러 누구나 무료로 사용할 수 있는 다양한
```

애플리케이션도 배포하고 있으니 많은 사랑 부탁드립니다.
```html
    </p>
</div>

<div class="p-4">
  <h4 class="font-italic">Archives</h4>
  <ol class="list-unstyled mb-0">
    <li v-for="(archive, index) in archives" :key="index">
      <a
        data-toggle="collapse"
        :data-target="'#archive-' + index"
        href="#"
        >{{ archive.key }}</a
      >
      <div class="collapse" :id="'archive-' + index">
        <ol class="list-unstyled ms-3">
          <li v-for="post in archive.posts" :key="post.id">
            {{ post.date.substring(0, 10) + ': ' }}
            <a
              :href="'#article-' + post.id"
              @click="onArchive($event, post.id)"
              >{{ post.title.substring(0, 20) }}</a
            >
          </li>
        </ol>
      </div>
    </li>
  </ol>
</div>

<div class="p-4">
  <h4 class="font-italic">Elsewhere</h4>
  <ol class="list-unstyled">
    <li><a href="#">GitHub</a></li>
    <li><a href="#">Twitter</a></li>
    <li><a href="#">Facebook</a></li>
  </ol>
</div>
```

```
        </div>
      </div>
      <!-- /.row -->
    </main>
    <!-- /.container -->
</template>

<script>
import { ref, reactive, onMounted, computed } from 'vue'
import useAxios from '/@app_modules/axios.js'
export default {
  setup() {
    // 데이터 가져오기
    const { axiosGet } = useAxios()
    const posts = reactive([])
    onMounted(() => {
      axiosGet('/db/blog', onSuccess)
    })

    const onSuccess = (data) => {
      Object.assign(posts, data.data)
      total_rows.value = posts.length

      const temp_group = posts.reduce((accumulator, currentValue) => {
        ;(accumulator[currentValue['date'].substring(0, 7)] =
          accumulator[currentValue['date'].substring(0, 7)] || []).push(
          currentValue
        )
        return accumulator
      }, {})

      Object.assign(
        archives,
        Object.keys(temp_group).map((key) => ({
          key: key,
          posts: temp_group[key],
        }))
      )
```

```
    }

    // pagination
    const rows = ref(5)
    const total_rows = ref(0)
    const page = ref(1)
    const total_pages = computed(() => {
      return Math.ceil(total_rows.value / rows.value)
    })
    const sliced_posts = computed(() => {
      return posts.slice((page.value - 1) * rows.value, page.value * rows.value)
    })

    // archives
    const archives = reactive([])
    const onArchive = (evt, id) => {
      const index = posts.findIndex((post) => post.id == id) + 1
      page.value = Math.ceil(index / rows.value)
    }

    return {
      sliced_posts,
      page,
      total_pages,
      archives,
      onArchive,
    }
  },
}
</script>

<style scoped>
/* Pagination */
.blog-pagination {
  margin-bottom: 4rem;
}
.blog-pagination > .btn {
  border-radius: 2rem;
```

```
  }

  /*
   * Blog posts
   */
  .blog-post {
    margin-bottom: 4rem;
  }
  .blog-post-title {
    margin-bottom: 0.25rem;
    font-size: 2.5rem;
  }
  .blog-post-meta {
    margin-bottom: 1.25rem;
    color: #727272;
  }
</style>
```

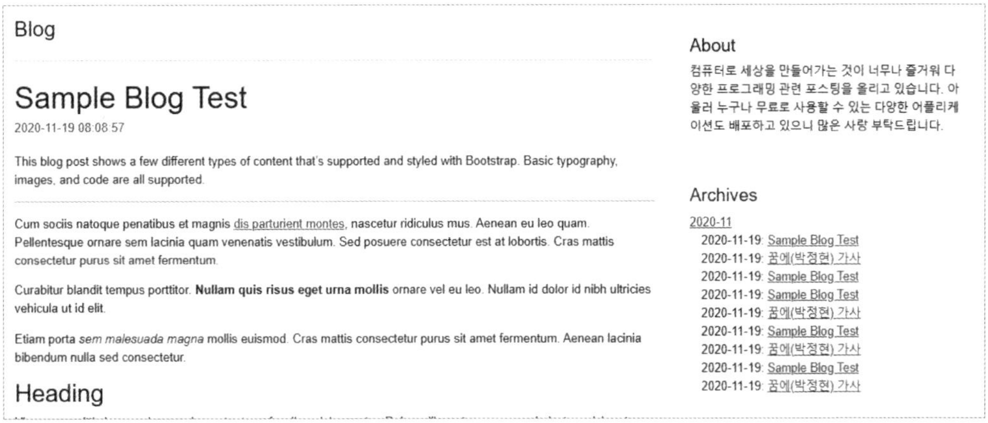

그림 6-23 최종 완성된 블로그의 모습

6-5 관리자 로그인 기능 구현

사이트를 관리하기 위해서는 특별한 권한이 필요하며, 권한을 부여하기 위해서는 결국 ID 체계를 사용자에게 배부해야 한다. 만들고 있는 사이트는 커뮤니티의 성격보다는 블로그의 성향

이 강하기 때문에 다른 접속하는 모든 이들의 계정을 관리할 필요는 없다. 하지만 관리자는 여전히 계정이 있어야 할 것이다.

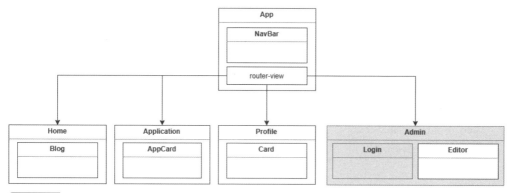

그림 6-24 Admin 컴포넌트와 Login 컴포넌트

6-5-1 서버 구성

일단 관리자의 계정을 입력해야 할 공간이 필요하므로 지금까지의 경험을 살려 다음과 같은 작업을 준비해보도록 한다.

1. 빈 Admin Component 만들기(Admin.vue)

2. Router의 /admin을 Admin Component에 연결하기(routes.js)

3. 메뉴의 제일 오른쪽에 Admin 메뉴 추가(NavBar.vue)

이렇게 하면 다음과 같이 메뉴가 나와야 한다.

그림 6-25 Admin 메뉴가 추가된 모습

언제나 그랬듯 간단하게 데이터베이스 테이블과 관련 REST API를 준비해야 한다. 먼저 type. js 파일에 accounts 속성을 추가한다.

```
accounts: 6
```

테이블을 준비해야 하는데, 테이블은 다음과 같이 간단한 정보를 가지게 했다.

email	관리자 이메일(초기값 vue)
password	관리자 비밀번호(초기값 vue)
grade	등급(owner, manager, member 등)
token	로그인 시 부여되는 token

표 6-4   Admin을 위한 데이터베이스 테이블

Initial.js에 fn_accounts라는 함수를 코드 6-37과 같이 추가하고, run 함수에도 추가하자. 테스트를 위해 데이터베이스가 새로 생성될 때마다 초기화되도록 DROP TABLE문을 넣어두었는데 테스트가 필요없다면 해당 라인은 삭제하도록 한다. 아울러 테이블이 초기화되면 초기값으로 이메일과 비밀번호가 vue라는 문자열로 삽입됨을 알 수 있다. 이 vue라는 비밀번호를 이용해 초기 관리자 이메일과 비밀번호를 등록할 수 있게 할 것이다.

코드 6-37. fn_accounts 함수

```
function fn_accounts(db) {
  db.run('DROP TABLE IF EXISTS tbl_accounts') #주석처리해도 된다.

  db.run(
    "CREATE TABLE IF NOT EXISTS tbl_accounts (id INTEGER PRIMARY KEY
AUTOINCREMENT, email TEXT, password TEXT, date DATETIME DEFAULT (datetime('now',
'localtime')), grade TEXT, token TEXT)",
    (err) => {
      if (!err) {
        query = `INSERT OR IGNORE INTO tbl_accounts (id, email,password, grade,
token) VALUES ( (SELECT id FROM tbl_accounts WHERE grade = 'owner'), 'vue', 'vue',
'owner', null)`
        db.run(query)
      }
    }
  )
}
```

그리고 업데이트를 위한 put.js와 삽입을 위한 post.js 파일을 추가해야 한다. 각 파일의 수정된 코드는 6-38과 6-39다.

HTTP Post Request는 CRUD의 Create에 해당하는 요청이며, 전송하고자 하는 데이터가 Create인지 Update인지 모를 때도 사용한다. 로그인과 같은 데이터는 애플리케이션에서는 ID 와 비밀번호가 이미 있는 정보인지, 없는 정보인지 모르므로 Post를 쓰곤 한다. 반면 Put은 이 미 데이터의 값이 서버에도 있는 것을 애플리케이션이 알 때 데이터 갱신을 위해 사용한다.

코드를 살펴보면 post 요청으로 login이 들어오면 해당 email과 password를 찾아 이메일이 없 는지(no_email), 비밀번호가 잘못되었는지(wrong_password)를 검사한 후 이상이 없으면 신규 토큰을 만들어 Database에 업데이트하고 애플리케이션에 토큰을 돌려준다. 일반적으로 토큰을 만들기 위해서는 다양한 알고리즘을 사용하지만, 지금은 토큰을 만드는 게 중요한 것이 아니기 때문에 단순히 무작위 값을 만들었다.

또한 token 값과 이메일 값이 서로 같은 쌍인지 확인하는 check-token이라는 REST API도 추 가했다.

코드 6-38. post.js

```javascript
module.exports.setup = function (app, db) {
  app.post('/db/accounts/login/:email/:password', (req, res, next) => {
    let result = {
      rsp: 'fail',
    }
    const token = 'T-' + Math.floor(Math.random() * 100000).toString()
    db.get(
      `SELECT * FROM tbl_accounts WHERE email='${req.params.email}'`,
      (err, row) => {
        if (!err) {
          if (!row) {
            result.rsp = 'no_email'
            result.email = req.params.email
            res.json(result)
          } else if (row['password'] != req.params.password) {
            result.rsp = 'wrong_password'
            res.json(result)
          } else {
            db.run(
              `UPDATE tbl_accounts SET token='${token}' WHERE email='${req.params.
```

```
email}'`
                )
              result.rsp = 'ok'
              result.token = token
              res.json(result)
            }
          } else {
            result.rsp = 'no_email'
            res.json(result)
          }
        }
      )
    })


  app.post('/db/accounts/check-token/:email/:token', (req, res, next) => {
    let result = {
      rsp: 'fail',
    }
    db.get(
      `SELECT * from tbl_accounts WHERE grade = 'owner' AND ((email='${req.params.
email}' AND token='${req.params.token}') OR (email='vue' AND password='vue' AND
token is null))`,
      (err, row) => {
        if (!err && row) {
          result.rsp = 'ok'
          result.data = row['email']
          res.json(result)
        } else {
          res.json(result)
        }
      }
    )
  })
}
```

Put 요청은 이메일과 비밀번호를 업데이트하기 위해 사용되는데, 데이터베이스가 생성될 때
vue라는 이메일을 가지고 있을 때만 이메일 업데이트가 가능하고, 그렇지 않을 경우에는 비밀

번호만 업데이트 되도록 구현했다. put.js 파일을 생성하고 코드 6-39처럼 구현하자.

코드 6-39. put.js

```javascript
module.exports.setup = function (app, db) {
  app.put('/db/accounts/:email/:password/:oldpassword', (req, res, next) => {
    let result = {
      rsp: 'fail',
    }
    db.get(
      `SELECT * FROM tbl_accounts WHERE (email='${req.params.email}' OR email='vue')
AND grade='owner'`,
      (err, row) => {
        if (!err && row) {
          if (row['password'] != req.params.password) {
            result.rsp = 'wrong_password'
            result.temp = row
            res.json(result)
          } else {
            db.run(
              `UPDATE tbl_accounts SET email='${req.params.email}', password='${req.
params.oldpassword}' WHERE (email='${req.params.email}' OR email='vue') AND
grade='owner' AND password='${req.params.password}'`,
              (err1) => {
                if (err1) {
                  result.error = err1.message
                  res.json(result)
                } else {
                  result.rsp = 'ok'
                  result.temp = `UPDATE tbl_accounts SET email='${req.params.
email}', password='${req.params.oldpassword}' WHERE (email='${req.params.email}' OR
email='vue') AND grade='owner' AND password='${req.params.password}'`
                  res.json(result)
                }
              }
            )
          }
        } else {
          result.rsp = 'no_email'
```

```
            res.json(result)
          }
        }
      )
    })
  }
```

이제 index.js에서 새로 만든 post.js와 put.js를 추가하고 setup 함수를 호출해준다.

코드 6-40. index.js

```
const sqlite3 = require('sqlite3')
const express = require('express')
const TYPE = require('./type.js')
const get = require('./get.js')
const post = require('./post.js')
const put = require('./put.js')
const initial = require('./initial.js')
const cors = require('cors')
const app = express()
app.disable('x-powered-by')
app.use(cors())
app.use('/assets', express.static('assets'))


const PORT = 8000


let db = new sqlite3.Database('database.db', (err) => {
  if (!err) {
    initial.run(db, TYPE.about_me)
    initial.run(db, TYPE.resume)
    initial.run(db, TYPE.applications)
    initial.run(db, TYPE.notification)
    initial.run(db, TYPE.blog)
    initial.run(db, TYPE.accounts)
  }
})
```

```
app.listen(PORT, () => {
  console.log(`Listening... ${PORT}`)
})

get.setup(app, db)
post.setup(app, db)
put.setup(app, db)
```

6-5-2 로그인 관련 기능 제작

서버의 REST API가 다 만들어졌으므로 해당 API를 제대로 이용할 수 있는 서비스들을 만들어야 한다. 먼저 REST API를 호출할 수 있는 Axio 함수들을 추가할 것이다. 기존에 axiosGet을 만든 것과 동일하게 modules/axios.js 파일에 코드를 추가하면 된다. 또한 서버로부터 에러 메시지를 받아 처리할 수 있게 하기 위해 onFailed 함수에서도 응답 json 데이터를 전달하도록 변경했다.

새롭게 추가된 axiosPut과 axiosPost는 axiosGet와 거의 비슷하지만 data라는 인자를 하나 더 받을 수 있게 만들었다. 이 data는 HTTP 요청에 payload로 붙는 값을 의미한다. REST 형태를 사용할 때는 빈번하게 사용하지는 않는다.

코드 6-41. axios.js

```
import { axios } from '@bundled-es-modules/axios'
import { ref } from 'vue'

export default () => {
  const communicating = ref(false)
  const BASE_URL = 'http://localhost:8000'
  const creatURL = (url) => {
    return url.startsWith('http') ? url : BASE_URL + url
  }

  const checkResult = (resp, onSuccess, onFailed) => {
    communicating.value = false
    if (resp.status === 200 && resp.data.rsp === 'ok') {
```

```
        if (onSuccess) {
          onSuccess(resp.data)
        }
      } else {
        if (onFailed) {
          onFailed(resp.data)
        }
      }
    }

    const axiosGet = async (url, onSuccess = null, onFailed = null) => {
      communicating.value = true
      axios.get(creatURL(url)).then((resp) => {
        checkResult(resp, onSuccess, onFailed)
      })
    }

    const axiosPost = async (url, data, onSuccess = null, onFailed = null) => {
      communicating.value = true
      axios.post(creatURL(url), data).then((resp) => {
        checkResult(resp, onSuccess, onFailed)
      })
    }

    const axiosPut = async (url, data, onSuccess = null, onFailed = null) => {
      communicating.value = true
      axios.put(creatURL(url), data).then((resp) => {
        checkResult(resp, onSuccess, onFailed)
      })
    }

    return {
      communicating,
      axiosGet,
      axiosPost,
      axiosPut,
    }
  }
```

사용자 login에 관련된 기능을 모아둔 login 모듈도 생성할 것이다. login.js 파일을 modules 폴더에 생성하고 코드 6-42처럼 작성하면 된다. 이 모듈은 로그인에 관련된 기능들을 한데 모아둔 것으로 기존의 axios 모듈을 이용해 서버와 통신을 한다. 모든 함수는 모두 비동기적 함수로 구현하였다. 서버와 클라이언트 간의 데이터 전송은 웹 애플리케이션이 항상 기다려 줄 수는 없다. 따라서 비동기적으로 요청과 응답을 처리하고 웹 애플리케이션은 그 사이에 자신이 해야 할 일을 끝내는 것이 좋다.

checkToken

이메일과 토큰을 보내 현재 관리자가 접속중인지를 확인한다. 이 개념을 조금 더 발전시키면 세션Session이 된다. 세션은 클라이언트가 어떠한 인증방법을 통해 인증이 되었을 때 일정한 기간 동안 인증 없이 사용할 수 있도록 연결을 유지해주는 것을 의미한다. 아주 간단하게 구현이 되어 있지만, checkToken 역시 세션과 매우 유사한 방법으로 Cookie와 토큰을 이용해 세션을 유지할 수 있도록 하고 있다.

updatePassword

이메일과 현재 비밀번호 그리고 새로운 비밀번호로 정보를 업데이트하기 위해서 사용한다.

login

이메일과 비밀번호를 이용해 로그인을 하기 위해 생성한다. 로그인이 완료되면 새로운 토큰값을 돌려받는다.

코드 6-42. login.js

```
import useAxios from '/@app_modules/axios.js'
const { axiosPut, axiosPost } = useAxios()

export default function () {
  const checkToken = (email, token) =>
    new Promise((resolve, reject) => {
      axiosPost(
        `/db/accounts/check-token/${email}/${token}`,
```

```
        {},
        (data) => {
          resolve(data)
        },
        (data) => {
          reject(data)
        }
      )
    })

const updatePassword = (email, password, oldpassword) =>
  new Promise((resolve, reject) => {
    axiosPut(
      `/db/accounts/${email}/${password}/${oldpassword}`,
      {},
      (data) => {
        resolve(data)
      },
      (data) => {
        reject(data)
      }
    )
  })

const login = (email, password) =>
  new Promise((resolve, reject) => {
    axiosPost(
      `/db/accounts/login/${email}/${password}`,
      {},
      (data) => {
        resolve(data)
      },
      (data) => {
        reject(data)
      }
    )
  })
```

```
    return {
      checkToken,
      updatePassword,
      login,
    }
  }
}
```

6-5-3 Admin.vue 파일 구성

앞에서 스스로 작성한 Admin.vue 파일을 채워볼 차례다. 이번에 구현한 로딩 프로세스는 다음과 같다.

1. Cookie에서 Email과 Token을 얻어온다. Cookie가 없으면 임의의 값을 넣는다.
2. Email과 Token을 보내 서버로부터 로그인/최초 정보 입력/자동 로그인 중 하나의 응답을 받는다.
   A. Email과 Token이 일치하지 않으면 로그인 화면으로 들어간다.
   B. 데이터베이스의 Email이 vue이고 입력 비밀번호가 vue이면 이메일과 비밀번호를 넣을 수 있는 최초 정보 입력화면으로 간다.
   C. Email과 Token이 일치하고 저장된 Email이 vue가 아니라면 자동 로그인이 활성화되었는지 확인 후 관리자 페이지로 들어간다.

이러한 프로세스를 만들기 위해서는 현재 상태를 나타낼 수 있는 state 변수가 필요하다. 해당 변수는 표 6-5와 같은 값을 갖는다.

ok	로그인이 완료되었다
login	로그인 창을 띄워야 한다.
update	최초 정보 입력 혹은 비밀번호 업데이트 창을 띄워야 한다.
loading	토큰을 검사 중이다.

표 6-5 로그인 상태를 나타내는 state

또한 Cookie 관리를 통해 다른 메뉴에 들어갔다가 다시 들어와도 로그인이 유지될 수 있도록 한다. 쿠키의 키값에 대한 의미는 표 6-6과 같다.

stay	로그인이 유지되어야 하는지 저장한다.
email	로그인하는 email을 저장한다.
token	로그인하려 하는 token을 저장한다.

표 6-6 쿠키 값

코드 6-43은 이를 바탕으로 구현된 Admin 컴포넌트 코드다.

코드 6-43. Admin.vue

```
<template>
  <div v-if="state == 'ok'">
    <div class="row text-right pr-sm-2">
      <small><a href="#" @click="onLogout">Logout</a></small>
    </div>
  </div>
  <div v-else-if="state == 'loading'">Loading...</div>
  <login v-else :email="email" :type="state" @state="state = 'ok'" />
</template>

<script>
import { ref, onBeforeMount } from 'vue'
import Login from '/@components/Login.vue'
import { getCookie, setCookie } from '/@utils/cookie.js'
import useLogin from '/@app_modules/login.js'
export default {
  setup() {
    const state = ref('loading')
    const email = ref(getCookie('email'))
    const token = ref(getCookie('token'))

    onBeforeMount(() => {
      const { checkToken } = useLogin()
      const auto_login = getCookie('stay') == 'true'

      email.value = email.value == '' ? 'test-email' : email.value
      token.value = token.value == '' ? 'test-token' : token.value
```

```
            // 저장된 토큰 혹은 테스트 토큰을 이용하여 정보를 얻어온다.
            checkToken(email.value, token.value)
              .then((data) => {
                if (data.data == 'vue') {
                  state.value = 'update'
                  email.value = ''
                } else if (auto_login) {
                  // 이미 로그인이 완료되었다.
                  state.value = 'ok'
                } else {
                  state.value = 'login'
                }
              })
              .catch((e) => {
                state.value = 'login'
              })
          })

    const onLogout = (evt) => {
      if (evt) {
        evt.preventDefault()
      }
      setCookie('token', '')
      state.value = 'login'
    }

    return { state, email, onLogout }
    },
    components: { Login },
  }
</script>
```

로그인 및 비밀번호 업데이트를 담당하는 Login이라는 컴포넌트를 생성해 사용할 것이다. 이는 템플릿 코드의 길이를 매우 많이 줄여주며 읽기도 편하다. 단순히 템플릿 코드에 〈login〉 태그만 추가하면 된다. 다만, Login 컴포넌트에서 로그인이 완료되었는지 판단하기 위해 사용자 이벤트Custom Event를 지켜봐야 한다. 코드에서 해당 이벤트명은 state로 정했으며 해당 이벤트 발생 시 상태변수 state의 값을 "ok"로 변경해 로그인이 완료되었다고 Admin 컴포넌트에 알린다.

이미 앞서 살펴보았던 생명주기의 후킹Hooking을 통해 Admin 컴포넌트가 마운트되기 직전에 Token 검사를 수행한다. 이미 login.js에 만든 서비스 함수를 이용하므로 그 구현이 매우 단순하다. 만약 'vue'라는 값이 돌아오면 아직 최초 정보를 입력하지 않았으므로 state 변수를 update로 변경해 비밀번호 및 이메일을 새로 입력할 수 있게 한다. 만약 vue가 아닌데 정상 응답이 온 상태라면, stay라는 쿠키 값을 바탕으로 로그인을 완료시킬지 로그인 화면으로 이동시킬지 결정하게 된다. Catch를 통해서 에러를 포착하면 그냥 로그인 화면으로 이동시킨다.

로그인이 완료되었을 때 나오는 Logout 링크를 클릭하면 onLogout 함수가 호출되는데, 이 함수가 호출되면 Cookie에서 token을 삭제하고 로그인 화면으로 가라고 state를 변경한다. Token의 값이 없으므로 명백한 로그아웃이 되고 자동으로 로그인이 되지 않는다.

6-5-4 Login 컴포넌트 구현

방금 만든 Admin 컴포넌트가 로그인을 하거나 정보를 업데이트하기 위해 Login 컴포넌트를 부른다. Components 폴더 아래 Login.vue 파일을 생성하자. 로그인 창은 그림 6-25와 그림 6-26과 같이 이메일과 비밀번호를 업데이트할 수 있는 업데이트 화면과 단순히 로그인만 할 수 있는 두 개의 화면으로 나뉜다. 해당 창을 그리는 것은 블로그 때와 마찬가지로 Bootstrap의 예제코드* 중 Sign-in을 활용했다.

Admin 컴포넌트는 로그인 컴포넌트를 호출할 때 email과 type이라는 두 개의 속성을 전달한다. type이 "login"일 경우 로그인 컴포넌트는 로그인할 수 있는 그림 6-26를 그리고, "update"라는 문자열이 전달되면 그림 6-25처럼 업데이트 화면을 그리면 된다. Email 속성이 빈 문자열이 아닐 경우, 해당 문자열이 email을 넣는 〈input〉 태그를 채우면 된다. email 값은 속성으로 넘어와도 사용자가 직접 변경할 수도 있기 때문에 email이라는 변수를 하나 더 지정하고 email 속성값을 복사하여 사용한다. 비밀번호를 가지는 변수는 총 3개를 만들었다. 하나는 원래 비밀번호를 입력받을 수 있는 password이고, 다른 두 개는 새로운 비밀번호를 받을 수 있는 new_password1과 new_password2다.

---

* https://v5.getbootstrap.com/docs/5.0/examples/sign-in/

이미 Admin 컴포넌트를 만들 때 언급했듯이 로그인을 유지할 수 있는 stay라는 값이 쿠키에 존재한다. Login 컴포넌트는 이 값이 선언적으로 UI와 같이 작동을 해야 하기 때문에 하나의 변수로 필요하다. 해당 변수의 이름도 stay라고 정의한다.

```
const stay = ref(false)
```

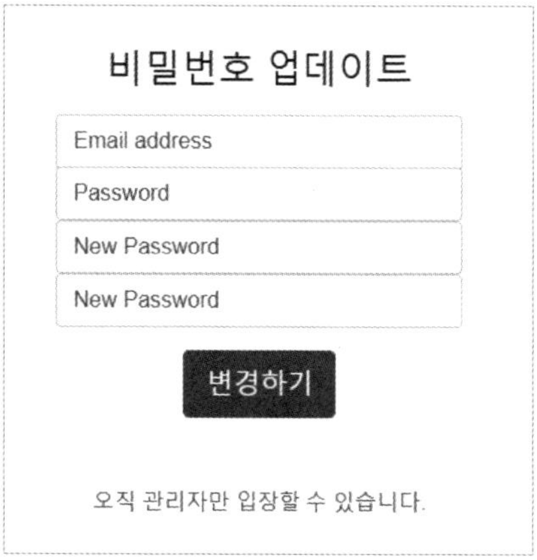

비밀번호 업데이트

Email address
Password
New Password
New Password

변경하기

오직 관리자만 입장할 수 있습니다.

그림 6-26 이메일과 비밀번호 업데이트 기능

로그인 하세요

armigar@naver.com
Password

☑ 로그인 유지하기

입장하기

오직 관리자만 입장할 수 있습니다.

그림 6-27 로그인 기능

로그인 버튼과 비밀번호 업데이트 버튼은 모두 같은 함수인 onSubmit를 호출하게 한다. 속성으로 넘어온 type 값을 통해서 어떤 액션을 취해야 하는지 알 수 있다. 로그인과 업데이트 창은 템플릿 코드에서도 분리되어야 하므로 is_login_form이라는 변수를 만들어 Boolean 값으로 관리한다.

```
const is_login_form = ref(props.type == 'login')
```

로그인을 위해서는 이미 login.js 파일에 만든 login 함수를 호출하면 된다. 업데이트의 경우도 마찬가지로 updatePassword 함수를 호출하면 된다. 이는 대략 코드 6-44와 같은 코드를 갖게 된다.

코드 6-44. 현재 폼에 따라 API를 다른 것을 호출한다.

```
const onSubmit = (evt) => {
  if (is_login_form.value) {
```

```
        login(email.value, password.value)
    } else {
        updatePassword(email.value, password.value, new_password1.value)
    }
}
```

이제 실제로 DOM을 구성하는 템플릿을 그려야 한다. 이미 언급했던 예제코드의 템플릿을 십
분 활용한다. 블로그와 마찬가지로 먼저 main 템플릿을 복사해서 붙여넣는다. 이 템플릿에는
비밀번호를 업데이트하는 기능이 없으므로 비밀번호를 업데이트할 수 있는 두 개의〈input〉태
그를 추가한 후 is_login_form 변수가 비활성화되었을 때만 보여지게 한다. autocomplete 속성
을〈input〉태그에 추가하면 크롬과 같은 브라우저가 저장된 비밀번호를 자동으로 채워줄 수
있다.

코드 6-45. 업데이트 폼을 위한 두 개의 input 엘리먼트

```
<div v-if="!is_login_form">
  <input
    type="password"
    id="inputPasswordNew1"
    class="form-control"
    placeholder="New Password"
    autocomplete="new-password"
    required
    v-model="new_password1"
  />
  <input
    type="password"
    id="inputPasswordNew2"
    class="form-control"
    placeholder="New Password"
    autocomplete="new-password"
    required
    v-model="new_password2"
  />
</div>
```

처음 로그인 창에 들어오면 이메일 창에 포커스를 줄 것이다. 〈autofocus〉 태그를 활용해도 되겠지만 여기서는 ref라는 참조를 사용할 것이다. 태그를 참조하기 위해서는 태그에 ref 속성을 추가하면 된다. 다음과 같이 〈email〉 태그에 ref="ref_email"과 같이 참조속성을 추가한다.

코드 6-46. Focus를 주기 위해 설정한 ref

```
<input
  type="email"
  id="inputEmail"
  class="form-control"
  placeholder="Email address"
  autocomplete="username"
  required
  ref="ref_email"
  v-model="email"
/>
```

ref_email과 같은 이름의 ref 변수를 setup 함수에 추가하면 바로 결합Binding이 된다. 결합된 해당 변수를 사용해 다음과 같이 포커스를 줄 수 있다.

코드 6-47. 마운트 시점에 포커스를 활성화한다.

```
onMounted(() => {
  ref_email.value.focus()
})
```

위에서 설명한 모든 코드를 합한 Login.vue 코드는 코드 6-48과 같다. 위에서 설명하지 않은 context.emit('state')와 같은 코드가 추가되었는데, 해당 문구는 Admin에게 로그인이 완료되었다는 것을 알려주기 위해 state라는 이벤트를 전송하는 것이다. Emit은 부모 컴포넌트에게 이벤트를 전송하는 기능으로 일전에 사용했던 Provide/Inject가 없었을 때 많이 사용하던 기술이다. 이제는 Provide/Inject로 변경을 해도 되지만, 여전히 사용이 가능하고 바로 위 부모 컴포넌트에게만 이벤트를 보낼 때는 매우 유용하기에 소개하였다.

```
<template>
  <div class="d-flex text-center mt-md-5">
    <main class="form-signin">
      <form @submit="onSubmit">
        <h1 class="h3 mb-3 fw-normal">
          {{ is_login_form ? '로그인 하세요' : '비밀번호 업데이트' }}
        </h1>
        <small class="text-danger" v-if="invalid == 'no_email'"
          >이메일이 존재하지 않습니다.</small
        >
        <input
          type="email"
          id="inputEmail"
          class="form-control"
          placeholder="Email address"
          autocomplete="username"
          required
          ref="ref_email"
          v-model="email"
        />
        <small class="text-danger" v-if="invalid == 'wrong_password'"
          >비밀번호가 틀렸습니다.</small
        >
        <input
          type="password"
          id="inputPassword"
          class="form-control"
          placeholder="Password"
          autocomplete="current-password"
          required
          v-model="password"
        />
        <div v-if="!is_login_form">
          <small class="text-danger" v-if="invalid == 'diff_passwords'"
            >새로운 비밀번호가 다릅니다.</small
          >
          <input
            type="password"
```

```
                id="inputPasswordNew1"
                class="form-control"
                :class="{ 'is-invalid': invalid == 'diff_passwords' }"
                placeholder="New Password"
                autocomplete="new-password"
                required
                v-model="new_password1"
            />
            <input
                type="password"
                id="inputPasswordNew2"
                class="form-control"
                :class="{ 'is-invalid': invalid == 'diff_passwords' }"
                placeholder="New Password"
                autocomplete="new-password"
                required
                v-model="new_password2"
            />
          </div>
          <div class="m-3"></div>
          <div class="checkbox mb-3" v-if="is_login_form">
            <input type="checkbox" v-model="stay" /> 로그인 유지하기
          </div>
          <button class="btn btn-lg btn-primary btn-block" type="submit">
            {{ !is_login_form ? '변경하기' : '입장하기' }}
          </button>
          <p class="mt-5 mb-3 text-muted">오직 관리자만 입장할 수 있습니다.</p>
        </form>
      </main>
    </div>
</template>

<script>
import { ref, onMounted } from 'vue'
import useLogin from '/@app_modules/login.js'
import { getCookie, setCookie } from '/@utils/cookie.js'
export default {
  props: {
    email: {
```

```
      type: String,
      default: '',
    },
    type: {
      type: String,
      default: 'login',
    },
  },
  emits: ['state'],
  setup(props, context) {
    const ref_email = ref(null)
    const stay = ref(false)
    const is_login_form = ref(props.type == 'login')
    const email = ref(props.email)
    const password = ref('')
    const new_password1 = ref('')
    const new_password2 = ref('')
    const invalid = ref('ok')
    const { updatePassword, login } = useLogin()

    stay.value = getCookie('stay') == 'true'

    const onSubmit = (evt) => {
      if (evt) {
        evt.preventDefault()
      }
      invalid.value = 'ok'
      if (is_login_form.value) {
        // 로그인 Form
        login(email.value, password.value)
          .then((data) => {
            setCookie('email', email.value)
            setCookie('token', data.token)

            if (stay.value) {
              setCookie('stay', 'true')
            } else {
              setCookie('stay', 'false')
              setCookie('token', '')
```

```
        }

        context.emit('state')
      })
      .catch((data) => {
        invalid.value = data.rsp
      })
  } else {
    // Update Form
    if (new_password1.value != new_password2.value) {
      invalid.value = 'diff_passwords'
      new_password1.value = new_password2.value = ''
    } else {
      updatePassword(email.value, password.value, new_password1.value)
        .then((data) => {
          password.value = new_password1.value = new_password2.value = ''
          is_login_form.value = true
        })
        .catch((data) => {
          invalid.value = data.rsp
        })
    }
  }
}

onMounted(() => {
  ref_email.value.focus()
})

return {
  is_login_form,
  ref_email,
  email,
  password,
  new_password1,
  new_password2,
  onSubmit,
  invalid,
  stay,
```

```
      }
    },
  }
</script>

<style scoped>
.form-signin {
  width: 100%;
  max-width: 330px;
  padding: 15px;
  margin: auto;
}
.form-signin .checkbox {
  font-weight: 400;
}
.form-signin > .form-control {
  position: relative;
  box-sizing: border-box;
  height: auto;
  padding: 10px;
  font-size: 16px;
}
.form-signin .form-control:focus {
  z-index: 2;
}
.form-signin input[type='email'] {
  margin-bottom: -1px;
  border-bottom-right-radius: 0;
  border-bottom-left-radius: 0;
}
.form-signin > input[type='password'] {
  border-top-left-radius: 0;
  border-top-right-radius: 0;
}
</style>
```

이제 웹 애플리케이션을 실행하고 Admin 페이지로 가면 그림 6-25와 같은 업데이트 화면이
나오게 된다. 한번도 로그인한 적이 없으므로 원하는 이메일과 초기 비밀번호인 vue를 입력하

고 새로운 비밀번호를 두 번 입력한다. 변경하기 버튼을 누르면 이메일과 비밀번호가 업데이트
되고 그림 6-27과 같은 로그인 창이 뜬다. 새롭게 변경한 비밀번호를 누르고 입장을 하되, "로
그인 유지하기" 버튼은 비활성화 해보자. 그림 6-28과 같이 Logout 링크가 있는 Admin 페이
지가 뜬다.

그림 6-28 Logout 링크가 있는 Admin 페이지

다른 메뉴에 들어갔다가 다시 Admin 페이지로 들어오면 다시 로그인하라는 창이 뜨게 된다.
이번에는 로그인 유지하기 박스를 체크하고 로그인 해보자. 로그인이 완료되면 다른 메뉴를 탐
색하고 Admin으로 다시 들어와본다. 다시 로그인할 필요없이 Admin 페이지가 나타난다. 브
라우저를 종료하고 다시 켜도 Admin 페이지가 별다른 로그인 없이 들어가진다. 이제 Logout
을 눌러 강제로 로그아웃을 해보자. 다시 로그인을 하라는 창이 뜨게 된다.

6-6 Markdown을 이용한 글쓰기 기능 추가

블로그에 글을 쓸 수 있는 에디터가 필요하다. 블로그에 글을 쓰는 주체는 관리자로 국한될 것
이기 때문에 에디터는 관리자 페이지에 존재한다. 기존에 만든 관리자 페이지인 Admin 컴포넌
트의 자식 컴포넌트로 Editor 컴포넌트를 생성한다.

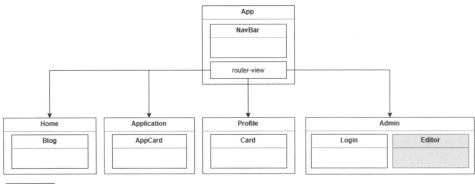

그림 6-29 Editor 컴포넌트

6-6-1 Markdown 소개

마크다운은 일반 텍스트 포맷을 이용해 서식있는 텍스트를 생성할 수 있는 경량 마크업 언어Lightweight Markup Language로 2004년 존 그루버와 아론 스와츠가 개발했다. md라는 확장자를 가지며 일반적으로 Readme 파일을 만들 때 많이 쓰고 위키나 Github 등에서 사용한다. 일반적으로 서식있는 텍스트를 생성할 때 WYSIWYG(What You See Is What You Get)와 마크다운을 사용하게 되며, 다양한 서식을 모두 제공해야 할 때는 WYSIWYG, 텍스트와 관련된 서식에 최대한 집중하여 빠르게 HTML을 생성할 때는 마크다운을 쓰곤 한다. 몇가지 마크다운을 소개하면 다음과 같다.

타입	설명	예제
#	〈h1〉에 부합되는 제목	# 제목 1
##	〈h2〉에 부합되는 제목	## 제목 2
〉	인용구	〉인용입니다.
** 혹은 __	굵은 글씨	**강조문입니다**
* 혹은 _	기운 글씨	*기운 글씨입니다*
*** 혹은 ___	굵고 기운 글씨	***굵고 기운 글씨입니다***
~~	스트라이크 선	~~취소된 글자입니다~~
[보이는 글자](하이퍼링크)	하이퍼링크	[구글](http://google.com)
1.	순서가 있는 목록	1. 첫 번째 목록
* 혹은 + 혹은 -	순서가 없는 목록	* 첫 번째 목록
'''	코드 블록	'''console.log("abc")'''
	이미지	![오리](/assets/duck.png)
2칸 이상 스페이스	다음 줄로 넘기기	
———	〈hr/〉에 대응되는	

표 6-7　주요 마크다운 기능

더 많은 내용을 알고 싶으면 다음 사이트를 방문하자.

- https://commonmark.org/help/

WYSIWYG

What You See Is What You Get 즉, 보고 있는 문서가 그대로 표현된다는 뜻으로 텍스트 에디터로 작성하고 있는 그 대로의 모습과 최대한 비슷하게 결과물이 나오게 하는 사용자 인터페이스를 의미한다.

6-6-2 vue3-markdown-it 플러그인 설치

마크다운의 스펙을 정의해둔 CommonMark 스펙을 자바스크립트로 구현해 놓은 markdown-it 프로젝트를 Vue 3에서 사용할 수 있도록 ES6 모듈화해 놓은 것이 vue3-markdown-it이라는 플러그인이다. Markdown-it은 속도가 빠르고 스펙을 올바르게 따르고 있다는 장점이 있는 한편, 외부 플러그인을 통한 확장성을 가지고 있어 많은 사랑을 받고 있다. 예를 들어 코드를 표현하는 ```를 highlightjs라는 매우 유명한 스타일 플러그인으로 대체하고 싶다면 어렵지 않게 highlightjs로 변경할 수 있다. vue3-markdown-it은 다음과 같이 설치할 수 있다.

```
npm install vue3-markdown-it
```

설치가 완료되고 코드 6-49와 같이 템플릿에 사용하면 그림 6-30처럼 서식있는 텍스트가 된다.

코드 6-49. markdown 컴포넌트 사용방법

```
<template>
  <markdown source="# Hello World"></markdown>
</template>
```

Hello World

그림 6-30 markdown 컴포넌트 사용 예제

6-6-3 템플릿 생성

먼저 Edit.vue라는 컴포넌트 파일을 생성하자. Admin 컴포넌트에는 다양한 기능이 들어갈 수 있으므로 하나의 기능을 하나의 컴포넌트로 나누는 것이 좋다. Editor.vue 컴포넌트는 블로그를

위해 마크다운 글을 작성하는 에디터가 생성될 것이다. 먼저 템플릿을 작성해야 하는데, 단순히 제목을 적을 수 있는 부분과 글을 적을 수 있는 부분으로 나누면 된다. 여기에 더해 마크다운이 실제로 어떻게 HTML로 그려지는지 확인하기 위한 Preview 윈도우도 하나 추가할 것이다.

코드 6-50. Edit 컴포넌트를 위한 템플릿

```
<template>
  <form @submit="onSubmit" class="m-1 row">
    <div class="text-right my-2">
      <button class="btn btn-primary btn-sm" type="submit">저장하기</button>
    </div>
    <div>
      <input v-model="title" placeholder="제목" class="w-100 my-2" required />
    </div>
    <div class="col-sm-6">
      <textarea
        id="mdTextarea"
        class="w-100"
        v-model="content"
        ref="input"
        v-on:scroll="onScroll"
        required
      ></textarea>
    </div>
    <div class="col-sm-6 text-left" id="preview" ref="output">
      <markdown class="border" id="md" :source="content" />
    </div>
  </form>
</template>
```

먼저 〈form〉 태그를 이용해 submit 이벤트가 발생했을 때 onSubmit 함수가 호출되도록 했다. 이렇게 〈form〉 태그를 사용하면 안에 들어간 〈input〉 태그와 같은 입력 태그들에 required를 설정하면 자동으로 submit 버튼이 눌렸을 때 최소한 하나의 값이라도 입력이 되었음을 확인한다. 〈input〉 태그의 v-model 디렉티브에는 title이라는 변수가 연결되어 있다. 이 태그를 통해 입력된 제목은 title이란 변수의 값으로 들어가게 되는 것이다. 같은 원리로 textarea에 입력된 마크다운 본문은 자동으로 content라는 변수에 값으로 들어가며, 이 값은 다시 markdown 컴포넌트의 source 디렉티브 값으로 들어간다. markdown 컴포넌트는 source로 들어온 마크다운

언어를 파싱해 HTML로 렌더링한다.

6-6-4 전역 CSS 생성

markdown 컴포넌트가 그리는 내용을 입맛에 맞게 변경하기 위해 지금까지 프로젝트를 작성하기 시작하고 한번도 열지 않았던 index.css 파일을 열어본다. index.css는 main.js에서 참조되어 프로젝트의 SPA_{Single Page Application}에 전역으로 영향을 미치는 스타일을 적용하게 된다. 주의할 것은 하나의 컴포넌트를 만들 때, 〈style〉 태그를 scoped 속성 없이 사용하면 마치 index.css에 스타일을 적용한 것처럼 전역적으로 사용된다는 점이다. 따라서 가능하면 컴포넌트 내 〈style〉은 항상 scoped 속성과 함께 사용하자.

markdown 컴포넌트의 몇가지 속성을 실제로 변경해보자. markdown은 Admin이 아니어도 사용될 수 있는 컴포넌트이므로 CSS를 전역적으로 변경시켜준다. 다만 다른 컴포넌트에는 영향을 미치면 안되기 때문에 md라는 아이디를 가진 태그의 자식 노드에만 스타일이 적용되도록 코드 6-51과 같이 작성한다. 템플릿에서 〈markdown〉 태그의 id를 md로 설정한 것을 기억하자. 테이블의 경우 홀수라인의 배경색을 #ccc로 적용했고, blockquote의 왼쪽에 ccc로 4px의 두꺼운 선을 그려주었다. 그 외 적용하고 싶은 스타일이 있다면 얼마든지 추가해도 된다.

코드 6-51. markdown 컴포넌트를 위한 스타일 적용

```css
#md > table tbody tr:nth-child(odd) {
  background-color: #ccc;
}

#md > blockquote {
  margin-left: 32px;
  border-left: 4px solid #ccc;
  padding-left: 16px;
}
```

6-6-5 스크립트 코드 구성

이제 템플릿과 스타일을 구성하였으므로 바인드된 변수를 조작할수 있는 스크립트 코드를 구성해야 한다. 스크립트의 구성 역시 템플릿만큼 간단하다. 일단 바인딩 변수인 title과 content

를 생성하고 글을 작성해야 하므로 axiosPost 함수를 axios 모듈 함수로부터 불러온다. 이후 저장 버튼을 눌렀을 때 불리는 onSubmit 함수를 이용해 저장할 내용을 서버로 전송하면 된다. 스크립트의 소스는 코드 6-52와 같다.

코드 6-52. Editor.vue의 스크립트 코드

```
<script>
import Markdown from "vue3-markdown-it";
import { ref, onMounted } from "vue";
import useAxios from "/@app_modules/axios.js";
export default {
  setup() {
    const { axiosPost } = useAxios();
    const title = ref("");
    const content = ref("");

    const onSubmit = (evt) => {
      if (evt) {
        evt.preventDefault();
      }

      if (content.value.length > 0) {
        axiosPost(
          "/db/blog",
          {
            title: title.value,
            content: content.value,
            type: "md",
          },
          (data) => {
            console.log("저장하였습니다.");
            title.value = content.value = "";
          },
          (data) => {
            console.error("저장하지 못했습니다.");
          }
        );
      } else {
        console.error("컨텐츠를 작성하세요.");
```

```
      }
    };


    return {
      title,
      content,
      onSubmit,
    };
  },
  components: { Markdown },
};
</script>
```

에디터와 미리보기 창의 크기를 변경하기 위해서 로컬 CSS를 다음과 같이 추가한다.

```
<style scoped>
#mdTextarea {
  height: 500px;
}

#md {
  height: 500px;
  overflow: scroll;
}
</style>
```

완성된 Editor.vue 코드는 다음과 같다.

```
<template>
  <form @submit="onSubmit" class="m-1 row">
    <div class="text-right my-2">
      <button class="btn btn-primary btn-sm" type="submit">저장하기</button>
    </div>
```

```html
    <div>
      <input v-model="title" placeholder="제목" class="w-100 my-2" required />
    </div>
    <div class="col-sm-6">
      <textarea id="mdTextarea" class="w-100" v-model="content" required></
textarea>
    </div>
    <div class="col-sm-6 text-left">
      <markdown class="border" id="md" :source="content" />
    </div>
  </form>
</template>

<script>
import Markdown from 'vue3-markdown-it'
import { ref } from 'vue'
import useAxios from '/@app_modules/axios.js'
export default {
  setup() {
    const { axiosPost } = useAxios()
    const title = ref('')
    const content = ref('')

    const onSubmit = (evt) => {
      if (evt) {
        evt.preventDefault()
      }

      if (content.value.length > 0) {
        axiosPost(
          '/db/blog',
          {
            title: title.value,
            content: content.value,
            type: 'md',
          },
          (data) => {
            console.log('저장하였습니다.')
            title.value = content.value = ''
          },
```

```
            (data) => {
              console.error('저장하지 못했습니다.')
            }
          )
        } else {
          console.error('컨텐츠를 작성하세요.')
        }
      }

      return {
        title,
        content,
        onSubmit,
      }
    },
    components: { Markdown },
  }
</script>

<style scoped>
#mdTextarea {
  height: 500px;
}

#md {
  height: 500px;
  overflow: scroll;
}
</style>
```

6-6-6 서버 구성

블로그의 데이터가 서버에 저장될 수 있도록 변경해야 한다. 먼저 initial.js의 fn_blog 함수의 CREATE SQL문에 md용 스트링인지 html 스트링인지 구분할 수 있는 type을 추가하자.

```
CREATE TABLE IF NOT EXISTS tbl_blog (id INTEGER PRIMARY KEY AUTOINCREMENT,
title TEXT, date DATETIME DEFAULT (datetime('now','localtime')), post TEXT,
type TEXT DEFAULT 'html'
```

database.db 파일을 삭제하고 다시 실행하면 tbl_blog에 type열이 추가된다. 만약 기존에 블로그 내용을 보존하고 싶다면 database.db 파일을 삭제하는 대신 CREATE 문에 앞서 다음 문을 추가하고 서버를 다시 실행하자.

```
ALTER TABLE tbl_blog ADD type TEXT DEFAULT 'html'
```

post.js 파일에 다음 코드를 추가하여 블로그에 새로운 내용이 저장되도록 변경한다.

코드 6-55. post.js 파일에 추가되어야 할 코드

```
app.post('/db/blog', (req, res, next) => {
    let result = {
      rsp: 'fail',
    }

    db.run(
      `INSERT INTO tbl_blog (title, post, type) VALUES ('${req.body.title}', '${req.
body.content}', '${req.body.type}')`,
      (err) => {
        if (!err) {
          result.rsp = 'ok'
          res.json(result)
        } else {
          res.json(result)
        }
      }
    )
  })
```

6-6-7 코드 마무리

Admin.vue에서 Editor 컴포넌트 불러 하위 컴포넌트로 등록해야 한다. 단순히 기존에 생성한 Logout 버튼 아래에 Editor 컴포넌트를 배치시킨다.

```
<template>
  <div v-if="state == 'ok'" class="my-3">
    <div class="row text-right pr-2">
      <small><a href="#" @click="onLogout">Logout</a></small>
    </div>
    <editor />
  </div>
  <div v-else-if="state == 'loading'">Loading...</div>
  <login v-else :email="email" :type="state" @state="state = 'ok'" />
</template>
```

스크립트 코드에서 다음과 같이 Editor.vue 컴포넌트를 추가해 등록시킨다.

```
import Editor from '/@components/Editor.vue'
...
setup() {
...
components: { Login, Editor },
}
```

웹 애플리케이션으로 돌아가 Admin에 로그인을 하면 그림 6–31과 같이 에디터가 뜬다.

그림 6-31 에디터가 뜬 모습

다음 내용을 붙여 넣어보자.

```
# 제목 1
### 제목 3

**굵은 텍스트**
*기운 텍스트*
***굵고 기운 텍스트***
~~스트라이크~~

> 인용합니다.

1. 순서 있는 리스트
2. 순서 있는 리스트 2
    1. 순서 있는 리스트 2-1

* 순서 없는 리스트
   + 중첩된 리스트

코드입니다.
```
const fn => console.log(console.log)
```

![Logo](https://asia.olympus-imaging.com/content/000107507.jpg)

[링크](http://localhost:3000/)


First Header ¦ Second Header
------------ ¦ -------------
Content from cell 1 ¦ Content from cell 2
Content in the first column ¦ Content in the second column
---

끝
```

오른쪽 미리보기 창에 변경된 내용이 나오는 것을 확인할 수 있다. 저장하기를 눌러 저장한 후 위 메뉴의 홈을 눌러 블로그로 돌아가자. 그림 6-32처럼 형식이 나타나지 않는 것을 알 수 있다.

MD 테스트

2020-11-23 12:15:46

제복 1 ### 제목 3 **굵은 텍스트** *기운 텍스트* ***굵고 기운 텍스트*** ~~스트라이트~~ > 인용합니다.
1. 순서 있는 리스트 2. 순서 있는 리스트 2 1. 순서 있는 리스트 2-1 * 순서 없는 리스트 + 중첩된 리스트 코드입니다. ``` const fn => console.log(console.log) ``` ![Logo](https://asia.olympus-imaging.com/content/000107507.jpg) [링크](http://localhost:3000/) First Header | Second Header ------------- | ------------- Content from cell 1 | Content from cell 2 Content in the first column | Content in the second column --- 끝

그림 6-32 HTML로 변경되지 않은 모습

블로그의 글에 서식이 없는 이유는 Blog 컴포넌트가 HTML로 들어온 값을 기대하지만, 실제로 값이 마크다운으로 들어오기 때문이다. 이를 위해 데이터베이스에 type이라는 컬럼을 추가했다. 해당 변수를 이용해 Blog.vue에서 선택적 그리기를 실행할 수 있도록 변경한다. 템플릿의 〈article〉 부분을 코드 6-80과 같이 타입에 따라 분기할 수 있도록 변경한다.

코드 6-58. type의 값에 따라 v-html 디렉티브와 markdown 컴포넌트를 분기하는 코드

```
<article
  class="blog-post"
  v-for="article in sliced_posts"
  :key="article.id"
  :id="'article-' + article.id"
>
  <h2 class="blog-post-title">{{ article.title }}</h2>
  <p class="blog-post-meta">{{ article.date }}</p>
  <div v-if="article.type == 'html'" v-html="article.post" />
  <markdown v-else-if="(type = 'md')" id="md" :source="article.post" />
</article>7
```

Editor 컴포넌트에서 했듯이 vue3-markdown-it 컴포넌트를 추가한다.

코드 6-59. Markdown 컴포넌트 추가하기

```
import Markdown from "vue3-markdown-it";
...
components: { Markdown }
```

애플리케이션으로 돌아가면 다음과 같이 서식있는 포스트가 나오게 된다.

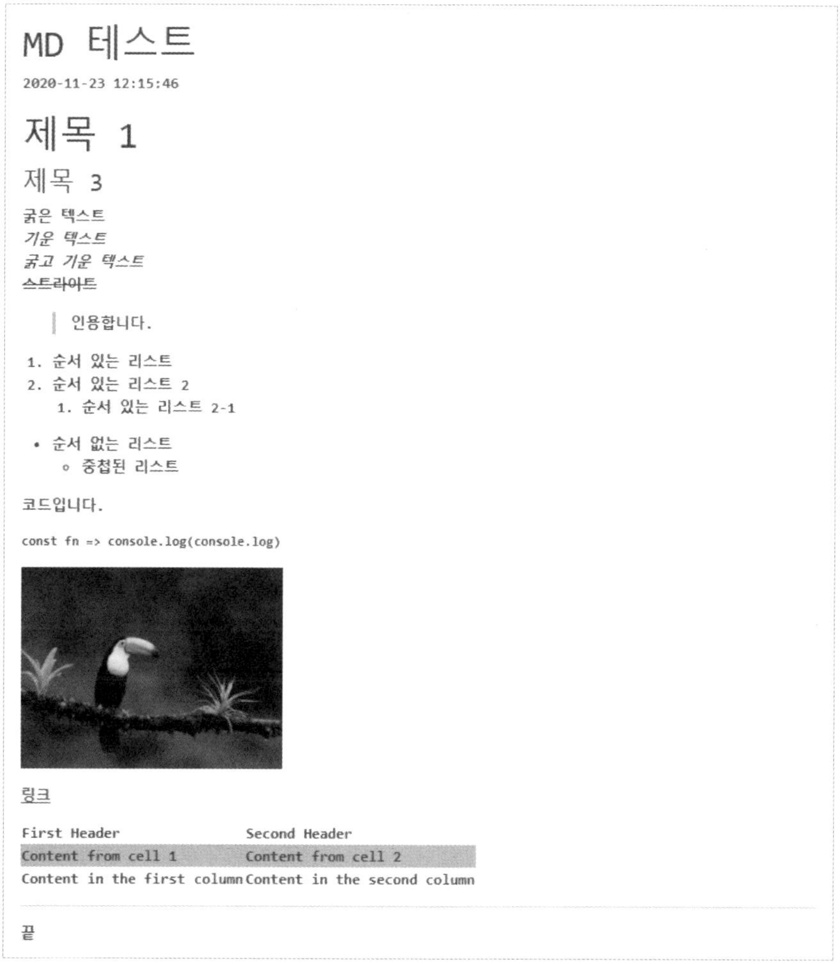

그림 6-33 Markdown이 HTML로 변경된 모습

이제 블로그를 직접 작성할 수 있게 되었기 때문에, 더 이상 테스트용 블로그를 데이터베이스에 삽입할 필요가 없다. 따라서 임시로 만들었던 INSERT들은 initial.js 파일의 fn_blog 함수에서 제거한다.

코드 6-60. INSERT문이 제거된 fn_blog 함수

```
function fn_blog(db) {
  //db.run("ALTER TABLE tbl_blog ADD type TEXT DEFAULT 'html'")
  db.run(
    "CREATE TABLE IF NOT EXISTS tbl_blog (id INTEGER PRIMARY KEY AUTOINCREMENT,
title TEXT, date DATETIME DEFAULT (datetime('now','localtime')), post TEXT, type TEXT
DEFAULT 'html')"
  );
}
```

더 진행을 해보고 싶다면 tbl_blog 테이블 외 tbl_notificaiton, tbl_applications, tbl_my_resume 그리고 tbl_about_myself 테이블에 대한 내용을 Admin 페이지에 Post할 수 있는 코드를 작성하고 임시로 삽입하는 INSERT들은 모두 제거하도록 하자. 여기에 더해 PUT을 이용한 수정 기능까지 추가해보면 더욱 좋을 것이다.

정리하며

이번 장에서 가장 중요한 것은 Vue-Router라고 말하고 싶다. SPA의 가장 큰 약점은 라우팅이다. Vue로 SPA를 제작했을 때 손쉽게 라우팅을 제공해주는 Vue-Router는 필수로 사용해야 하는 라이브러리다. 라우팅을 직접 코딩하는 방법도 일부 알아보았는데, Vue-Router를 사용하면 라우팅을 직접 코딩하지 않고도 매우 강력한 라우팅 기능을 사용할 수 있음을 알게 됐을 것이다.

여기에 더해 5장까지 소개하지 못했던 Teleport 기능의 소개와 외부 라이브러리인 vue3-markdown-it의 사용방법 등을 추가했다. vue3-markdown-it과 같은 외부 라이브러리를 경험해보면 다른 필요한 라이브러리를 사용하는데 주저하지 않게 될 것이라 생각했다. 비단 vue3 혹은 vue라는 이름을 단 라이브러리가 아니더라도, 이번에 사용한 Bootstrap 5처럼 ES 모듈로 제작되어있다면 얼마든지 Vue와 함께 사용할 수 있다는 것을 알았으면 좋겠다. 참고로 Bootstrap 4는 vue를 위해 따로 만들어진 bootstrap-vue도 존재한다. bootstrap-vue도 jQuery가 필요 없는 버전으로 Vue 2로 프로젝트를 진행할때 UI/X를 매우 편리하게 만들어주니 참고하길 바란다.

- https://bootstrap-vue.org/

7 장

프로젝트
업그레이드

목표 ··

웹 애플리케이션의 개발은 사실상 마무리되었다고 봐도 무방하다.
이번 장에서는 어찌보면 손쉽게 넘길 수도 있지만 구현하면 편리한
기능들을 알아볼 것이다. 네트워크의 데이터는 언제든지 하이재킹
Hijacking 당할 수 있는 위험성이 있다. 이러한 문제점을 해결할 수 있는
간단한 시작점으로 MD5의 사용방법을 알아볼 것이다. 아울러, 사용
자에게 조금 더 나은 정보 제공 화면을 구현한다면 UI/X의 만족도가
올라간다. Toast와 같은 팝업 메시지는 사용자에게 중요한 정보를 제
대로 제공할 수 있는 기능으로 일반적으로 개발자나 기획자가 놓치기
쉬운 부분이다. 개발의 편리성을 위해 재사용되는 부분들을 컴포넌트
로 분리시키는 것도 눈에 띄지는 않지만 한번 해두면 매우 편리한 방
법이라 할 수 있다. 이번 장에서는 이렇게 없어도 되지만 있으면 편리
하고 안전한 기능들에 대해서 알아볼 것이다.

7-1 MD5로 비밀번호 보호

지금까지 다룬 내용으로도 사이트 하나를 제작하는데 큰 어려움이 없을 것이다. 이제부터는 조금 더 고민해봐야 할 내용들을 중심으로 소개하며, 지금까지 만든 웹 애플리케이션에 적용해보려 한다. 현재 만든 프로그램은 비밀번호를 평문으로 서버와 주고 받는다. 이는 결국 SSL 연결을 이용하지 않는 한 비밀번호가 네트워크에 떠다닌다는 것을 의미하고, 여러모로 해킹의 위험성을 안게 된다.

MD5 Message-Digest algorithm은 문자열을 128비트의 해시값으로 변경하는 알고리즘으로 암호화를 위해 탄생되었다. 해시Hash라는 단어에서 알 수 있듯이 단방향 암호화를 위해 사용되며 주로 비밀번호와 같이 짧은 값을 암호화하는데 많이 사용된다. MD5는 암호화를 지원하기 위해 탄생하였지만, 현재 MD5의 안정성과 신뢰성은 상당히 잃어버린 상태다. 이미 수많은 결함이 발견되었기 때문이다. 그럼에도 불구하고 해커들의 방식이 해시의 충돌을 일으키는 평문을 찾아내는데 주력하고 있기 때문에 해시된 값 자체가 SSL로 보호받을 수 있다면 실제로 암호를 뚫을 수 있는 방법은 그다지 많지 않다. 웹 애플리케이션에서 비밀번호를 찾기 위해서는 결국 MD5보다는 단순히 연속한 비밀번호 입력을 사용해야 하는데, AWS의 CloudFront는 물론 일반 웹사이트 호스팅 업체 등은 DDOS와 같은 공격을 방어할 수 있는 수단을 마련하고 있다.

> **NOTE AWS**
>
> Amazon Web Services는 아마존이 전세계에 데이터센터를 만들어 제공하는 클라우드 서비스로 컴퓨팅, 스토리지, 데이터베이스와 같은 인프라는 물론 인공지능, 분석, IoT와 같은 서비스 그리고 WAFWeb Application Security를 통한 보안까지 전 세계에서 가장 많은 서비스를 제공하고 있다. 쉽게 접근하기 어려운 하둡이나 스파크와 같은 분산처리 시스템도 클릭 한두 번으로 쉽게 생성할 수 있는 Management Console은 물론, 인프라를 코드로 다룰 수 있게 해주는 SDK 그리고 마치 리눅스를 사용하는 것과 같은 CLICommand Line Interface를 제공한다.

MD5 해시를 위해 Vue에서 사용할 수 있는 js-md5라는 플러그인을 사용할 것이다. 다음과 같이 js-md5를 설치하자.

```
npm install js-md5
```

이제 utils 폴더의 login.js 파일에서 해당 모듈을 불러온다. 해당 파일에 대해서 다시 한번 설명하자면, login.js 파일은 Login에 관련된 독립된 함수들을 미리 정의하여 여러 컴포넌트와 애플리케이션에서 호출하여 사용할 수 있게 한다. 해당 파일에서 js-md5 모듈을 사용할 수 있도록 다음과 같이 js-md5 모듈을 불러온다.

```
import md5 from 'js-md5'
```

이후 email 및 password와 관련된 모든 변수를 md5 함수에 넣어주면 md5 해시값이 나온다. 실제로 변경한 코드는 코드 7-1과 같다. md5를 적용하기 전에 기본 비밀번호를 vue로 설정했다. 해당 비밀번호는 해싱되지 않은 상태로 저장되어 있기 때문에 최초 비밀번호 업데이트 시 vue라는 비밀번호를 해싱하지 않는다. 그 외 모든 비밀번호는 md5 해싱을 진행한다. 해싱하는 코드를 제외하면 기존의 login.js 파일과 코드가 동일하다.

코드 7-1. MD5를 적용한 login.js 파일

```
import useAxios from '/@app_modules/axios.js'
import md5 from 'js-md5'
const { axiosPut, axiosPost } = useAxios()

export default function () {
  const checkToken = (email, token) =>
    new Promise((resolve, reject) => {
      axiosPost(
        `/db/accounts/check-token/${md5(email)}/${token}`,
        {},
        (data) => {
          resolve(data)
        },
        (data) => {
          reject(data)
        }
      )
    })

  const updatePassword = (email, password, oldpassword) =>
    new Promise((resolve, reject) => {
      const enc_pw = password == 'vue' ? password : md5(password)
```

```
      axiosPut(
        `/db/accounts/${md5(email)}/${enc_pw}/${md5(oldpassword)}`,
        {},
        (data) => {
          resolve(data)
        },
        (data) => {
          reject(data)
        }
      )
    })

  const login = (email, password) =>
    new Promise((resolve, reject) => {
      axiosPost(
        `/db/accounts/login/${md5(email)}/${md5(password)}`,
        {},
        (data) => {
          resolve(data)
        },
        (data) => {
          reject(data)
        }
      )
    })

  return {
    checkToken,
    updatePassword,
    login,
  }
}
```

이제 애플리케이션으로 돌아가 로그인을 시도하면 그림 7-1과 같이 이메일이 존재하지 않는다고 나온다.

그림 7-1 비밀번호가 불일치된다.

이유는 데이터베이스에 이메일이 현재 평문으로 데이타가 저장되어 있고, 검사하고자 하는 이메일은 해시값으로 나가기 때문이다. 따라서 먼저 생성한 이메일 정보를 삭제하기 위해 서버의 initial.js 파일에 있는 fn_accounts 코드의 앞 부분에 db.run('DROP TABLE IF EXISTS tbl_accounts')를 넣어 테이블을 한번 삭제하거나 database.db 파일을 삭제하여 모든 테이블을 새롭게 생성하도록 해야 한다. 여기서는 다른 데이터를 보호하기 위해 db.run('DROP TABLE IF EXISTS tbl_accounts')를 추가하여 서버를 재실행한 후 해당 코드를 블록 처리하였다. 이제 다시 애플리케이션에서 admin 페이지에 접근하면 업데이트 화면이 나온다. 이메일과 비밀번호를 입력하고 나면 이전과 동일하게 사이트를 이용할 수 있다. 반면 데이터베이스를 살펴보면, 다음과 같이 이메일과 비밀번호가 해시처리된 것을 알 수 있다.

```
{"rsp":"ok","data":[{"id":1,"email":"0901449b0ab78c105fbd8e78909af79e","password":
"bed945e0718a876291b22dd13f70586a","date":"2020-11-23 14:14:05","grade":"owner",
"token":"T-41617"}]}
```

NOTE Sqlite3 CLI

Sqlite3 Command Line Interface를 이용하면, 일회성으로 진행해야 하는 쿼리를 코드에 넣지 않고 간단하게 실행할 수 있다. 다음 명령어와 같이 sqlite3 파일을 이용하여 db에 접근할 수 있다.

```
sqlite3 database.db
```

이후 sqlite 프롬프트에서 쿼리를 수행하면 된다.

```
sqlite> DROP TABLE IF EXISTS tbl_accounts111
```

7-2 Toast 컴포넌트 생성

Toast는 일종의 푸시 알림을 의미하는 것으로, 무언가 중요한 메시지를 전해야 할 때 팝업으로 메시지를 전하는 기능을 의미한다. 여기서는 최상위 컴포넌트인 App.vue에 Toast 컴포넌트를 그려두고 필요할 때마다 토스트를 띄우는 방식을 사용할 것이다. Bootstrap의 toast 클래스는 여러 개의 토스트가 떴을 때의 위치 등을 모두 알아서 계산해주므로 매우 사용하기 간편하다. 토스트는 하나의 컴포넌트로 구성이 될 것이기 때문에 src/components 폴더 아래에 Toast.vue 라는 파일을 생성하고 다음과 같이 코드를 작성한다.

코드 7-2. Toast.vue

```
<template>
  <div style="position: absolute; top: 60px; right: 10px">
    <div
      v-for="t in toasts.data"
      :key="t.id"
      class="toast show text-white bg-danger"
      role="alert"
    >
      <div class="toast-header">
        <img
          src="../assets/logo.png"
          class="rounded me-2"
```

```
        alt="TripleK"
        width="15"
        height="15"
      />
      <strong class="me-auto">Warning</strong>
      <button type="button" class="btn-close" @click="onClose(t.id)"></button>
    </div>
    <div class="toast-body">{{ t.message }}</div>
  </div>
  </div>
</template>

<script>
import { inject, watch, reactive, onMounted } from "vue";
export default {
  setup() {
    const toast = inject("toast", "");
    const toasts = reactive({
      data: [],
    });
    let id = 0;

    watch(
      () => toast,
      (n, o) => {
        if (n.value.length > 0) {
          const new_id = id++;
          toasts.data.unshift({
            id: new_id,
            message: n.value,
            start: new Date().getTime(),
          });
          toast.value = "";
        }
      },
      { deep: true }
    );
```

```
    const onClose = (close_id) => {
      toasts.data = toasts.data.filter((i) => i.id != close_id);
    };


    onMounted(() => {
      setInterval(() => {
        const now = ncw Date().getTime();
        toasts.data.forEach((i) => {
          if (now - i.start > 5000) {
            toasts.data = toasts.data.filter((j) => j.id != i.id);
          }
        });
      });
    });


    return {
      toasts,
      onClose
    };
  },
};
</script>
```

기본적으로 토스트 데이터는 Vue 3에서 소개된 Provide와 Inject를 이용할 것이다. App.vue에서 Provide한 toast 정보를 하위 컴포넌트들은 Inject하여 값을 공유할 것이다. 템플릿 코드는 Bootstrap을 이용해 토스트를 구성하게 되어 있다. toasts라는 객체의 data는 표시해야 할 토스트에 대한 정보들을 가진 배열 변수다. 한 번에 하나의 토스트만 뜬다는 보장이 없으므로, 여러 개의 토스트를 동시에 보여줄 수 있도록 배열 변수를 선언한 것이다. 토스트에는 별 내용이 없이 타이틀로 Warning을 표시하고 오른쪽에 즉시 닫을 수 있는 버튼을 달았다. 해당 버튼을 클릭하면 onClose 버튼이 호출되고 현재 토스트의 id값이 전달된다. 토스트에 들어가는 내용은 배열 객체의 message 속성값을 사용한다.

스크립트에서는 먼저 inject로 toast 값을 받는다. toast 값은 단순한 문자열 값으로 토스트의 내용이 된다. 해당 내용이 들어오면 watch를 통해 새로운 값이 들어온 것을 알 수 있다. 새로운 값이 전달되면 해당 토스트 문자열을 바탕으로 객체를 생성하고 해당 객체에 id를 부여한다. Id를 부여하는 이유는 여러 개의 토스트가 동시에 뜰 때 토스트를 서로 분리하기 위함이다. 아울러 해당 객체는 객체가 생성된 시간을 start 변수로 가지고 있다. 생성된 시간을 알면 일정한 시간이 흐른 후 토스트를 자동으로 닫을 수가 있기 때문이다. 이렇게 생성된 객체는 toasts라는 반응성을 가지는 객체의 data값에 추가된다.

> **NOTE** **watch와 watchEffect의 차이**
>
> watch는 Vue 2에서 사용하던 watch와 다를 바 없다. 특정한 속성값에 대한 반응을 감지하기 위해서 사용하지만 immediate 속성을 직접 사용하지 않을 경우 초기값에 대한 변경을 감지하지 못한다. 하지만 어느 값에서 어느 값으로 변했는지에 대한 세세한 내용까지 볼 수 있다. watchEffect는 특정한 속성값이 아닌 반응성을 가지는 모든 값을 감시한다. 이러다 보니 이전 값을 가질 수가 없으며, 어느 값이 변했는지에 대해 프로그래머가 직접 판단하여 코딩을 해야 한다.

onClose 함수는 호출이 되면 toast.data 배열에서 해당 id를 가지는 객체를 제거하는 역할을 한다. Toast가 App 컴포넌트에 마운트가 되고나면 setInterval을 이용해 모든 존재하는 객체의 start값을 감시한다. Start값 이후 5초가 지난 객체에 대해서는 onClose 함수를 호출하여 toasts.data로부터 제거한다. 이렇게 제거가 되면 toasts.data의 반응성으로 인하여 DOM에서 자동으로 사라지게 된다.

Toast를 만들었으니 App 컴포넌트에 Toast 컴포넌트를 삽입해야 한다. App.vue 파일을 코드 7-3처럼 구성한다. Toast 컴포넌트를 불러와 App의 컴포넌트로 등록하고 템플릿에 추가하였다. 가장 중요한 역할은 toast라는 문자열을 받는 변수를 provide해야 한다는 것이다. 이렇게 제공해준 문자열은 마치 이벤트 버스Event Bus와 같이 하위 모든 컴포넌트에게 같은 값을 제공해주는 역할을 한다.

코드 7-3. App.vue

```
<template>
  <toast />
  <nav-bar />
  <div id="notification" />
  <!-- eslint-disable-next-line vue/no-multiple-template-root -->
```

```
    <router-view />
</template>

<script>
import NavBar from '/@components/NavBar.vue'
import Toast from '/@components/Toast.vue'
import { ref, provide } from 'vue'

export default {
  name: 'App',
  setup() {
    const toast = ref('')
    provide('toast', toast)
  },
  components: {
    NavBar,
    Toast,
  },
}
</script>
```

이제 실제로 토스트를 띄워볼 차례다. Login 컴포넌트는 사용자가 마주할 수 있는 다양한 오류를 다루고 있다. 예를 들어 이메일이 존재하지 않는다든지, 비밀번호를 잘못 입력했다든지, 아니면 비밀번호 변경 시 새로운 비밀번호 두 개가 서로 다른 경우가 있다. 이미 이전 구현에서 꽤나 친절하게 해당 오류들에 대해서 빨간 글씨로 화면에 잘 띄워주었다. 여기에 더해 팝업으로 해당 에러의 내용을 잠시 띄워주는 기능을 추가할 수 있다. 먼저 inject로 toast를 받아온다.

```
const toast = inject("toast", "");
```

이후 오류가 나는 부분은 다음과 같이 코드를 넣어준다. 원하는 오류에 원하는 글자를 넣어주면 된다.

```
toast.value = "비밀번호를 잘못 입력하였습니다."
```

이제 웹 애플리케이션의 로그인 창에서 잘못된 비밀번호를 넣어보자. 그림 7-2처럼 잘못된 정보를 입력할 때마다 오른쪽에 토스트가 뜨는 것을 확인할 수 있다. 이 토스트는 5초가 지나면 자동으로 사라지며, 특정 토스트를 끄기 위해서는 X 표시를 누르면 된다.

그림 7-2 토스트가 실행된 모습

Editor.vue 파일에도 컨텐츠를 입력하지 않았을 때나 저장에 실패했을 때와 같은 오류 사항이 있을 수 있다. 해당 부분에도 한번 토스트를 직접 원하는대로 띄워보자. 아울러 여유가 된다면 토스트의 색상을 자유롭게 조절할 수 있도록 해보는 것도 좋을 것이다.

7-3 v-is 디렉티브를 이용한 탭 구현

지금까지 만든 웹 애플리케이션의 홈 화면은 블로그가 나온다. 이 홈 화면에서 손쉽게 관리자가 제작한 영상을 보여줄 수 있는 메뉴를 추가하고 싶다고 할 때 여러 가지 네비게이션 기능 중하나로 탭을 선택할 수 있다. 이미 Bootstrap은 nav-tabs라는 클래스로 아름다운 탭을 구현할 수 있도록 해준다. 이 Bootstrap 탭을 이용하여 Home 화면의 상단에 탭을 구성하고 블로그와 영상 목록을 전환할 수 있도록 구현할 것이다. 먼저 Home.vue 파일을 열고 템플릿을 다음과 같이 구성한다.

```
<template>
  <ul class="nav nav-tabs justify-content-end">
    <li class="nav-item">
      <a
        class="nav-link"
        :class="{ active: type == 'blog' }"
        href="#"
        @click="type = 'blog'"
        >Blog</a
      >
    </li>
    <li class="nav-item">
      <a
        class="nav-link"
        :class="{ active: type == 'clip' }"
        href="#"
        @click="type = 'clip'"
        >Clips</a
      >
    </li>
  </ul>
  <!-- eslint-disable-next-line vue/no-multiple-template-root -->
  <div v-is="type"></div>
</template>
```

〈ul〉 태그에 nav-tabs 클래스를 삽입하고, 〈ul〉 태그의 자식 태그인 〈li〉 태그에 nav-link 클래스를 삽입하면 Bootstrap이 그럴싸한 탭을 그려준다. 활성화된 탭을 나타내기 위해서는 active라는 클래스가 추가로 필요한데, 현재 선택된 탭이 무엇인지 type이라는 변수에 저장하고 해당 변수를 검사하여 active 클래스를 할당할지를 결정한다. 각 탭이 클릭되면 type 값을 해당 탭을 가리키는 값인 blog나 clip으로 변경한다. 탭이 선택되면 어느 컴포넌트가 그려져야 할지 결정을 해야 한다. 이렇게 하는 방법은 여러 가지가 있다.

첫 번째로 v-if, v-else-if, v-else 디렉티브 혹은 v-show 디렉티브를 이용하는 것이다.

```
<Edito1r v-if="type='blog'" />
<Clip v-else />
```

다른 방법으로는 〈router-view〉를 이용하는 방법이 있다. 하위 컴포넌트를 라우터에 등록시키고 해당 탭을 클릭할 경우 해당 경로의 컴포넌트를 그리도록 하는 것이다.

이번에 사용할 방법은 사용자 디렉티브인 v-is를 사용하는 것이다. 동적 컴포넌트를 그릴 때 가장 간단한 방법으로, 위 두 방법에 비해서 강력하게 권장한다. 사용자 디렉티브를 사용하면 코드가 짧아지고 구현이 매우 쉬워 오류를 범할 위험이 적어짐은 물론, 한줄의 코드만 살펴보면 되므로 디버깅도 쉬워진다.

```
<div v-is="type"></div>
```

위와 같이 정의를 하면 type이 나타내는 문자열값과 같은 이름의 컴포넌트가 그려진다. 예를 들어 type이 'blog'라면 〈blog〉와 같이 되는 것이다.

Blog와 Clip이라는 두 개의 탭을 만들었고 Blog 컴포넌트는 이미 만들어둔 것이 있다. Clip이라는 컴포넌트를 만들어야 하는데 해당 컴포넌트는 자유롭게 작성을 하면 된다. defineComponent를 이용해 간단하게 유튜브 영상을 링크한 컴포넌트를 만들어 Clip이라 칭하겠다. 템플릿만 존재하는 매우 간단한 컴포넌트다. 이제 Blog와 Clip이라는 두 개의 컴포넌트가 모두 준비되었다.

setup 함수에 단순히 type 변수만 추가한 Home.vue의 최종 코드는 다음과 같다.

코드 7-5. Home.vue

```
<template>
  <ul class="nav nav-tabs justify-content-end">
    <li class="nav-item">
      <a
        class="nav-link"
        :class="{ active: type == 'blog' }"
        href="#"
        @click="type = 'blog'"
```

```
            >Blog</a
        >
      </li>
      <li class="nav-item">
        <a
          class="nav-link"
          :class="{ active: type == 'clip' }"
          href="#"
          @click="type = 'clip'"
          >Clips</a
        >
      </li>
    </ul>
    <!-- eslint-disable-next-line vue/no-multiple-template-root -->
    <div v-is="type"></div>
</template>

<script>
import Blog from '/@components/Blog.vue'
import { ref, defineComponent } from 'vue'

const Clip = defineComponent({
  template: `
  <div class="row">
  <div class="col-sm-6 p-1">
    <div class="card">
      <div class="ratio ratio-16x9">
        <iframe
          src="https://www.youtube.com/embed/iNYUpxY_yqs"
          title="스크래치 튜토리얼 #1"
          allowfullscreen
        ></iframe>
      </div>
      <div class="card-body">
        <h5 class="card-title">스크래치 튜토리얼 #1</h5>
        <p class="card-text">
          걸어다니는 고양이를 구현하여 스프라이트의 사용법을 배웁니다.
        </p>
```

```
              </div>
            </div>
          </div>
          <div class="col-sm-6 p-1">
            <div class="card">
              <div class="ratio ratio-16x9">
                <iframe
                  src="https://www.youtube.com/embed/bvovpsDJvRg"
                  title="스크래치 튜토리얼 #2"
                  allowfullscreen
                ></iframe>
              </div>
              <div class="card-body">
                <h5 class="card-title">스크래치 튜토리얼 #2</h5>
                <p class="card-text">
                  점프하는 고양이를 구현하여 스프라이트의 우동성에 대해 배워봅니다.
                </p>
              </div>
            </div>
          </div>
        </div>
        `,
    })

    export default {
      setup() {
        const type = ref('blog')
        return { type }
      },
      components: {
        Blog,
        Clip,
      },
    }
    </script>
```

이제 애플리케이션을 수행하면 다음과 같이 탭이 생성된 것을 볼 수 있다.

그림 7-3 탭이 생성된 홈 화면

Clips 탭을 눌러보면 다음처럼 Clips 탭이 활성화되고 유튜브 영상목록이 나오는 것을 알 수 있다.

그림 7-4 Clips 탭을 선택한 모습

7-4 슬롯을 이용하여 블로그 플러그인 제작

이미 제작을 완료한 블로그의 오른쪽에 보면 Archives라든지, Elsewhere와 같은 플러그인들이 존재한다. 여기에 방문자 수, 추천 사이트 등 다양한 부가적인 플러그인들을 넣을 수 있을 것이다. 이번 장에서 그런 새로운 플러그인을 개발하는 것이 아니라 슬롯Slots을 이용해 플러그인을 개발함에 조금 더 효율적인 방법을 제시하려 한다.

부모 노드에서 자식 노드에 임의의 컨텐츠를 삽입하는 방법을 Vue에서 슬롯이란 이름으로 제공하고 있다. Angular.js의 Transclution과 같은 개념으로 해당 컴포넌트의 재사용성을 높여줌은 물론, 일관된 UI를 제공하는데 매우 유용하다. 부모 컴포넌트가 콘텐츠를 삽입할 공간을 자식 노드의 템플릿 영역에 〈slot〉으로 제공을 해주면 되며, 여러 개의 〈slot〉이 필요할 때는 name 속성을 이용한다. 예를 들어, 슬롯이 세 개가 있다면 코드 7-6과 같이 구성할 수 있다.

코드 7-6. 이름을 가지는 여러 슬롯들

```
<div>
  <div><slot name="header"></slot></div>
  <div><slot></slot></div>
  <div><slot name="footer">Footer</slot></div>
</div>
```

이렇게 여러 개로 나눠졌을 때 부모 컴포넌트는 〈template〉 태그와 함께 v-slot이라는 디렉티브를 이용해 각 슬롯에 들어갈 내용을 지정할 수 있다. name 속성이 없는 슬롯은 v-slot 디렉티브 없이 사용될 수 있으며 〈slot〉 태그 사이에 값이 있다면 해당 슬롯이 호출되지 않으면 자동으로 들어갈 기본값을 의미한다. 위 컴포넌트를 부모가 호출할 때는 코드 7-7과 같이 호출할 수 있다.

코드 7-7. Component의 슬롯을 이름으로 지정하는 코드

```
<component>
  <template v-slot:header>Header</template>
  Body
</component>
```

이것은 결국 코드 7-8과 같이 변환이 된다.

코드 7-8. 슬롯에 실제 컴포넌트가 들어간 모습

```
<div>
  <div>Header</div>
  <div>Body</div>
  <div>Footer</div>
</div>
```

이러한 슬롯을 이용해 블로그 플러그인을 컴포넌트를 제작하기 위해 src/components 폴더 아래에 BlogPlugin.vue를 생성하고 다음 코드를 작성한다.

코드 7-9. BlogPlugin.vue

```
<template>
  <div class="p-4">
    <header>
      <h4 class="font-italic">
        <slot name="header"></slot>
      </h4>
    </header>
    <main>
      <slot></slot>
    </main>
    <footer>
      <slot name="footer"><hr /></slot>
    </footer>
  </div>
</template>
```

스크립트 코드가 없는 단순한 템플릿 파일이다. 이미 임시로 제작했던 컴포넌트와 마찬가지로 header라는 이름의 name 속성을 가진 슬롯과 속성이 없는 슬롯, 그리고 footer라는 name 속성을 가진 슬롯이 존재한다. 아울러 footer 슬롯의 경우 기본값으로 〈hr /〉, 즉 수평선이 들어있어 따로 부모 컴포넌트가 컨텐츠를 삽입하지 않으면 선이 그어지도록 했다. 헤더의 경우 기존의 모습과 동일하게 하기 위해 font-italic이라는 클래스를 삽입했다. 이제 Blog.vue로 돌아가 기존에 HTML로 작성되었던 플러그인 부분을 BlogPlugin 컴포넌트로 대체하자. 먼저 BlogPlugin 컴포넌트를 불러온다.

코드 7-10. Blog.vue에서 BlogPlugin을 불러오는 코드

```
import BlogPlugin from '/@components/BlogPlugin.vue'
...
setup() {
...
```

```
    components: {
        Markdown,
        BlogPlugin,
    },
}
```

다음 템플릿 코드를 다음과 같이 BlogPlugin 컴포넌트를 사용하도록 변경한다.

코드 7-11. Blog.vue의 블로그 플러그인을 변경한 코드

```
<blog-plugin>
    <template v-slot:header>Archives</template>
    <ol class="list-unstyled mb-0">
        <li v-for="(archive, index) in archives" :key="index">
            <a
                data-toggle="collapse"
                :data-target="'#archive-' + index"
                href="#"
                >{{ archive.key }}</a
            >
            <div class="collapse" :id="'archive-' + index">
                <ol class="list-unstyled ms-3">
                    <li v-for="post in archive.posts" :key="post.id">
                        {{ post.date.substring(0, 10) + ': ' }}
                        <a
                            :href="'#article-' + post.id"
                            @click="onArchive($event, post.id)"
                            >{{ post.title.substring(0, 20) }}</a
                        >
                    </li>
                </ol>
            </div>
        </li>
    </ol>
</blog-plugin>

<blog-plugin>
```

```
  <template v-slot:header>Elsewhere</template>
  <ol class="list-unstyled">
    <li>
      <a href="https://github.com/dongprojectteam" target="_blank"
        >GitHub</a
      >
    </li>
    <li>
      <a href="https://blog.naver.com/armigar" target="_blank">Blog</a>
    </li>
    <li>
      <a href="https://www.facebook.com/dongprojectteam" target="_blank"
        >Facebook</a
      >
    </li>
  </ol>
</blog-plugin>
```

이제 다시 웹 애플리케이션을 보면 기존과 동일하지만 각 플러그인마다 선으로 구분되어 있는
모습을 확인할 수 있다.

그림 7-5 플러그인 컴포넌트로 만든 Elsewhere 영역

7-5 컴포지션 API를 이용한 상태 관리

5장에서 Vuex를 이용해 상태 관리가 가능한 저장소를 만들었다. 해당 장에서 언급한대로 상태 관리는 이미 컴포지션 API로도 충분하다. 따라서 Vuex를 제거하고 컴포지션 API로 대체하는 방법을 알아보겠다.

7-5-1 about-me를 컴포지션 API로 변경

Vuex로 만든 about-me라는 스토어 모듈은 데이터베이스로부터 애플리케이션 운영자의 프로필을 받아온다. 이렇게 받아온 프로필은 user_data라는 Getters를 통해서 컴포넌트들에게 노출되고, 내부적으로 Vuex state에서 데이터의 상태를 관리한다. about-me.js 코드가 길지 않으니 코드 7-12에서 확인해보자.

코드 7-12. about-me.js

```javascript
export const about_me = {
  namespaced: true,
  state: () => ({
    name: null,
    email: null,
    resume: [],
  }),
  getters: {
    user_data: (state) => {
      return {
        name: state.name,
        email: state.email,
        resume: state.resume,
      }
    },
  },
  mutations: {
    SET_DATA(state, data) {
      state[data.key] = data.value
    },
  },
  actions: {
```

```
    setAboutMeData: ({ commit, state }, data) => {
      Object.keys(data).forEach((key) => {
        if (Object.keys(state).find((skey) => skey === key)) {
          commit('SET_DATA', { key: key, value: data[key] })
        }
      })
    },
  },
}
```

4장에서 언급한 것과 같이 컴포지션 API를 이용해 만든 모듈은 일반적으로 use라는 접두사가 붙고 compositions라는 폴더에 둔다. 다시 한번 강조하지만 강제사항은 아니다. src 밑에 compositions 폴더를 생성하고 useProfile.js라는 자바스크립트 파일을 생성하자.

Vuex의 state와 동일하게 컴포지션 API를 이용해 state 변수를 생성해보자.

```
const state = reactive({ name: null, email: null, resume: [] })
```

reactive로 반응성을 가지는 프록시 객체를 생성한 것이 상태 관리 변수를 생성하는 모든 작업이다. reactive는 이전 버전에서 사용하던 Vue.observable과 동일하다고 보면 된다. 일반적으로 getters는 computed 컴포지션 API를 이용하거나 state 내 변수를 단순히 돌려주면 된다. 만약 computed를 사용하면 다음과 같다.

```
const user_data = computed(() => state)
```

하지만 이미 state 객체가 반응성을 가지므로, computed를 사용하지 않아도 상관 없다. 따라서 위 코드는 사실 필요 없다. 마지막으로 setAboutMeData 액션은 commit 함수 대신 SET_DATA 함수를 불러주면 된다.

compositions 폴더의 alias를 작성하고 js 확장자를 resolve하기 위해 vue.config.js 파일을 코드 7-13과 같이 수정한다. 확장자를 등록해두면 해당 확장자 파일을 import할 때 확장자를 쓰지 않아서 편리하다. 하지만 가끔은 무리한 확장자 등록이 독이 될 수 있다. 등록된 확장자들을 가진 같은 이름의 파일이 많다면 반드시 확장자를 명시적으로 작성하길 권장한다.

```
import { defineConfig } from 'vite'
import vue from '@vitejs/plugin-vue'
import path from 'path'

// https://vitejs.dev/config/
export default defineConfig({
  resolve: {
    alias: {
      vue: 'vue/dist/vue.esm-bundler.js',
      '/@': path.resolve(__dirname, './src'),
      '/@components': path.resolve(__dirname, './src/components'),
      '/@compositions': path.resolve(__dirname, './src/compositions'),
      '/@app_modules': path.resolve(__dirname, './src/modules'),
      '/@store': path.resolve(__dirname, './src/store'),
      '/@router': path.resolve(__dirname, './src/router'),
    },
    extensions: ['.js']
  },
  plugins: [vue()]
})

/* Vitejs1 사용 시 다음과 같이 한다.
const path = require('path')

module.exports = {
  alias: {
    vue: 'vue/dist/vue.esm-bundler.js',
    '/@/': path.resolve(__dirname, './src'),
    '/@components/': path.resolve(__dirname, './src/components'),
    '/@compositions/': path.resolve(__dirname, './src/compositions'),
    '/@app_modules/': path.resolve(__dirname, './src/modules'),
    '/@store/': path.resolve(__dirname, './src/store'),
    '/@router/': path.resolve(__dirname, './src/router'),
  },
  resolve: {
    extensions: ['.js']
  }
}
*/
```

수정된 useProfile.js는 코드 7-14와 같다.

코드 7-14. Vuex의 about-me를 컴포지션 API로 변경한 모습

```
import { reactive } from 'vue'

export const useProfile = () => {
  const state = rcactive({ name: null, email: null, resume: [] })
  const SET_DATA = (data) => {
    state[data.key] = data.value
  }

  const setAboutMeData = (data) => {
    Object.keys(data).forEach((key) => {
      if (Object.keys(state).find((skey) => skey === key)) {
        SET_DATA({ key, value: data[key] })
      }
    })
  }

  return {
    user_data: state,
    setAboutMeData,
  }
}
```

Profile에서 몇가지 코드를 변경해주자. 먼저 vuex를 사용하지 않으므로 다음 useStore 대신에 useProfile을 추가한다.

```
//import { useStore } from 'vuex'
import { useProfile } from '/@compositions/useProfile'
```

setup 함수에서 useStore 대신에 useProfile을 호출하고 vuex를 호출하는 부분을 모두 고치면 코드 7-15와 같이 setup 함수가 완성된다.

```
setup() {
  //const store = useStore()
  const { user_data, setAboutMeData } = useProfile()
  const { axiosGet } = useAxios()

  const onSuccess = (data) => {
    //store.dispatch('about_me/setAboutMeData', data.data)
    setAboutMeData(data.data)
  }
  axiosGet('/db/about-me', onSuccess)

  //const user_data = computed(() => store.getters['about_me/user_data'])

  return {
    user_data,
  }
}
```

7-5-2 applications를 useApplications로 변경

about-me를 수정한 것과 applications Vuex 모듈을 컴포지션 API로 변경할 수 있다. about-me와 다른 것은 거의 없지만, 변수의 길이를 computed로 돌려주어 반응성을 갖게 한 점이 조금 다르다.

```
const applications_count = computed(() => state.applications.length)
```

state.applications.length 자체는 반응성이 없으므로 computed를 이용해 import하는 컴포넌트에서도 값의 변경을 알 수 있도록 했다. useApplications.js 파일을 compositions 폴더 아래 생성하고 코드 7-16과 같이 작성한다.

```js
import { reactive, computed } from 'vue'

export const useApplications = () => {
  const state = reactive({ applications: [] })

  const SET_DATA = (data) => {
    state.applications = data
    console.log(state.applications)
  }

  const applications_count = computed(() => state.applications.length)

  const applications = (filter = null) => {
    if (filter) {
      return computed(() => state.applications.filter((i) => i.name == filter))
    }
    return computed(() => state.applications)
  }

  const setApplications = (data) => {
    if (data.length > 0) {
      SET_DATA(data)
    }
  }

  return {
    applications_count,
    applications,
    setApplications,
  }
}
```

Application.vue에서는 useStore 대신에 useApplications로부터 함수와 변수를 받아 사용하면 된다. 수정된 Application.vue의 setup 함수는 코드 7-17과 같다.

```
setup() {
  const {
    applications,
    applications_count,
    setApplications,
  } = useApplications()
  const { axiosGet } = useAxios()
  onMounted(() => {
    if (!applications_count.value) {
      axiosGet('/db/applications', (data) => {
        setApplications(data.data)
      })
    }
  })

  return {
    applications_count,
    applications: applications(),
  }
}
```

모든 코드가 완성되었으므로 src/store 폴더를 제거하고, main.js에서 store 사용을 제거하자.
main.js의 바뀐 내용은 코드 7-18과 같다.

```
import { createApp } from 'vue'
import { router } from '/@router/router.js'
import App from '/@/App.vue'
import '/@/index.css'
import 'bootstrap/dist/css/bootstrap.min.css'
import 'bootstrap/dist/js/bootstrap.esm.min.js'

const app = createApp(App)
app.use(router)
app.mount('#app')
```

정리하며

Vue 프로젝트를 진행함에 있어 꼭 필요한것은 아니지만 더 나은 서비스를 위해 애플리케이션을 강화하는 기능들을 7장에 모아 소개해보았다. https 프로토콜을 사용하더라도 서버나 클라이언트의 저장소에 남는 데이터가 암호화되어 있지 않다면 보안문제가 생길 수 있다. 평문을 보호할 수 있는 MD5의 사용은 강력하진 않지만 상당히 효과적인 보안을 제공한다.

보안을 위해 반드시 MD5를 써야 하는 것은 아니다. 이미 언급한대로 MD5 자체도 완벽하지 않다. 하지만 보안을 위해 어떻게 한걸음을 내딛어야하는지 초보 개발자들에게 가느다란 빛이 되었길 희망한다. Toast와 같은 Popup은 사용자를 괴롭히지 않으면서 매우 유용한 정보를 전달한다. Layer Popup을 잘못 남용하면 사용자에게 굉장히 거북함을 줄 수 있다. 특히 사용자가 클릭을 해서 꺼야 한다면 더욱 더 그렇다. 이런 면에서 반드시 필요한 정보를 타임아웃이 있는 토스트로 전달하면 사용자에게도 좋고, 운영면에서도 중요한 정보를 전달할 수 있으니 좋을 것이다. v-is 디렉티브나 Slots 역시 꼭 사용해야 하는 것은 아니지만, 사용하면 강력한 기능이기에 책의 마지막 부분에서나마 소개하게 되었다. 미처 책에서 소개하지 못한 기능들이 남아있다.

모든 기능들이 꼭 필요한 것은 아니지만 알게되면 도움이 되는 것들이 있다. 이러한 기능들을 항상 Vue 3 공식 사이트에서 확인하여 적절하게 사용할 수 있는 것도 굉장히 큰 능력일 것이다.

컴포지션 API는 Vuex와 Mixins의 기능들을 모두 포괄하고 있을 뿐 아니라 더 나은 대안을 제시한다. 이미 4장에서 TodoList 애플리케이션을 만들 때 storage_obj라는 객체의 상태과 관리되고 있었음을 알아차렸을지도 모른다. 이번 장에서는 기존에 Vuex로 만들어진 상태 관리 모듈들을 모두 컴포지션 API로 변경해보았다. 이런 Vue 3의 상태 관리능력은 Vue가 추가적인 라이브러리 없이도 규모에 관계없는 프로젝트를 작성할 수 있는 매우 큰 도약점이 되었다고 할 수 있겠다.

8장

AWS를 이용한
프로젝트 배포

목표 ···

모든 개발의 최종 단계는 서비스 배포라 할 수 있다. 지금까지 만든 제품을 실제로 AWS라는 유명한 클라우드 환경을 이용해 소비자가 사용할 수 있도록 배포하는 방법에 대해 알아볼 것이다. AWS를 모두 다룰 순 없지만, 최소한의 비용으로 서비스를 배포할 수 있는 방법을 안내할 수 있도록 AWS의 가입부터 인프라 생성까지 모두 알아볼 것이다. 여기에 더해 미온적이지만 때론 강력한 장애 극복방법에 대해서도 살짝 언급하며 Vue 3를 이용한 웹 애플리케이션의 개발을 마무리할 것이다. 클라우드에 대해 충분한 지식이 있다면, Sqlite 3를 RDS로 변경하고, Crons를 Cloud Watch와 람다 등으로 대체하여 더 나은 서비스 제공 환경을 구성하기를 권장한다.

8-1 AWS를 이용해 프로젝트 배포

Amazon Web Services(AWS)는 Amazon이 전 세계에 데이터 센터를 구축하여 다양한 클라우드 기반의 서비스를 사용자가 쉽게 사용할 수 있도록 제공해주는 현재 가장 많이 사용되는 클라우드 플랫폼이다. 몇번의 클릭만으로 나만의 서버, 데이터베이스, 스토리지 등 다양한 인프라를 생성함은 물론, 인공지능, 빅데이터를 위한 데이터 레이크나 데이터 웨어하우스 그리고 사물 인터넷까지 손쉽게 이용할 수 있다.

AWS는 1년 간 무료로 이용할 수 있는 Computing Power를 제공한다. 비록 속도는 조금 느릴지라도 개인 웹 애플리케이션 구축을 위한 연습 서버로 부족함이 없다.

8-2 AWS 인프라 구성

8-2-1 가입

AWS 계정이 없다면 다음 사이트를 방문하여 가입을 진행한다.

- https://portal.aws.amazon.com/billing/signup

그림 8-1　AWS 가입 페이지

이메일 주소와 암호, 그리고 계정이름을 작성하고 Continue 혹은 (필수) 동의하고 계정 만들기 버튼을 누른다.

그림 8-2와 같이 연락처 정보를 입력하는 페이지가 나오면 계정 유형을 개인으로 설정하고 모든 정보를 영어로 작성한다. 모두 작성한 후 "계속(2/5 단계)" 버튼을 클릭한다.

그림 8-2 연락처 정보

AWS는 1년 간 무료로 사용할 수 있는 티어를 제공하지만, 대부분의 서비스는 유료로 제공된다. 따라서 무료 서비스만 사용한다 하더라도 신용카드를 반드시 입력해야 한다. 신용카드 정보를 제대로 입력한 후 "확인 및 계속(3/5단계)" 버튼을 클릭하면 신용카드 인증을 하게 된다. 인증을 마치고 나면 그림 8-3과 같이 전화번호를 이용해 자격 증명을 확인한다.

그림 8-3 자격 증명 확인

자격 증명이 끝나면 지원 플랜을 선택할 수 있는데, 무료를 선택하자. 이제 가입이 완료되었으므로 "콘솔에 로그인" 버튼을 눌러 콘솔에 접근할 수 있다.

그림 8-4 로그인 페이지

AWS에 로그인하는 방법은 두 가지가 존재한다. 루트 사용자는 방금 가입한 이메일을 통해 로그인하는 방법으로 모든 권한이 부여된다. AWS는 전세계에 배포된 클라우드 서비스로 자칫 잘못하면 원하지 않는 서비스를 구동시켜 막대한 비용을 청구받을 수 있다. 이러한 것을 방지하기 위해서는 IAM 사용자를 생성하여 일부 권한만 가진 사용자 계정으로 접근을 해야 한다. IAM은 AWS에서 협업을 해야 하는 다른 사용자들의 계정에 일부 권한만 부여하여 아이디를 배부할 수 있는 기능이지만, 루트 사용자 자신도 IAM을 만들고 사용하는 것을 적극 권장한다. 지금은 처음 접속을 하므로 방금 생성한 이메일을 이용하여 루트 사용자로 로그인한다.

8-2-2 EC2 생성

EC2는 Amazon Elastic Compute Cloud를 의미하는 것으로 클라우드 컴퓨팅을 제공하는 서비스다. 쉽게 말하면 윈도우즈, 리눅스 등 원하는 운영체제를 지원하는 서버를 자신이 원하는 하드웨어 성능을 가지고 몇 분 만에 만들 수 있는 것이다. 이런 가상 컴퓨팅 환경을 AWS는 인스턴스라 부른다. 인스턴스에 손쉽게 운영체제가 배포될 수 있는 것은 Amazon Machine Image(AMI)라는 미리 운영체제 구성이 완료된 이미지를 사용하기 때문이다. 콘솔에 접근했다면 그림 8-5와 같이 서비스 찾기에서 EC2를 입력해 선택한다.

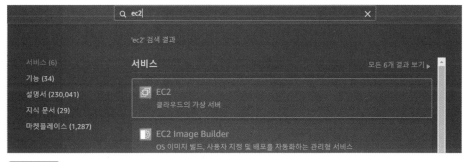

그림 8-5 EC2 서비스 선택

EC2 콘솔의 왼쪽 메뉴에서 인스턴스를 클릭한 후 오른쪽 상단에 나오는 인스턴스 시작 버튼을 눌러 인스턴스 생성 페이지로 들어간다.

그림 8-6 인스턴스 콘솔에서 인스턴스 시작 버튼을 누른다.

다양한 운영체제 AMI가 선택 가능한 페이지에 진입하게 되면, "프리 티어 사용 가능"이라고 적혀있는 운영체제 중 익숙한 운영체제를 이용하면 된다. 이 책에서는 그림 8-7과 같이 Ubuntu Server 20.04 LTS를 선택했다. x86은 Arm에 비해서 비용이 많이 청구되지만 지금은 무료로 사용할 것이므로 어느 것을 선택해도 상관이 없다. 만약 AWS를 이용해 서버를 1년 이상 유지를 할 것이라면 Arm을 선택하여 비용을 낮추는 것도 가능하다. x86을 선택해도 Snapshot을 이용하여 언제든지 Arm으로 변경할 수 있으니 너무 걱정하지는 말자.

그림 8-7 무료 티어를 선택하자.

선택을 완료하면 인스턴스 유형을 선택해야 한다. t2.micro는 성능이 만족할 수준은 아니지만 1년간 무료로 사용할 수 있으므로 t2.micro를 선택하도록 한다.

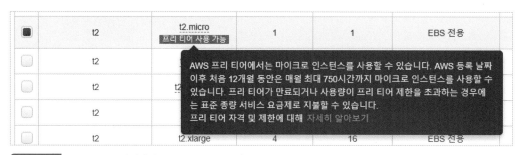

그림 8-8 t2.micro를 선택하자.

제일 하단의 검토 및 시작 버튼을 눌러 마지막 단계로 바로 이동한 후 시작하기 버튼을 누른다. 세부 설정은 나중에 AWS CLI 등을 이용할 때 도움이 되는 Tag를 비롯해 다양한 설정을 할 수 있는데 지금은 그냥 시작해도 무방하다.

마지막 단계로 인스턴스에 접근할 수 있는 공용 키_{Public Key}와 개인 키_{Private Key}를 생성해야 한다. 그림 8-9와 같이 새 키 페어 생성을 선택한 후 원하는 프라이빗 키 이름을 입력한다.

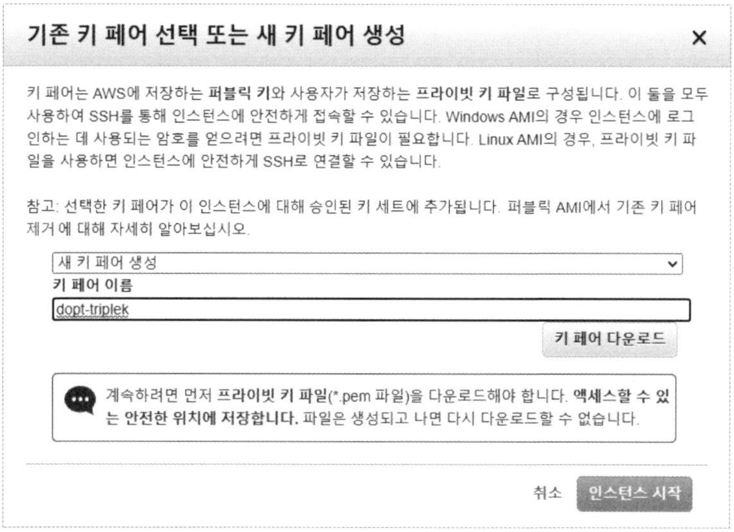

그림 8-9 프라이빗 키와 퍼블릭 키 생성

키 페어 다운로드 버튼을 클릭하고 해당 PEM_{Privacy Enhanced Mail} 파일을 안전한 곳에 복사해둔다. 이제 마지막으로 인스턴스 시작 버튼을 눌러 인스턴스를 시작하자. 몇십 초 안에 나만의 무료 서버를 가질 수 있다.

8-2-3 EC2 보안 그룹 편집

인스턴스가 생성되면 기본적으로 생성된 방화벽 규칙을 따른다. AWS 콘솔 왼쪽에서 보안 그룹을 선택한다. 그러면 default와 launch-wizard-1이라는 보안 그룹이 보일 것이다. 이 중 launch-wizard-1의 보안 그룹 ID를 클릭해 들어간다.

그림 8-10 보안 그룹 세부정보

보안 그룹 세부정보 창에서 인바운드 규칙 편집 버튼을 누르고 기존 22포트에 더해 80과 8000 포트를 그림 8-11과 같이 추가한다.

그림 8-11 보안 그룹 추가

8-2-4 Putty를 이용한 인스턴스 접속

Putty는 원격 컴퓨터 혹은 서버에 SSH나 Telnet을 이용하여 쉽게 접속할 수 있게 해주는 무료 터미널 에뮬레이터다. Putty를 이용해 방금 생성한 인스턴스에 접근하여 웹서버 구성을 진행할 것이다. 먼저 다음 사이트에 방문하여 putty.exe와 puttygen.exe를 다운로드한다.

- https://www.chiark.greenend.org.uk/~sgtatham/putty/latest.html

Putty는 PEM 포맷의 프라이빗키를 지원하지 않기 때문에 PPK^{Putty Private Key}로 변환이 필요하다. 앞서 다운로드한 puttygen.exe 파일을 실행시키자. 그림 8-12와 같이 실행이 되면 Load 버튼을 누르고 다운로드한 PEM 파일을 불러온다. puttygen은 기본적으로 PPK만 불러오므로 확장자를 반드시 All Files (*.*) 변경해야 PEM 파일을 불러올 수 있다. 파일을 불러오면 바로 키 변환이 이뤄진다. Save private key 버튼을 이용해 PPK 파일을 안전한 곳에 저장한다.

그림 8-12 puttygen.exe 실행화면

저장을 완료했으며 Putty로 접속을 해야 하는데, 서버의 IP 혹은 도메인명을 알아야 한다. AWS의 콘솔로 돌아가자. 왼쪽 메뉴에서 인스턴스를 선택하면 아까 생성한 인스턴스 하나가 생성되었음을 알 수 있다.

그림 8-13 새롭게 생성된 인스턴스

인스턴스 ID를 클릭하면 퍼블릭 IPv4 주소와 DNS가 나온다. Elastic IP를 무료로 할당받아 사용하면 고정 IP를 무료로 사용할 수 있지만, 가능하면 언제나 퍼블릭 IPv4 DNS를 이용해 접속하는 것을 추천한다. 그림 8-14와 같이 DNS의 왼쪽 복사버튼을 눌러 DNS를 복사한다.

그림 8-14 DNS를 복사한다.

다시 Putty로 돌아와 Hostname에 해당 DNS를 붙여넣는다. 그리고 왼쪽 메뉴에서 SSH 왼쪽 플러스 버튼을 누른 후 Auth를 선택한다. Auth 항목에서 프라이빗 키를 그림 8-16과 같이 선택한다.

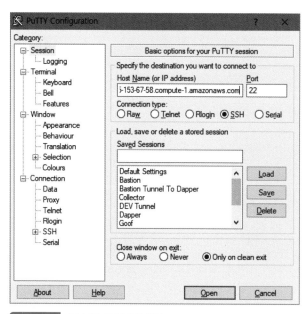

그림 8-15 DNS를 붙여넣기 한다.

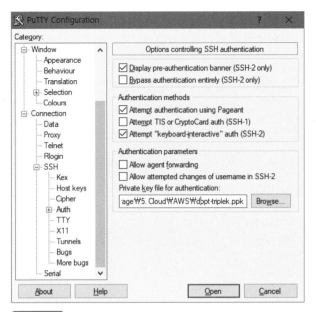

그림 8-16 프라이빗 키를 선택한다.

지금의 설정을 저장하기 위해 왼쪽의 Session 메뉴를 선택한 후 Saved Sessions에 원하는 이름을 설정하고 오른쪽의 Save 버튼을 누른다. 모든 설정이 완료되었으므로 Open 버튼을 눌러 인스턴스에 접속하자. 그림 8-17과 같이 경고가 뜬다. 처음 접속하여 서버 정보를 알지 못해 발생하는 것으로 "예"를 눌러 진행한다.

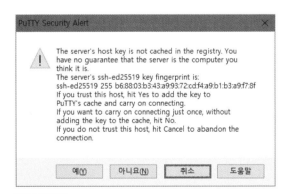

그림 8-17 처음 접속시 보안경고가 뜬다.

미리 지정된 ID인 ubuntu를 입력하면 그림 8-18과 같이 로그인이 완료된다.

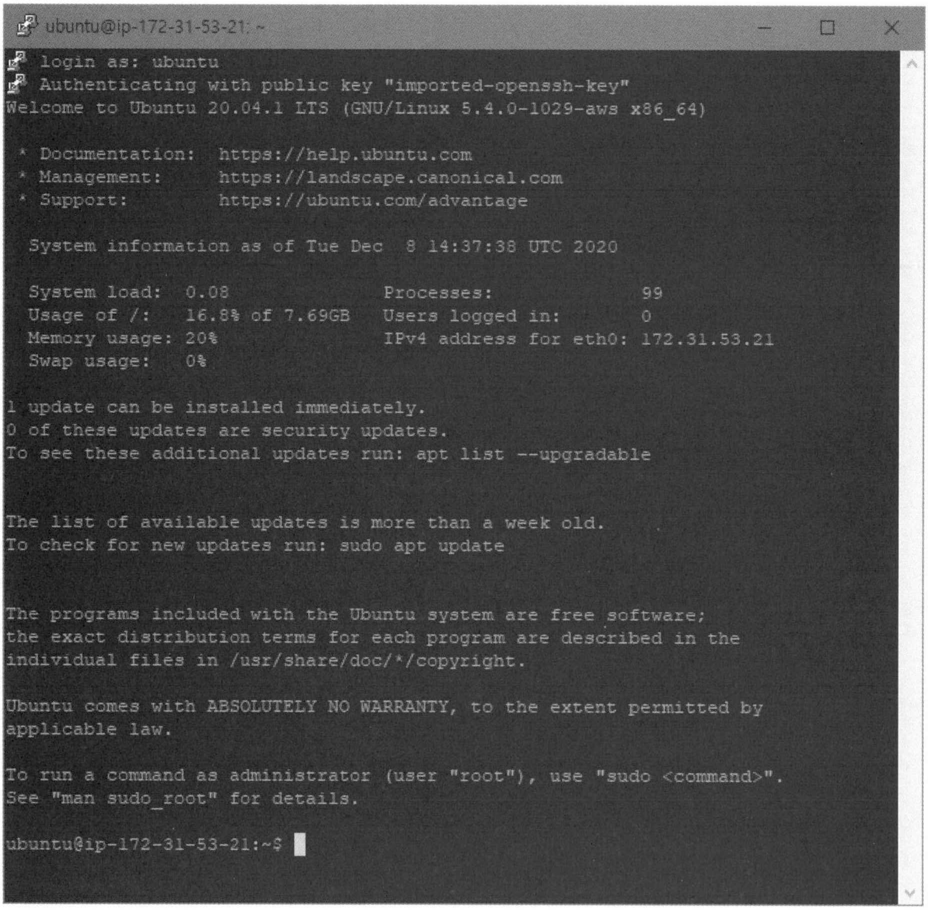
ubuntu@ip-172-31-53-21: ~
login as: ubuntu
Authenticating with public key "imported-openssh-key"
Welcome to Ubuntu 20.04.1 LTS (GNU/Linux 5.4.0-1029-aws x86_64)
* Documentation: https://help.ubuntu.com
* Management: https://landscape.canonical.com
* Support: https://ubuntu.com/advantage
System information as of Tue Dec 8 14:37:38 UTC 2020
System load: 0.08 Processes: 99
Usage of /: 16.8% of 7.69GB Users logged in: 0
Memory usage: 20% IPv4 address for eth0: 172.31.53.21
Swap usage: 0%
1 update can be installed immediately.
0 of these updates are security updates.
To see these additional updates run: apt list --upgradable
The list of available updates is more than a week old.
To check for new updates run: sudo apt update
The programs included with the Ubuntu system are free software;
the exact distribution terms for each program are described in the
individual files in /usr/share/doc/*/copyright.
Ubuntu comes with ABSOLUTELY NO WARRANTY, to the extent permitted by
applicable law.
To run a command as administrator (user "root"), use "sudo <command>".
See "man sudo_root" for details.
ubuntu@ip-172-31-53-21:~$

그림 8-18 인스턴스에 로그인한 모습

8-3 서버 구성 및 배포

8-3-1 서버 라이브러리 설치 애플리케이션 빌드

4장에서 만든 애플리케이션을 최대한 그대로 배포하고자 한다. AWS의 RDS를 이용해 데이터베이스를 구성하면 훨씬 좋겠지만, RDS는 이 책의 범위를 벗어난다. 따라서 Sqlite3와 Express를 이용해 만든 서버를 그대로 활용하도록 한다.

기본적으로 서버는 NginX를 이용할 것이다. 원한다면 Apache Tomcat을 이용해도 무방하다. 먼저 다음 명령어를 이용해 설치 패키지의 레포지토리를 업데이트하자.

```
sudo apt-get update
```

업데이트가 완료되면 다음 명령어를 이용해 nodejs, git, nginx 그리고 npm을 설치하자.

```
sudo apt-get install nodejs npm nginx -y
```

지금까지 생성한 코드는 모두 localhost를 기준으로 돌아가게 만들었다. 이제는 AWS 인스턴스로 접속할 수 있도록 소스코드를 변경해야 한다. src/modules/axios.js 파일을 열고 BASE_URL을 생성한 인스턴스의 DNS를 이용해 변경한다. 다음과 비슷하게 작성되어야 한다.

```
const BASE_URL = 'http://ec2-35-153-67-58.compute-1.amazonaws.com:8000'
```

database 폴더 내 initial.js 폴더를 보면 애플리케이션에 대한 DB 삽입 시 localhost를 사용하던 부분도 인스턴스의 DNS로 변경해야 한다. 다만, 이미 db 파일이 생성되어 있다면 이 부분이 변경되지 않는다. 이전 챕터들에서 한 것과 같이 express에서 drop table이 들어간 문을 추가하여 서버를 재시작하는 방법도 있지만 더 편한 방법은 sqlite3 CLI^{Command Line Interface}를 사용하는 것이다. AWS EC2에 sqlite3를 설치한다.

```
sudo apt-get install sqlite3
```

설치가 완료되면 다음 명령어를 통해서 Sqlite3 데이터베이스 파일에 직접적인 접근이 가능하다.

주의할 것은 반드시 서버가 꺼져있어서 데이터베이스에 대한 접근이 가능해야 한다는 것이다.

```
sqlite3 /home/ubuntu/database/database.db
```

 NOTE   실행 중인 서버 종료하기

실행 중인 서버를 종료시키기 위해 node 애플리케이션의 Process ID를 찾아내야 한다. EC2 인스턴스의 리눅스에서
다음 명령어를 수행하자.

```
pidof node
```

그러면 숫자가 나온다. 이 숫자는 node로 실행한 서버의 PID를 의미하므로 해당 PID를 종료해주면 서버가 종료된다.
만약 PID가 512909라면 다음과 같이 종료한다.

```
kill 512909
```

이제 sqlite3가 실행되는데 여기서 다음 명령어들을 입력하자.

```
SQLite version 3.31.1 2020-01-27 19:55:54
Enter ".help" for usage hints.
sqlite> .tables
tbl_about_myself  tbl_applications  tbl_my_resume
tbl_accounts      tbl_blog          tbl_notification
sqlite> drop table tbl_applications;
sqlite> .exit
```

이제 다시 서버를 실행하면 애플리케이션의 이미지 URL이 변경된다.

그동안 vite가 제공하는 서버를 이용해 HRM을 만끽하며 애플리케이션을 개발해왔다면 이제
가장 빠른 속도로 애플리케이션을 사용자에게 배포할 수 있도록 최대한 작은 사이즈로 만들어
야 한다. 다음 명령어를 통해 배포 가능한 애플리케이션을 빌드한다.

```
npm run build
```

빌드가 완료되면 dist 폴더가 생성이 되는데, 해당 폴더 안에는 _assets 폴더를 비롯하여 favicon. ico와 index.html이 생성됨을 알 수 있다. 이 파일들이 그동안 만든 웹 애플리케이션의 산출물이며, 이 파일들을 AWS 인스턴스로 옮겨야 서비스를 시작할 수 있다. 이 파일과 더불어 server 코드들도 모두 옮겨야 한다.

8-3-2 WinSCP 설치

로컬 컴퓨터로부터 소스코드를 옮기고 싶다면 SCP를 이용해 안전하게 코드를 복사할 수 있다. 윈도우즈의 경우 WinSCP라는 프로그램을 이용해 SCP 프로토콜로 코드를 옮길 수 있다. 다음 링크를 이용해 WinSCP를 설치하자.

- https://winscp.net/eng/download.php

프로그램을 실행하면 새 사이트 정보를 넣어야 하는데, Putty에서 설정한 DNS를 호스트 이름을 설정하고 사용자 이름을 ubuntu로 설정한다.

그림 8-19 WinSCP 호스트 정보 설정

고급 버튼을 눌러 SSH의 인증 탭에서 개인 키 파일을 아까 생성한 PPK로 설정한다. 확인을 눌러 로그인 화면으로 돌아간 후 저장 버튼을 누르고 원하는 이름으로 세션을 저장한다.

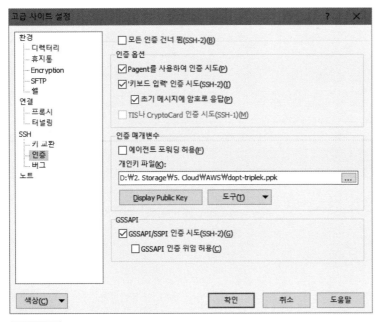

그림 8-20 PPK 프라이빗 키 설정

이제 로그인 버튼을 눌러 로그인을 하면 AWS 인스턴스에 접근이 된다. 처음 접속 시 Putty와 마찬가지로 보안 경고가 뜨는데, "예"를 눌러 무시하고 접속한다.

그림 8-21 WinSCP로 필요한 파일들을 복사했다.

그림 8-21과 같이 앞서 빌드한 dist 폴더와 서버코드를 인스턴스로 이동한다. 서버코드에는 node_modules가 포함되어 있어 용량이 큰데, 해당 폴더를 제거하고 인스턴스로 옮긴 후 인스턴스에서 npm install을 하면 빠르게 node_modules를 생성할 수 있다.

8-3-3 NginX를 이용한 배포

이제 모든 준비는 완료됐다. DNS를 브라우저의 주소창에 입력해보자. 그림 8-22와 같이 NginX 화면이 뜰 것이다.

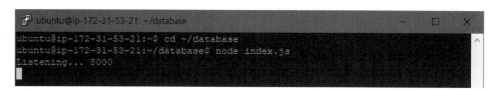

ec2-35-153-67-58.compute-1.amazonaws.com

Welcome to nginx!

If you see this page, the nginx web server is successfully installed and working. Further configuration is required.

For online documentation and support please refer to nginx.org.
Commercial support is available at nginx.com.

Thank you for using nginx.

그림 8-22 NginX가 잘 실행됐다.

AWS에서 애플리케이션 결과물은 /home/ubuntu/dist에 존재한다. 따라서 /home/ubuntu/dist 에 접근할 수 있도록 /etc/nginx/sites-enabled/default 파일의 root를 /home/ubuntu/dist;로 변경한다. 홈 디렉토리로의 접근이 안전상 안좋아 보이면 dist 내 파일을 모두 /var/www/html 파일로 복사하는 것도 괜찮다.

만약 root를 변경했다면 다음 명령을 통해서 nginx를 다시 실행한다.

```
sudo systemctl restart nginx
```

브라우저에서 다시 애플리케이션을 수행하기 전에 database 폴더에서 서버를 실행시켜준다.

```
cd ~/database
node index.js
```

```
ubuntu@ip-172-31-53-21: ~/database                          —  □  ✕
ubuntu@ip-172-31-53-21:~$ cd ~/database
ubuntu@ip-172-31-53-21:~/database$ node index.js
Listening... 8000
```

그림 8-23 Sqlite3 사용을 위해 express 서버를 실행시켰다.

이제 브라우저로 돌아가 인스턴스에 접속해보자. 그림 8-24와 같이 웹 애플리케이션이 잘 실행되었음을 확인할 수 있다.

그림 8-24 온라인 상에 실행된 웹 애플리케이션

8-3-4 Cron으로 Server 장애복구 기능 추가

Node를 이용하여 Express를 사용하면 예기치 않게 프로세스가 종료될 수 있다. 이렇게 서버가 종료되면, 운영자가 다시 프로세스를 실행하지 않는 한 사이트에 방문한 사람들은 내용을 볼 수 없거니와 새로운 내용을 추가할 수도 없다. 이러한 장애는 서비스 운영에 치명적일 수 있으므로, 해당 장애를 복구할 수 있는 기능을 간단하게 처리할 것이다.

장애를 처리할 수 있는 방법은 여러 가지가 있다. 리눅스 시스템의 SystemD에 서비스를 설정하여 장애를 감시할 수도 있고, Cron을 이용하여 스케쥴링 기법으로 감시할 수도 있다. SystemD는 비교적 최신 리눅스에서 작동하므로 오래된 스케쥴링 방식인 Cron을 이용하여 장애를 해결해 보도록 한다. Cron은 시계열 작업 스케쥴러로 유닉스 기반의 운영체제에서 동작한다. 개발자가 정해놓은 정해진 주기, 혹은 시간마다 미리 정해둔 명령어를 수행한다. 이러한 동작은 Cron Table(짧게 Crontab이라 부른다)에 작성을 하면 된다. 5개의 정해진 규칙을 설정한 후 명령어를 입력하면 된다. 예를 들어, 매일 오전 4시 5분에 동작하게 하고 싶다면 다음과 같이 작성한다.

    5 4 * * * 명령어

5개의 항목 중 처음 것은 분을 나타내고 두 번째는 시를 나타낸다. 따라서 4시 5분이 되면 명령어를 수행하라는 뜻이 된다. 세번 째 항목은 보통 일을 나타내는데, *로 설정하게 되면 매일 수행하라는 뜻이 된다. 만약 매분마다 수행하고 싶다면 다음과 같이 모두 *로 채워주면 된다.

    * * * * * 명령어

기본적으로 크론의 최소단위는 분이다. 여러 개의 Cron을 돌리면 초단위의 수행도 가능한데, 이는 잠시 후에 설명하도록 한다. 일단, 장애가 생겼는지 확인할 수 있는 간단한 Bash 애플리케이션을 제작한다.

먼저 프로세스를 감시할 수 있는 Bash 스크립트를 만든다. database 폴더에 monitor.sh 파일을 생성한 후 코드 8-1과 같이 코드를 작성한다.

코드 8-1. 프로세스를 감시하는 monitor.sh

```
#!/bin/bash
path=/home/ubuntu/database
pid_file=$path/express.pid
run_file=$path/run.sh
if test -f "$pid_file"; then
    pid=$(cat "$pid_file")
    if ! ps -p $pid > /dev/null ; then
        sh $run_file
    fi
else
    sh $run_file
fi
```

모니터 스크립트는 express.pid 에 적힌 서버의 Process ID를 참고하여 해당 프로세스가 현재 살아있는지 감시한다. ps 명령어를 이용하면 해당 프로세스가 살아있는지 식별이 가능하기 때문에 서버가 실행될 때 저장된 PID를 바탕으로 프로세스의 실행 여부를 판단할 수 있다.

이 모니터 스크립트는 다음과 같은 두 개의 가정이 들어있다.

1. PID 정보는 /home/ubuntu/database/express.pid에 존재한다.

2. 서버 실행은 /home/ubuntu/database/run.sh 스크립트로 한다.

이 가정을 다시 코드로 작성해야 하므로 /home/ubuntu/database/run.sh 파일을 생성한 후 코드 8-2와 같이 작성한다.

코드 8-2. 서버 실행 스크립트

```bash
#!/bin/bash
path=/home/ubuntu/database
pid_file=$path/express.pid

if test -f "$pid_file"; then
    pid=$(cat "$pid_file")
    if ps -p $pid > /dev/null; then
        if [ "$1" = "restart" ]; then
            kill $pid
        else
            return
        fi
    fi
fi

node $path/index.js &
echo $! > $path/express.pid
echo "Server Started"
```

스크립트는 모니터 스크립트와 마찬가지로 현재 실행되고 있는 PID를 먼저 가져온 후 해당 프로세스가 살아있다면 더이상 진행하지 않는다. 강제로 재시작할 수 있도록 restart라는 파라미터를 받을 수 있는데, restart 파라미터가 입력되면 강제로 서버를 종료하고 새롭게 시작한다. restart는 일반적으로 사용할 일은 없지만 개발을 할 때 매우 유용하다. 만약 조금 더 나은 프로그램을 만들고 싶다면 stop 파라미터를 추가할 수 있다.

이제 이 프로그램을 실행시킬 수 있는 스케줄러가 필요하다. Cron의 가장 작은 짧은 시간 단위인 분단위로 모니터링 하도록 만들 것이다. 다음 명령어로 Cron Table을 호출한다.

```
crontab -e
```

만약 처음 시도하는 것이라면 에디터를 선택하라고 나온다.

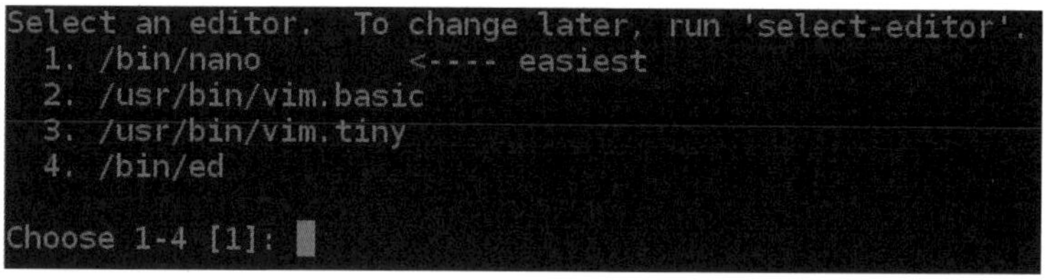

그림 8-25 에디터 선택

편한 에디터를 선택하면 된다. 가장 쉽다고 나오는 nano 에디터를 선택하겠다. 그러면 테이블을 작성할 수 있는 설명과 함께 Cron Table 편집화면이 나온다. 가장 아래에 다음과 같이 추가하자.

```
* * * * * sh /home/ubuntu/database/monitor.sh
```

이제 매 분 모니터 스크립트를 실행한다.

> **NOTE**
>
> **Nano Editor**
>
> 사용자 친화적인 명령어 기반 운영체제의 에디터로 199sus TIP이라는 이름으로 탄생됐다. 당시 사용되던 Pico라는 에디터를 대체하여 무료로 사용할 수 있는 에디터로 개발이 되었다. 하단에 명령어들이 나열되어 있어 처음 사용하는 사람도 쉽게 사용할 수 있는 장점이 있다.
> 편집을 위해서는 VIM과 마찬가지로 i를 누르면 된다. 편집이 완료되면 하단의 메뉴에 적혀있듯이 Ctrl + X를 누른 후 Y를 눌러주면 된다.

만약 1분이라는 시간이 모니터링으로 적절하지 않다면 더 줄이는 방법이 존재한다. 만약 30초마다 실행시키고 싶다면 Cron Table에 매분 실행되는 작업을 하나 더 추가한 후, 명령어 실행

전에 30초를 쉬도록 하면 된다. 즉 두 개의 작업이 매분 실행되지만, 하나는 실제로 30초 후에 실행이 되므로 매 30초마다 실행이 되는 것과 동일하다.

```
* * * * * sh /home/ubuntu/database/monitor.sh
* * * * * Sleep 30 && sh /home/ubuntu/database/monitor.sh
```

Crontab에 작성하는 내용을 실시간으로 알려주는 사이트가 있다. 다음 사이트를 방문하면 큰 도움이 될 것이다.

- https://crontab.guru

정리하며

5장부터 7장까지 Vue라는 프론트엔드를 설명하기 위해 실제로 사용할 수준은 아니지만 간단한 벡엔드도 만들어보았다. 하지만 구현한 애플리케이션은 개발환경이 구성된 네트워크에서만 동작할 뿐, 실제로 서비스가 되기 위해서는 인터넷이라는 열린 공간으로 애플리케이션과 백엔드가 배포되어야 한다. 프론트엔드와 백엔드가 모두 준비된 상태에서 인터넷에 애플리케이션을 배포하는 작업을 뺀다면 축구에서 훌륭한 빌드업으로 상대의 골문까지 드리블하고 골을 넣지 못하는 것과 비슷하다고 할 수 있겠다.

AWS는 현재 가장 많이 사용되는 클라우드 서비스다. 비용과 성능은 뒤로 하고, GCP나 Azure보다 많이 사용되기 때문에 AWS를 서버로 사용하는 방법을 소개했다. 하지만 만약 다른 클라우드 서비스를 이용해보고 싶다면 그 방법이 크게 차이가 나진 않는다. AWS의 다른 관리형 서비스를 사용하지 않고 단순히 EC2만(EC2도 관리형 서비스이긴 하다) 빌려서 사용했기 GCP의 Compute Engine등에 대한 사용법도 사실상 거의 동일하다.

클라우드 서비스에 실제로 서버에 소스코드를 올리고 나면 어떻게 관리를 해야 하는지도 중요하기 때문에 Putty나 WinSCP와 같은 유틸리티의 사용법도 같이 소개하게 되었고, 서버 운영상 나오는 장애를 극복하는 방법의 일환으로 Cron까지 소개해보았다. 꼭 이 책과 같이 운영을 할 필요는 없다. 가장 많이 사용하는 것들을 소개했을 뿐이니 각자 자신의 노하우가 있다면 참고만 하면 될 것이다.

마무리

Vue 3는 발표된 이후에도 끊임없이 업데이트가 진행되고 있다. Suspense와 같이 실험적 성격이 강한 기능의 경우, Vue 3의 마이너 버전에 따라 사용방법이 다를 정도로 업데이트의 변화가 크다. 혹자는 완벽하지 않은 Vue 3를 발표했다고 비판할수도 있겠으나, Vue 3에서 핵심은 컴포지션 API다. React와 같은 프레임워크에 비해 대규모 프로젝트를 진행하는데 경쟁력이 떨어졌던 Vue의 이전 버전들과 가장 큰 차이를 보이며 당당히 다른 프레임워크와 같은 반열에 오르게 해준 버전이라고 할 수 있다. 여기에 더해 Vue 3는 가이드북을 매일 들어가봐야 할 정도로 수많은 업데이트가 진행되고 있다. 컴포지션 API를 비롯하여 다른 프레임워크에 존재하나 Vue에는 존재하지 않았던 Teleport와 같은 기능들을 추가하는 한편, 이전 버전 Vue의 Event Bus와 같이 아키텍처를 파괴할 수 있는 기능들은 과감히 없애버리기도 했다. 기능을 제한할 때는 항상 대안을 제시했다. Event Bus는 Inject/Provide로 대체하였고, 〈template〉 태그의 key 속성은 내부적으로 자동할당되도록 변경했다. 아울러 기존의 Options API를 유지하여 기존 버전의 코드와의 하위 호환성도 어느 정도 지키고 있다.

Vue 3가 얼마나 더 발전할지는 지켜봐야겠으나, 이 책에서는 Vue 3가 더 발전하여도 사용할 수 있는 코드들을 소개하기 위해 노력했다. Vue 3의 핵심이 되는 문법들을 중심으로 예제 파일과 하나의 애플리케이션을 만들어보면서 충분히 Vue 3에 익숙해졌을 것이라 생각한다. 이제는 Vue 3의 공식 가이드 페이지에 들어가 업데이트되는 항목들을 살펴보고 더 많은 기능을 프로젝트에 더해보는 것을 권장한다. 공식 가이드 페이지는 다음 URL을 통해 접근할 수 있다.

- https://v3.vuejs.org/

애석하게도 Vue 3는 아직 몇몇 버그를 보여주고 있다. 버그를 발견하면 Vue 3의 Git 리포지토리에서 이슈를 등록할 수 있다. 버그로 판명이 나면 에반 유가 직접 소스코드를 수정해 커밋한다. Vue 3의 Git 리포지토리는 다음 URL을 통해 접근할 수 있다.

- https://github.com/vuejs/vue-next